AF577481

Philipp Lahm

DAS SPIEL

Philipp Lahm

DAS SPIEL

Die Welt des Fußballs

C.H.Beck

Mit 20 Abbildungen und zwei Schemata

www.chbeck.de
Umschlaggestaltung: geviert.com, Nastassja Abel
Umschlagabbildung: Philipp Lahm, © Nadine Rupp
Satz: Janß GmbH, Pfungstadt
Druck und Bindung: Pustet, Regensburg
Gedruckt auf säurefreiem und alterungsbeständigem Papier
Printed in Germany
ISBN 978 3 406 75622 1

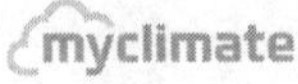

klimaneutral produziert
www.chbeck.de/nachhaltig

Inhalt

1. Aufwärmen

Wie alt mag er sein? Sechs, sieben Jahre vielleicht. Er steht in einer Einfahrt, ein paar Meter vor einer Garage. Wahrscheinlich hat er selbst mit Kreide ungelenk ein Fußballtor daraufgemalt und einen blauen Kreis auf die Auffahrt. Vor ihm liegt ein Ball. Niemand kann so konzentriert sein wie ein Kind beim Spielen. Die Welt um ihn herum existiert nicht mehr – er ist ganz und gar fokussiert auf das, was er gleich tun wird. Doch mit einem Mal fällt die Spannung von ihm ab. Irgendetwas stimmt nicht. Er geht ein paar Schritte zu dem Ball, der ein Stück nach vorn gerollt ist, und legt ihn genau auf den Punkt. Und während er zurückgeht, um Anlauf zu nehmen, murmelt er: «Sonst gilt es nicht.»

Fokussierung, Regeln, Fairness – der Knirps hat mehr vom Fußball verstanden als viele Erwachsene. Er ist professioneller als so mancher, der aus diesem Sport seinen Beruf gemacht hat. Wenn er in gute Hände kommt, kann er mit so einer Einstellung ein Großer werden. Er hätte es verdient – und der Fußball auch. Es ist ein unvergleichlicher Sport. Ein Spiel, das überall gespielt werden kann, wo es ein paar Meter ebener Erde gibt und irgendetwas, das man halbwegs als Ball verwenden kann.

Gerade die Einfachheit seiner Prinzipien ist ein Grund für die Sympathien, die er weltweit genießt. Jedes Kind versteht sie, jeder kann mitspielen, jeder kann darüber reden – und genau das machen die Menschen rund um den Globus, Tag für Tag. Jeder kann sich an «große» Spiele erinnern. Wobei in jeder Stadt und in jedem Land ein «großes Spiel» ein anderes gewesen sein mag – und doch sind einige Spiele Bestandteile der kollektiven Erinnerung geworden. So wissen die Griechen noch heute, wie Charisteas in der unglaublichen Nacht von Lissabon mit seinem Kopfballtor die Europameisterschaft 2004 entschieden hat. Ebenso haben hierzulande die Fußballbegeisterten das Endspieltor von Mario Götze im Maracanã-Stadion vor Augen: ein Tor als technisches Kunstwerk, das einen Platz im Deutschen Historischen Museum verdient hätte und 2014 den Sieg im WM-Finale gegen Argentinien bedeutete. Und schließlich ist ein Ausdruck wie das «Wembley-Tor» geradezu als feststehender Begriff in unsere Sprache eingegangen, der auch von jenen verwendet wird, die 1966, als es «erzielt» wurde, noch gar nicht geboren waren, sondern erst später die Aufzeichnung des Endspiels gegen England gesehen haben.

Neunzig Minuten Begeisterung beherrschen Menschen aus allen gesellschaftlichen Schichten, wenn 22 Männer oder Frauen einem Ball hinterherjagen und versuchen, ihn im gegnerischen Tor unterzubringen. Dieses Spiel stellt hohe Anforderungen an Körper und Geist, wenn man es in Vollendung beherrschen will. Die Natur hat für die Füße des Menschen die Bewältigung vieler wichtiger Aufgaben vorgesehen – doch damit Fußball zu spielen, gehörte sicher nicht zu ihrem Plan. Die Motorik des Fußballspielers muss fein differenziert entwickelt werden, um den Ball mit den Füßen so vollkommen zu beherrschen, wie es dieser Sport heute verlangt. Diese Optimierung erfordert – wenn man das Spiel auf eine Weise spielen will, wie es die Besten der Besten können – ein Höchstmaß an Disziplin, Ausdauer und Fähigkeit zur Selbstkritik. Doch weil es ein Mannschaftssport ist, verlangt es darüber hinaus die Ausbildung sozialer Tugenden, ohne die Teamfähigkeit nicht erreicht werden kann. Wer nicht beständig daran arbeitet, sich selbst dahingehend zu verbessern, dass er auch den Mitspieler besser macht, wird das Wesen des Fußballs nie voll erfassen und damit auch selbst nie die eigenen Möglichkeiten in Vollendung ausschöpfen können.

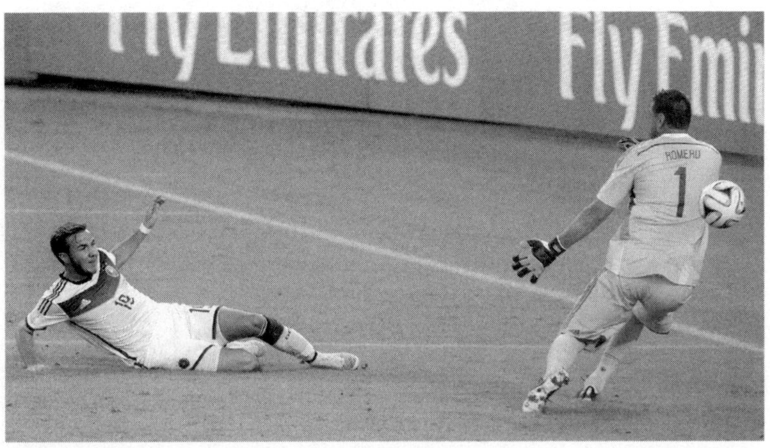

Abb. 1: Bei der Weltmeisterschaft in Brasilien (2014) schießt Mario Götze in der 113. Minute im Endspiel im Maracanã-Stadion in Rio de Janeiro das spielentscheidende 1:0 gegen Argentinien.

Doch sind solche Bemühungen eine dem Ernst des menschlichen Lebens angemessene Beschäftigung? Wird nicht letztlich einem netten Zeitvertreib – eben der schönsten Nebensache der Welt – viel zu viel Bedeutung zugeschrieben? Hat nicht der ganze Rummel, der um diesen Sport gemacht wird, Ausmaße erreicht, die verstören, so dass der Fußball selbst aus nachvollziehbaren Gründen in ein schlechtes Licht geraten ist? Lohnt es sich, darüber ein Buch zu schreiben, und lohnt es sich, ein solches Buch zu lesen? Ja – doch nur, wenn man nie die Grundlagen dieses Sports aus den Augen verliert, in dessen Zentrum stets der Mensch stehen muss. Wer von diesem Standpunkt aus den Wettkampf bejaht – das Prinzip eines fairen, regelbasierten sportlichen Kräftemessens, für das man bereit ist, seine Fähigkeiten kontinuierlich zu verbessern –, wird erfahren und am eigenen Leib erleben, dass dieser Sport der ganzheitlichen Entwicklung des Einzelnen zugutekommt. Der Weg dorthin ist das Ziel. Es geht am Ende nicht um den größtmöglichen sportlichen Erfolg, den doch nur eine

Handvoll Menschen auf diesem Planeten erreichen können. Es geht vielmehr um die Ausbildung von Fähigkeiten, die allen Jugendlichen nützen – auf dem Platz und neben dem Platz, im Sport wie im Alltag, wenn man seiner Arbeit nachgeht. Wer auf dieser Grundlage seinen Eifer darauf richtet, die eigenen fußballerischen Talente zu entwickeln, mag vielleicht tatsächlich Fußballprofi werden und eine Karriere begründen. Doch auch wer dieses Ziel gar nicht anstrebt oder es verfehlt, wird durch die intensive Auseinandersetzung mit dem Fußball seine Persönlichkeit entwickeln und sein Leben lang daraus Nutzen ziehen können – im Umgang mit seinen Mitmenschen und mit sich selbst.

2. Ein Blick auf meine Eintrittskarte

Als ich vor zehn Jahren als Profifußballer mitten im Berufsleben stand, bestand mein Alltag aus höchster Trainingsintensität, völliger Fokussierung auf das nächste Spiel und konsequenter Disziplin in allen Belangen, die auf meine Leistungsfähigkeit Einfluss haben konnten. Das war und ist das Berufsbild eines hoch bezahlten Spitzensportlers – und insofern völlig in Ordnung. Trotzdem habe ich damals die Notwendigkeit empfunden, für mich selbst meine Position beim FC Bayern München und in der Nationalmannschaft zu beschreiben. Ich wollte sie mir weder von anderen zuschreiben noch für mich definieren lassen. Das Ergebnis dieser Auseinandersetzung war das Buch *Der feine Unterschied. Wie man heute Spitzenfußballer wird.* Dass ich für diesen Schritt zum Teil scharf kritisiert wurde, war keine Überraschung für mich, aber es war auch nicht weiter von Bedeutung – wichtig war allein, dass ich auf diese Weise Herr meiner eigenen Geschichte wurde und bei der Arbeit an dem Buch Klarheit und Orientierung für meine Zukunft gewonnen habe.

So wenig wie mein Umfeld wusste ich damals, wie mein Weg weiter verlaufen würde und dass noch herbe Enttäuschungen – wie das verlorene «Finale dahoam» 2012 – und große Erfolge wie das Triple 2013 und der WM-Erfolg 2014 vor mir liegen sollten. Dankbar für viele Erfahrungen und eine gute Karriere als Fußballer, vor allem aber im sicheren Bewusstsein, dass die Zeit für Veränderung gekommen war, habe ich dann 2017 meine Laufbahn als aktiver Spieler beendet, die Arbeit für die *Philipp Lahm-Stiftung für Sport und Bildung* intensiviert und mich beruflich neu orientiert.

Heute gehe ich eine neue Aufgabe an und werde versuchen, als einer der Geschäftsführer der *DFB Euro GmbH* die Europameisterschaft 2024 so gut zu organisieren, wie es mir nur möglich sein wird. Damit stehe ich an einem Wendepunkt meiner Laufbahn – und wieder empfinde ich die Notwendigkeit, mir Klarheit zu verschaffen. Die Verantwortung, der ich mich gegenübersehe, verlangt aber von mir, dass ich diesmal die Frage, was Fußball für mich bedeutet, grundsätzlicher angehe und versuche, DAS SPIEL in möglichst vielen Facetten zu erfassen.

Was ich in diesem Buch entwickeln werde, ist *meine* Sicht auf den Fußball, und ich erhebe nicht den Anspruch, dass meine Perspektive die einzig richtige sei. Das Ergebnis ist vielmehr eine Darstellung, die sich aus vielen ganz persönlichen Erlebnissen, Eindrücken und Erfahrungen speist. Doch auch wenn ich gelegentlich auf eigene biographische Situationen eingehe, um ein Thema zu veranschaulichen – beispielsweise wie es sich anfühlt, verletzt zu sein, oder wie man einen Trainer erlebt oder einen anderen Spieler wahrnimmt –, geht es mir immer um DAS SPIEL an sich.

Der Weg, den das Buch inhaltlich nehmen wird, orientiert sich an den Lebensphasen, in denen man Fußball spielt – vom Kind über Jugendliche in Leistungszentren bis hin zum Profidasein und schließlich bis zum Ende der Karriere als Aktiver. Das ist der Zeitraum, über den ich sachkundig schreiben kann, weil ich ihn intensiv erlebt habe und er mir klar vor Augen steht. Dazu gehören selbstverständlich alle Themen, die in den jeweiligen Abschnitten von Bedeutung sind: Weshalb sind Sport und Bewegung wichtig für Kinder und Jugendliche? Was heißt es, in ein Leistungszentrum zu wechseln, und welche Bedeutung haben Scouts, Schiedsrichter, Trainer und Spielsysteme, aber auch Verträge? Worüber reden wir eigentlich, wenn wir von Trainierbarkeit sprechen, worum geht es bei Ernährung und Leistungsmessung? Wie geht ein Fußballer damit um, wenn er zum Auswechselspieler wird, was ist ein Führungsspieler, und was bedeutet es, Nationalspieler zu sein?

Aber es werden auch solche Probleme aufgegriffen, denen man heute nicht aus dem Weg gehen kann, wenn man über DAS SPIEL spricht, wie beispielsweise der Umgang mit Homosexualität, Depressionen, Rassismus und Diskriminierung im Fußball. Mitunter ist es hilfreich, auch die Geschichte dieses Sports in den Blick zu nehmen und ebenso die Bedeutung der großen Clubs – nicht zuletzt im Hinblick auf die tiefgreifenden Veränderungen, die mit der Digitalisierung und der wachsenden wirtschaftlichen Bedeutung des Fußballs in der Welt einhergehen. So gelangt man schließlich zu der Frage, welche Stellung der Fußball in unserer Gesellschaft einnimmt und welche Rolle ihm künftig zukommen könnte.

Was mich antreibt, dieses Buch zu schreiben, ist das Gefühl der Verantwortung, die ich umso stärker empfinde, als ich diesem Sport so viel in meinem Leben verdanke. Seit ich im Alter von sechs Jahren 1989 beim FT Gern begonnen habe, Fußball zu spielen, hat er mir Orientierung geboten. Es ist nicht übertrieben, wenn ich sage, dass er für mich zu einer Lebensschule geworden ist und ich, wenn nicht durch, so doch mit Fußball sozialisiert wurde. Das Glück, in einer Familie aufzuwachsen, in der jene Werte in die Erziehung eingeflossen sind, für die auch der Fußball für mich steht, ist kaum zu beschreiben: Gemeinsamkeit, Freundschaft, Respekt, Engagement, Ausgleich, Regeln, Sicherheit. Auf diesem Feld fühlte ich mich wohl, lange bevor ich erkannte, dass der Sport tatsächlich mein Leben *prägen* würde.

Prägen – das schreibt sich so leicht. Aber es bedeutete für mich ganz konkret, starke Erfahrungen machen zu dürfen, wenn ich in jungen Jahren ganz selbstverständlich mit anderen zusammen sein und mit ihnen leidenschaftlich an einem gemeinsamen Ziel arbeiten konnte. Darunter waren auch Menschen, die aus ganz anderen Verhältnissen stammten, ganz andere Lebensläufe hatten als ich und aus ganz anderen Kulturkreisen kamen. Diese Erfahrungen bedeuteten eine Bereicherung meines Lebens. Das galt auch später und in ganz besonderer Weise für die Erfahrungen im Vorfeld der WM in Südafrika, als ich eine Welt kennengelernt habe, die in mir den Entschluss hat reifen lassen, dass ich etwas von dem, woran ich teilhaben darf, zurückgeben sollte – in Deutschland wie in Afrika.

Diese Entscheidung umzusetzen, gehörte für mich stets zu der Verantwortung dazu, die ich in sportlicher Hinsicht im Laufe der Jahre immer häufiger und immer wirkungsvoller habe übernehmen dürfen: als Vereinsspieler, als Leistungsträger, schließlich als Kapitän beim FCB und dann auch in der Nationalmannschaft. Der Beruf des Fußballers, in den ich hineingewachsen bin, ist für mich zur Berufung geworden. DAS SPIEL vorbildlich zu beherrschen, es aber nicht nur auf dem Platz vorbildlich zu spielen, ist mein Anspruch – und es ist ein Anspruch, mit dem sich meiner Meinung nach alle, die große Privilegien durch den Sport erworben haben, auseinandersetzen sollten.

Das bedeutet für mich aber auch, dass ich im Folgenden die Schattenseiten ebenso in den Blick nehmen werde wie die Chancen, die der Fußball einem Menschen eröffnet. Ich sehe darin einen Teil meiner Aufgabe, bei jenen, die vielleicht von einem ähnlichen Weg träumen, wie ich ihn genommen habe, ein Bewusstsein für die Entwicklungsmöglichkeiten wie für die Gefahren meines Sports zu wecken – und damit meine ich nicht nur das körperliche Verletzungsrisiko.

Der Fußball, als schöne Kunst betrachtet, bedeutet mehr als Talent und perfekte Ballbeherrschung. Zwar werden diese Momente und die damit verbundenen Anforderungen auf den folgenden Seiten nicht zu kurz kommen. Aber wer sich ganz auf den Fußball einlässt, den vermag er eben in noch in viel tieferer Weise zu *prägen* – auch für die Welt jenseits des Spielfelds. Daher wende ich mich mit diesem Buch nicht nur an aktive Sportler, sondern auch an Eltern, Trainer, Lehrer und all die anderen, die Verantwortung tragen für Kinder, Jugendliche und Heranwachsende, aus denen die kommenden Fußballergenerationen hervorgehen werden.

Gerade weil ich als Profi ein halbes Leben lang tief in diese Welt eingetaucht bin, darin dankbar Erfolge feiern durfte, aber auch schmerzliche Niederlagen einstecken musste, vor allem aber, weil ich selbst Verantwortung übernommen habe, hoffe ich, mir eine gewisse Glaubwürdigkeit für das erarbeitet zu haben, was ich als meine Erfahrung über DAS SPIEL weitergeben möchte. Dass ich heute etwas «meine Erfahrung» nennen kann, ist mir deswegen möglich, weil ich die Fähigkeit zur Reflexion, zum Nachdenken über meine Rolle im Fußball, in einem Verein, in einer Mannschaft entwickelt und mir damit die Kraft zur Selbstbestimmung bewahrt habe – dazu gehört ganz besonders die innere Unabhängigkeit, in bestimmten Situationen *nicht* mitzumachen, wenn ich von etwas nicht überzeugt bin. Wovon ich überzeugt bin, ist, dass Fußball für einen Jugendlichen von großem Nutzen sein kann, wenn er dadurch lernt, Achtung vor Mitspielern, Gegnern, Schiedsrichtern, den Fans und vor sich selbst zu erwerben und das Regelwerk, das ihm Grenzen setzt, als grundlegend für sein ganzes Leben zu begreifen. Er wäre dann weiter als so mancher Profi, der heute bei einem Topclub unter Vertrag steht. Wer DAS SPIEL so erfasst, dem kann der Fußball Leitplanken nicht nur für seine sportliche, sondern für seine gesamte Persönlichkeitsentwicklung bieten – was besonders hilfreich ist, wenn Heranwachsenden andere Leitplanken im Leben fehlen oder zu kurz geraten sind. Wer jedoch die Auseinandersetzung mit dem Fußball und seiner eigenen Rolle in diesem Spiel nicht ernsthaft betreibt, für den birgt womöglich selbst eine erfolgreiche sportliche Karriere Gefahren für die Zukunft.

Für mich ist das oberste Ziel des Sports, die Fähigkeit zu erlangen, ein selbstbestimmtes Leben zu führen. Daran messe ich jene, die Verantwortung für den Nachwuchs im Fußball tragen – als Eltern und Berater, als Funktionäre, Trainer und Ausbilder in den Leistungszentren (auch in den nicht sportbezogenen Zusammenhängen) und in jeder anderen Rolle. Der Weg eines Athleten im Fußball, der in allen Aspekten in diesem Buch zur Sprache kommen soll, zielt nicht darauf, ein Supersportler zu werden, der allein nach den Notwendigkeiten eines präzisen Passspiels und eines perfekten taktischen Verhaltens in Angriff und Verteidigung funktioniert. Kein Fußballer würde je die Bedeutung dieser Fähigkeiten bestreiten oder sie vernachlässigen. Doch wer all das gelernt, aber versäumt hat, das «soziale Stellungsspiel» einzuüben – wie begegne ich meinen Mitmenschen fair und respektvoll, also nach den Regeln, die erst ein würdiges Zusammenleben ermöglichen –, den erwartet eine harte Zeit, spätestens wenn die aktive Laufbahn vorüber ist. Und das wird die längste Zeit seines Lebens sein.

3. Auflaufen zur ersten Halbzeit

Die Anfänge

Erinnern Sie sich noch? Ferien – ein paar Kinder aus der Nachbarschaft, Pullover und Anoraks, mit denen die Tore markiert wurden, ein Ball, und los ging's. Es gab immer einen, der besser war als alle anderen und den man gern in der eigenen Mannschaft hatte; dafür bekamen die anderen einen Mann mehr. Es gab auch immer einen, der ein bisschen dick war und nicht besonders schnell – der ging dann ins Tor. Dann sind wir gerannt, haben uns den ganzen Nachmittag bewegt und sind erst nach Hause gegangen, wenn man uns gerufen hat.

Wir haben an diesen Tagen viel gelernt: *Alle* durften mitspielen; ein Foul war ein Foul, und wenn der Ball im Aus war, war er im Aus; und irgendwann haben wir sogar begriffen, dass es günstiger war, den Ball abzuspielen, wenn der Mitspieler besser stand, als selbst vergeblich aufs gegnerische Tor zu schießen. Niemandem wäre es eingefallen, sich hängen zu lassen und der anderen Mannschaft den Sieg zu schenken – derjenige hätte ganz schön was zu hören bekommen von den Freunden. So haben wir gelernt, was Regeln sind und dass sie für alle gelten. Wir haben versucht, die Tricks von den Besseren abzugucken und unser eigenes Spiel dadurch besser zu machen, um uns beim nächsten Mal durchzusetzen. Wir haben erlebt, wie sich eine natürliche, auf Talent und Einsatz beruhende Hierarchie herausgebildet hat, und verstanden, wie man sich in einer Gruppe verhält. Darum geht es, wenn Kinder Fußball spielen, und darum geht es, wenn man erwachsen wird. Doch natürlich kam es uns nicht darauf an, was wir nebenbei gelernt haben; entscheidend war für uns, mit den Freunden zusammen zu sein und Spaß beim Spielen zu haben.

Ein Sieg für die Mannschaft und eine Niederlage für den Spieler

Der Spaß an der Sache! Das war und bleibt für Kinder das Entscheidende – und das wird heute allzu oft übersehen. Wenn man dem Nachwuchs garantiert die Freude am Fußballspielen nehmen will, dann muss man kleine Kinder in Vereine schicken, in denen schon in den frühesten Jugendklassen der Sieg über den Gegner in den Vordergrund gerückt wird. Es ist fatal, wenn schon in den Wettbewerben der F- und E-Jugend bevorzugt die Größeren eines Jahrgangs aufs Feld geschickt werden, um dank dieser Zufälle der körperlichen Entwicklung ein Spiel zu gewinnen. Auf diese Weise kann ein Kind, das am Spielfeldrand bleiben muss, weder sein Selbstwertgefühl stärken noch Selbstvertrauen gewinnen und folglich auch nicht seine Persönlichkeit entwickeln. Aber es ist auch ein Betrug an den «Stärkeren» in dieser Altersklasse, denn sie treffen in der nächsten garantiert auf Gegner, denen sie in der Auseinandersetzung unterliegen werden, weil diese dann körperlich weiter sind. So wird das Eigentliche versäumt: das Miteinander in einer Mannschaft zu fördern und zu versuchen, die Fähigkeiten und Talente eines jeden Kindes zu erspüren, zu stärken und mit denen der anderen in Beziehung zu setzen. Der Einzelne und seine Entwicklung müssen daher im Zentrum stehen und das Maß der Dinge sein, wenn es um die spielerisch-sportliche Ausbildung von Kindern geht.

Die Aufgabe eines Vereins ist folglich im Hinblick auf die jüngsten Junioren in allererster Linie, ihnen zu helfen, sich sozial zu entwickeln – dieser Aspekt darf aber auch später in der Arbeit mit Jugendmannschaften nie vernachlässigt werden. Wer Kindern in einem Verein vermittelt, dass alle willkommen sind und Wertschätzung erfahren – gleichgültig welche Voraussetzungen sie mitbringen und welchem Kulturkreis sie entstammen –, leistet einen unschätzbaren Beitrag zur Persönlichkeitsentwicklung und fördert womöglich nebenbei ein Talent zutage, das unter anderen Bedingungen gar nicht zum Vorschein gekommen wäre. Gerade wer die sportliche Verantwortung für Kinder im Grundschulalter trägt, trägt also in ganz besonderer Weise auch Verantwortung für das Wohl der Kinder in sozialer Hinsicht. Wer stattdessen bereits in dieser Altersgruppe das Ergebnis eines Fußballspiels in den Vordergrund rückt, hat die Frage, weshalb er als Jugendtrainer arbeiten möchte, falsch gestellt. Auf solche Stimmungen sollten Eltern achten, wenn sie ihre Kinder – Jungen und Mädchen – in einen Fußballverein schicken. Sie können daraus erschließen, welche Einstellung zum Leben allgemein und zum Sport im Besonderen ihren Nachwuchs dort erwartet. Ein ordentlicher Dorfverein in der Nachbarschaft kann unter diesen Gesichtspunkten für Kinder, die mit ihren Freunden Fußball spielen wollen, die bessere sportliche Heimat sein als der Club in der nächsten Stadt.

Kinder haben ein natürliches Interesse an Wettkampfsituationen – beim *Mensch ärgere dich nicht* ebenso wie auf dem Fußballfeld. Sie bekommen über alle Medien mit, wie wichtig Tore und Erfolg, Sieg und Niederlage im Fußballleistungssport sind. Diese Beobachtungen aus der Erwachsenenwelt übertragen sie in ihre Kinderwelt. So gibt es überhaupt keinen Grund, diese Haltung der Jüngsten auch noch im Verein zu befeuern. Ganz unglücklich ist es, wenn die Eltern selbst solch einen künstlichen Leistungsdruck entfalten. Wie unrealistisch und fehlgeleitet überambitionierte Bemühungen sind, ein Kind zu sportlichen Erfolgen zu treiben, erschließt sich sogleich, wenn man sich bewusst macht, dass in den Vereinen des DFB über sieben Millionen Menschen

Mitglieder sind.[1] Mit anderen Worten: Es ist nur ein winziger Prozentbruchteil aller Aktiven, der später einmal halbwegs erfolgreich eine Fußballerkarriere einschlagen kann. Es wird im Fußball immer rigoroser selektiert, je weiter ein Talent in den Jugendklassen vorrückt. Während in dieser Hinsicht für ein Kind also nur eine verschwindend kleine Aussicht besteht, wenn es auf solch ein Ziel hin getrimmt wird, kann es körperlich und in seiner Persönlichkeitsentwicklung großen Nutzen daraus ziehen, wenn es stattdessen in seiner Einzigartigkeit wahrgenommen und gemäß seinen Anlagen im Elternhaus und in einem Verein sportlich angemessen gefördert wird.

Zwar lässt sich nicht leugnen, dass immer noch Männer die klassischen Vorbilder für den fußballerischen Nachwuchs sind, und selbstverständlich gibt es in zahllosen Vereinen genügend Trainer, die mit Einfühlungsvermögen ihrer Verantwortung für das Wohl der ihnen anvertrauten Kinder gerecht werden. Aber es wäre interessant zu sehen, wie sich Kinder und Jugendliche entwickeln, wenn mehr Frauen in Vereinen als Trainerinnen eingesetzt würden. Erste Ansätze zeigen sich in dieser Hinsicht inzwischen erfreulicherweise sogar schon bei den Erwachsenen: So trainiert Imke Wübbenhorst, die mit der U19 Europameisterin wurde, heute die Männer des Regionalligisten (West) Sportfreunde Lotte, und in Frankreichs Zweitligaclub Clermont Foot liegt die sportliche Verantwortung bei Corinne Diacre und damit ebenfalls bei einer Frau.[2]

Die Erfahrung von Sieg und Niederlage gehört zum Alltag eines jeden Menschen – ebenso wie die damit verbundenen Ängste; sie müssen in das Leben eingebaut werden. Aber die entscheidende Frage auf dem Fußballplatz wie im Alltag bleibt für den Einzelnen, ob und wie er mit Erfolg und Misserfolg umzugehen lernt. Was nun die Jugendarbeit betrifft, so könnten Frauen dies mit Sicherheit nicht weniger gut als Männer im Training der Juniorenklassen vermitteln.

Was man lehren kann

Miteinander

Eine bessere Einbindung in eine Gemeinschaft, als sie in einem Fußballverein geleistet werden kann, ist kaum vorstellbar: Kleine, Große, Dicke, Schlanke, Hell- und Dunkelhäutige, Christen, Muslime, Juden, Deutsche, Ausländer – völlig egal! Alle Kinder, die in einer Mannschaft spielen, wollen sich bewegen und verfolgen miteinander ein Ziel, so simpel es sich auch darstellt: Das Runde soll in das Eckige. Wenn sie spielerisch lernen, dass alle willkommen sind, die bereit sind, Regeln zu befolgen, die jeder begreifen kann, und den anderen zu achten, der mit ihnen dieses Spiel spielt, hat der Fußball schon viel bei ihnen bewirkt. Die Gemeinsamkeit im Spiel schafft Lernmomente, die gleichermaßen Körper und Geist zugutekommen – die in jedem Kind Fähigkeiten im Hinblick auf Bewegung, Sprache und das Miteinander mit anderen entwickeln helfen, und zwar unabhängig davon, aus welchen gesellschaftlichen Schichten und aus welchen Ländern sie stammen.

Fußball – als dem letzten echten Volkssport, den auszuüben praktisch jederzeit und überall möglich ist – kommt daher eine besondere Bedeutung zu. Wer mit Altersgenossen aus anderen Gesellschaftskreisen und fremden Kulturen gemeinsam Sport betreibt, der wird zwar nicht automatisch immun gegen Neid, Geringschätzung und Rassismus, aber er erwirbt ein besseres inneres Rüstzeug, um schäbigen Versuchungen zu widerstehen. Wenn ein Trainer seine jungen Spieler und ihre Entwicklung im Blick hat, wenn er darauf achtet, wie sie miteinander umgehen, miteinander sprechen, ob sie andere ausgrenzen, lächerlich machen, herabwürdigen, dann bietet sich ihm auch die Möglichkeit, ein derartiges Fehlverhalten sofort zu thematisieren und zu unterbinden. Diese Korrekturen durch eine Respektsperson, wie sie ein Trainer für eine Jugendmannschaft darstellt, bilden ein wirkungsvolles Gegenmittel, so dass sich menschenverachtende Haltungen gar nicht erst entwickeln oder verfestigen.

Natürlich ist Fußball kein Allheilmittel in der sozialen Entwicklung von Kindern und Jugendlichen; das wurde nicht erst bei den besorgniserregenden Vorfällen beim TSV Burgdorf offenbar. Doch umso mehr gilt die Hochachtung all jenen, die sich dafür einsetzen, in der täglichen Vereins- und Trainingsarbeit Fehlverhalten in einer Gruppe junger Spieler abzubauen.[3]

Ordnung, Sicherheit und Selbstvertrauen

Gelegentlich trifft man Kinder und Jugendliche, die ein besonderes Talent an den Tag legen, entscheidende Spielsituationen zu erfassen und dafür mannschaftsdienliche Lösungen zu finden. Wenn sie beispielsweise im Spiel den Ball führen und angegriffen werden, spielen sie ihn nicht einfach zum nächstbesten Mitspieler, der vielleicht noch schlechter steht als sie selbst – schieben also nicht bloß «den schwarzen Peter» weiter. Sie verhalten sich nicht egoistisch, sondern übernehmen Verantwortung und versuchen, mit einer Aktion Erfolg zu haben, die der ganzen Mannschaft nützt. Solche Spieler zeigen Sonderbegabungen, die man auch als «Spielverständnis» oder als eine eigene Form von «Spielintelligenz» bezeichnen kann. Sie durchschauen wie auf einem Schachbrett die Stellung auf dem Platz, können Risiken einschätzen und verhalten sich dementsprechend im Spiel mit und ohne Ball.

Diese Fähigkeiten können mit Prägungen zusammenhängen, die bereits bis zu einem Alter von acht Jahren abgeschlossen sind und in ein besonderes Selbstbewusstsein münden, das in schwierigen Situationen auf dem Fußballplatz zutage tritt. Solche Spieler treffen mannschaftsdienliche Entscheidungen und werden aus sich selbst heraus zu Führungsspielern, wenn sie in ihrem Selbstvertrauen und in ihrer besonderen Fähigkeit von ihrem Umfeld erkannt, gefördert und gestärkt werden.

Dennoch wäre es ein völliges Missverständnis zu glauben, dass diese Talente auch ohne Anleitung ihren Weg finden würden. Sie sind Spieler, die ebenso wie ihre Mitspieler üben und lernen müssen. Sie unterscheiden sich zunächst einmal von anderen dadurch, dass es ihnen leichter fällt zu begreifen, was von ihnen verlangt wird, und das Gelernte im Spiel umzusetzen. Ein erfolgversprechendes Training besteht jedoch für alle Spieler stets darin, dass sie wieder und wieder mit Situationen konfrontiert werden, in denen Lösungen gesucht werden müssen – für einen Verteidiger beispielsweise: den Raum für einen Angreifer zuzumachen oder die bestmögliche Position für ein Zuspiel zu finden. Diese Trainingssituationen werden nicht nur immer und immer wieder wiederholt, sondern im Laufe der Zeit auch immer komplexer gestaltet, und sie müssen immer schneller ausgeführt werden, bis sie «in Fleisch und Blut übergehen». Das ist die Alltagspraxis; sie bedeutet Arbeit und verlangt Disziplin. Sie fließt zunehmend auch in das Training der Kinder und Jugendlichen ein, bis sie selbstverständlich wird. Irgendwann beginnt dann der Nachwuchs, «mit dem Fuß zu denken», und entwickelt jene Bewegungsintelligenz, die vor dem Hintergrund der mit den Jahren wachsenden Anforderungen im sportlichen Wettkampf unverzichtbar ist.

Die Wiederholung ist die Mutter allen Lernens – mag diese Erkenntnis auch noch so alt sein, sie ist doch alles andere als verstaubt. Der Fußballlehrer Dettmar Cramer hat diese Erkenntnis auf den Sport umgemünzt: *Ordnung gibt Übersicht, Übersicht gibt Sicherheit, Sicherheit gibt Selbstvertrauen und Erfolg.* Keines der Elemente, die er in diesem Satz verknüpft hat, ist denkbar ohne beständig wiederholtes Üben, Üben, Üben. So gilt auch hier: Über Nacht wird nur berühmt, wer tagsüber viel arbeitet. Ein Talent, das sich selbst überlassen bleibt und keine adäquate Anleitung erfährt, blüht nicht auf, sondern verwildert.

Doch wer diesen Grundsatz des konsequenten Übens ernst nimmt, wird bald eine interessante Beobachtung machen: Im

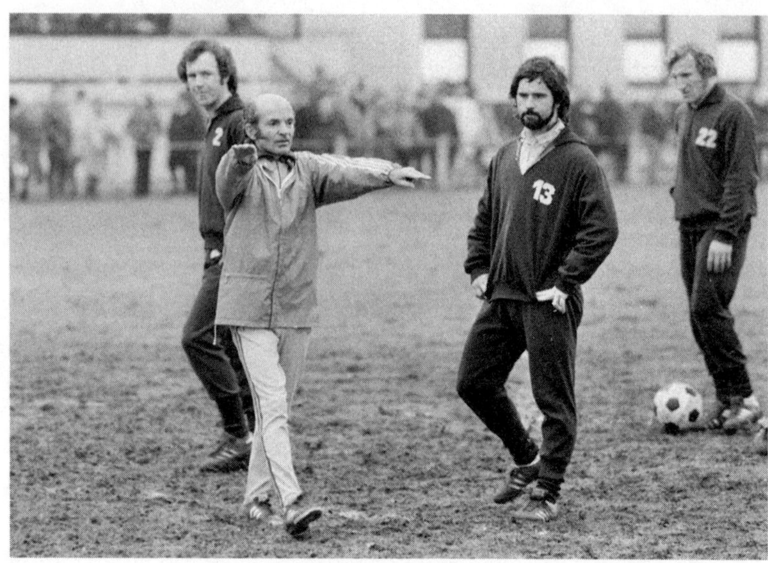

Abb. 2: Dettmar Cramer (1925–2015) trainierte von 1975 bis 1977 den FC Bayern München, mit dem er 1975 und 1976 den Europapokal der Landesmeister gewann und 1976 sogar Weltpokalsieger wurde – hier im Bild mit Franz Beckenbauer, Gerd Müller und Georg Schwarzenbeck.

Verhältnis zur wachsenden Spielintelligenz und Bewegungsintelligenz des sich entwickelnden Spielers verlieren seine körperlichen Voraussetzungen – Größe und Gewicht – über die Jahre hinweg zunehmend an Bedeutung. Es liegt zwar nahe, dass ein kleiner Spieler schwerlich ein erfolgreicher Torwart wird; aber als Feldspieler kann man bald durchaus erstklassig sein, auch wenn man kein Hüne ist – wie ich aus eigener Erfahrung weiß. Daran zeigt sich noch einmal, wie wenig zweckdienlich es ist, in den unteren Jugendklassen vor allem auf jene Spieler zu setzen, die körperlich stärker sind als ihre Altersgenossen. Ein Trainer, der so handelt, macht es sich um eines kurzfristigen Erfolgs willen leicht, anstatt auf eine ordentliche Ausbildung der ihm anvertrauten Kinder Wert zu legen. Wir werden noch auf dieses Thema zurückkommen. Solch eine Arbeit erfordert zwar mehr Zeit und Aufwand, ist aber am Ende auf jeden Fall erfolgversprechender und mit Sicherheit für alle Beteiligten befriedigender.

Gerade im Hinblick auf die Persönlichkeitsentwicklung von Kindern und Jugendlichen kommt Eltern wie Trainern eine herausragend wichtige Bedeutung zu, wenn es darum geht, ein angemessenes Verhalten im Umgang mit Misserfolgen oder auch mit Schiedsrichterentscheidungen zu vermitteln. Da ist das Vorbild zu Hause wie an der Seitenlinie des Spielfelds gefordert. Ein Kind und ein Jugendlicher, deren Selbstbewusstsein intakt ist und in der Ausbildung gestärkt wird, werden mit solchen Situationen besser zurechtkommen, als wenn das nicht der Fall ist. Dabei zeigt sich schon früh, wer das Zeug zum Führungsspieler hat und unaufgeregt seine Meinung sagen und die Meinungen anderer anhören kann. Die Fähigkeiten, ruhig die eigenen Interessen zu vertreten und Entscheidungen anderer zu akzeptieren, stehen in einem Wechselverhältnis zueinander.

Mädchen und Jungen

Fast scheint es angesichts dessen, was nun über Inhalte, Bedeutung und Formen der Wertevermittlung gesagt worden ist, bei denen der Fußball bereits im Kindesalter nützlich sein kann, überflüssig zu betonen, dass dieser Sport selbstverständlich für Mädchen wie Jungen grundsätzlich gleichermaßen geeignet ist. Wieso sollte es auch für Mädchen weniger hilfreich sein als für Jungs, durch dieses Spiel ihre Persönlichkeit und ihren Körper zu entwickeln? Körperliche Beweglichkeit, die Fähigkeit, sich auf ein gemeinsames Ziel hin miteinander auszutauschen und zusammenzuarbeiten, ein Gefühl für den anderen zu entwickeln, und natürlich die Fähigkeit, Probleme zu lösen, sind für beide Geschlechter gleichermaßen wichtig. Fußball ist ein Breitensport, der in dieser Hinsicht beiden nützt. Die Statuten des DFB gestatten es übrigens bis zur B-Jugend, dass Mädchen und Jungen in denselben Mannschaften zusammenspielen.[4]

Die Frage, die sich mit zunehmendem Alter der Spielerinnen stellt, ist letztlich nicht die der körperlichen Leistungsfähigkeit, sondern die der Verletzungsanfälligkeit. Fußball ist eine Kontaktsportart, die mit zunehmender professioneller Härte ab den höheren Jugendklassen auch mit einem erhöhten Verletzungsrisiko einhergeht. Im Hinblick auf Gelenke, Knochenbau, Bänder und nicht zuletzt auf das Bindegewebe sind Frauen konstitutionell verletzungsanfälliger. Auch wenn eine erhöhte Trainingsintensität mancher Verletzung vorbeugen kann, so muss dies gerade für das nicht zu trainierende Bindegewebe verneint werden. Damit dürfte aus rein gesundheitlichen Gründen eine natürliche Grenze für das gemeinsame wettkampfmäßige Zusammenspielen von Jungen und Mädchen, Frauen und Männern beschrieben sein.

In jedem Falle ist es sehr zu begrüßen, dass in Verbindung mit der Entwicklung des Frauenfußballs in Deutschland seit den siebziger Jahren auch Mädchen mehr und mehr ihre eigenen Vorbilder finden. Seit dieser Zeit hat der Frauenfußball hierzulande dank der sich entwickelnden Strukturen in Verbänden und Vereinen ein hohes Niveau erreicht. Mit Bibiana Steinhaus hat bis 2020 in Deutschland zudem eine exzellente Schiedsrichterin in der Ersten Bundesliga gepfiffen; und – um nur diese beiden zu nennen – mit Célia Šašić, die ebenso wie Alexandra Popp zweimal zur deutschen Fußballerin des Jahres, darüber hinaus aber nach Beendigung ihrer aktiven Laufbahn sogar zur europäischen Fußballerin des Jahres gewählt wurde, sowie mit der Brasilianerin Marta Vieira da Silva, die sechsmal Weltfußballerin war, hat der Frauenfußball hierzulande wie weltweit bekannte Stars. Das alles ist geeignet, die Attraktivität des Fußballs als Volkssport für Mädchen und Frauen in wünschenswerter Weise zu fördern.

Wo Fortschritte nötig sein werden, das ist die verstärkte Vertretung von Frauen in Entscheidungsgremien der Proficlubs. Solange weniger als fünf Prozent aller Aufsichtsratsposten in der 1. und 2. Liga mit Frauen besetzt sind, wird es wohl noch eine Weile dauern, bis die Vereine Leistungszentren, die für Jungen schon lange selbstverständlich sind, auch für Mädchen einrichten. Immerhin nimmt St. Pauli eine Vorreiterrolle ein und hat 2019 mit Sandra Schwedler eine Aufsichtsratsvorsitzende gewählt;[5] es wird spannend sein zu sehen, welche Folgen das haben wird.

Wenn ich in diesem Buch in der Regel dennoch nur von «Trainern» und «Spielern» spreche, so vor allem deshalb, um die Lesbarkeit des Textes geschmeidiger zu halten, als wenn ich durchgängig Formen für beide Geschlechter verwenden würde. Darüber hinaus beziehe ich mich mit meinen Ausführungen in den meisten Fällen auf Zusammenhänge und Beispiele, die ich aus dem Männersport kenne. Doch Mädchen und Frauen, die vielleicht dieses Buch lesen, werden wohl einiges, wenn auch nicht alles, ebenso auf ihre Erfahrungen im Fußball übertragen können.

4. Gedenkminute

Die Tragödie des Einzelnen und die Realitäten des Profisports

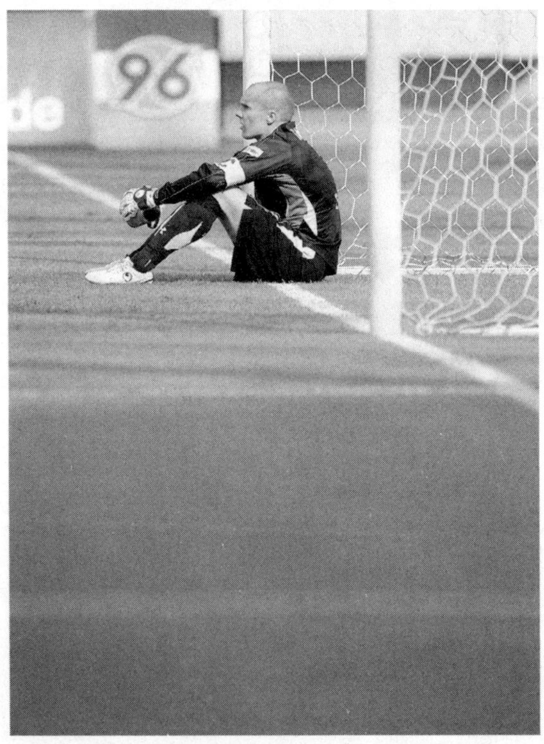

Abb. 3: Robert Enke (1977–2009) war ein international renommierter Torhüter, wiederholt Torwart der deutschen Nationalmannschaft und stand von 2004 bis 2009 im Tor von Hannover 96; er litt an Depressionen und nahm sich als Folge seiner Krankheit am 10. November 2009 das Leben.

Die Uhren stoppt, reißt raus das Telefon,
Ein Knochen für den Hund, dann schweigt er schon,
Nein, kein Klavier, nur Trommeln, dumpf und schwer.
Tragt raus den Sarg, die Trauernden ruft her.
Flugzeuge solln im tristen Morgenrot
Groß an den Himmel schreiben: «Er ist tot.»[1]

Mit diesen Worten drückt in dem Film «Vier Hochzeiten und ein Todesfall» ein junger Mann seine Fassungslosigkeit aus, als völlig unerwartet sein Partner stirbt. Das gleiche Entsetzen hatte viele von uns gepackt, als wir erfuhren, was am 10. November 2009 geschehen war – Robert Enke, Torhüter von Hannover 96 und Nationaltorwart, hatte sich als Folge seiner Depressionen das Leben genommen. Es war die größte Katastrophe in meinem sportlichen Umfeld, die sich während meiner Zeit als aktiver Fußballspieler ereignet hat, und bis heute stehe ich fassungslos vor diesem Ereignis. Ich habe jedem Sportler und jedem Funktionär, die sich damals geäußert haben, ihre Bestürzung und Trauer geglaubt – und ebenso den Wunsch, Voraussetzungen zu schaffen, dass sich so etwas nie mehr wiederholt. Aber es blieb bei dem Wunsch. Es vergingen nur ein paar Jahre, bis sich die Katastrophe wiederholte, wenn auch weniger von der Öffentlichkeit bemerkt – wahrscheinlich weil das Opfer nicht als Nationaltorhüter eine Zeit lang im Rampenlicht gestanden hatte: Nur wenige Tage nachdem wir in Brasilien Weltmeister geworden waren, nahm sich Andreas Biermann – ein ehemaliger Fußballprofi, der zeitweilig beim FC St. Pauli und bei Union Berlin gespielt hatte – mit nur 33 Jahren das Leben.[2]

Beim Tod Robert Enkes hat die Sportwelt in Deutschland den Atem angehalten – aber sie hat sich dann einfach weitergedreht und bald wieder in ihren gewohnten Rhythmus gefunden. Wieso? Nicht weil diejenigen, die in diesem Geschäft tätig sind, kälter oder herzloser wären als andere, sondern weil der Hochleistungssport den Rahmen vorgibt und unaufhörlich die höchste Konzentration auf die höchstmögliche Leistung verlangt. In dieser Welt des Spitzensports lässt sich aus einer Tragödie keine Zukunftsperspektive für die Selbstoptimierung und die Verbesserung der Mannschaftsleistung gewinnen, die das überwölbende Ziel des Hochleistungsfußballs auf Topniveau darstellt. Dieses Ziel bestätigen und unterschreiben gewissermaßen an jedem Ligawochenende und bei jedem internationalen Wettbewerb alle Aktiven, Funktionäre und Fans. Es wäre gerade angesichts des Todes eines Menschen – und damit angesichts des ernstesten aller denkbaren Fälle in unserem Leben – unehrlich, darum herumzureden. Fußball wird immer vom ganzen Menschen betrieben, auch wenn wir ihn nur in einem ganz kleinen Ausschnitt seiner Persönlichkeit im Flutlicht auf dem Platz wahrnehmen und entsetzt sind, wenn auf einmal aus der Dunkelzone seines Daseins ein Schatten ins Bild ragt.

Dass diese Dunkelzone viel größer ist als angenommen – oder als wir uns gern eingestehen möchten –, zeigt eine skandinavische Studie, der zufolge 16,7 Prozent aller befragten Fußballspieler Anzeichen einer Depression oder Angststörung aufwiesen, wobei Nachwuchsspieler häufiger betroffen waren als gestandene Profis.[3] Doch auch diese Erkenntnis, von der sogar ein Weltstar wie Andrés Iniesta berichtet hat – ein genialer Fußballspieler, der so ziemlich alle Erfolge gefeiert hat, die ein Profi erleben kann –,[4] ändert nichts an den Prinzipien des Hochleistungssports, der rasch wieder in seinen gewohnten Takt zurückkehrt, wenn das erste Entsetzen gewichen ist. Das Profigeschäft hat sich durch den Tod Robert Enkes im Wesentlichen nicht geändert – so wenig wie sich der Formel-I-Sport oder der Boxsport durch Todesfälle im Wesentlichen ändern. Sicher, es gibt nun ein Netzwerk der Deutschen Gesellschaft für Psychotherapie und der Robert-Enke-Stiftung,[5] in dem Psychotherapeuten und Psychiater ihre Hilfe anbieten, was die Suche nach kompetenter Betreuung erleichtert.

Aber ich kann nicht erkennen, dass sich die Geisteshaltung im Hochleistungssport, auf die ein Profi in psychischen Notlagen trifft, geändert hätte. Sich als seelisch krank zu outen, würde ich keinem raten, der nicht beim nächsten Einsatz im Stadion fertiggemacht werden will. «Fußball, man muss sich nichts vormachen, ist im Leben vieler Menschen der Bereich, wo sie all das rauslassen, was sie anderswo mühevoll beherrschen müssen.»[6] Erinnern Sie sich noch daran, wie Ralf Rangnick begrüßt wurde, nachdem er sich eine Weile wegen einer Überlastungsstörung hatte vom Leistungssport zurückziehen müssen? «Burn-out Ralle: Häng dich auf!»[7]

Ich habe mithin immer noch größte Zweifel, dass die Gesetzmäßigkeiten des Fußballprofisports – und nur für diesen Sport kann ich aus eigener Erfahrung sprechen – darauf ausgelegt sind, dass die Akteure angemessen mit den tiefsitzenden Nöten eines Spielers umgehen. Diese Auffassung, die – vielleicht und hoffentlich – in Einzelfällen zu korrigieren sein mag, ergibt sich aus meinem «Eigenstudium» eines harten Konkurrenzbetriebs, den ich nicht schöner malen will, als er sich mir darbietet.

Homosexualität

Um zu verdeutlichen, was ich meine, nehme ich ein anderes Thema in den Blick und frage mich, ob ich heute einem homosexuellen Spieler im Profibetrieb raten würde, in seiner aktiven Zeit ein Coming-out zu wagen. Die Verantwortung wäre mir zu groß. Wenn er so etwas planen und mir davon erzählen sollte, würde ich ihm empfehlen, sich sehr intensiv mit seinen engsten Vertrauten zu beraten und sich selbst ehrlich Rechenschaft zu geben über seine Beweggründe für diesen Schritt. Aber ich würde ihm nicht einmal raten, sich mit seinen Mitspielern im eigenen Club über dieses Thema zu unterhalten. Die Frage müsste ein

Spieler vielmehr für seine Situation ganz genau mit einem professionellen Umfeld analysieren, und er müsste eine klare Strategie dafür haben, was danach geschehen wird. Es mag Städte und Vereine geben, wo solch ein Coming-out eher möglich wäre als anderswo – vielleicht in Berlin, vielleicht bei St. Pauli, vielleicht in Freiburg. Aber gegenwärtig schienen mir die Chancen gering, so einen Versuch in der Bundesliga mit Erfolg zu wagen und nur halbwegs unbeschadet davonzukommen. Erfolg hieße hier also: nachher einigermaßen unbeeinträchtigt seinem Beruf als Profisportler nachgehen zu können.

Es mag sein, dass ein Sportler die nötige Reife dafür hat und – wenn er viel Glück hat – auch auf die nötige Toleranz in seinem unmittelbaren sportlichen Umfeld stößt. Aber er wird nicht mit der gleichen Reife bei allen Gegnern im Sport und ganz sicher nicht in allen Stadien rechnen dürfen, in denen er antritt. Es ist eine Tatsache, dass es in Deutschland einen großen Bevölkerungsanteil gibt, der eine verdeckt oder offen feindselige Einstellung gegenüber Minderheiten hegt; ob das Geflüchtete oder Homosexuelle sind, spielt dabei nicht die entscheidende Rolle. Menschen mit anderer Hautfarbe oder Angehörige anderer Religionen werden von Teilen der Gesellschaft angefeindet, bedroht, verletzt oder sogar ermordet. Personen mit menschenverachtender Gesinnung finden sich natürlich auch unter den Zehntausenden, die in einem Fußballstadion zusammenkommen. Unerkannt und aus der Masse heraus würden sie dort einen Spieler mit einer öffentlich bekannt gemachten anderen sexuellen Orientierung als der gemeinhin akzeptierten mit gebrüllten Beleidigungen, Beschimpfungen und diffamierenden Äußerungen bedenken. Wer würde das aushalten? Und wenn ja, wie lange würde er es aushalten?

Mir scheint es lebensklug, dass Thomas Hitzlsperger erst nach Beendigung seiner Laufbahn als aktiver Fußballprofi den Schritt gewagt und seine Homosexualität öffentlich gemacht hat. Er hat für seine öffentliche Ansage von vielen Seiten den gebührenden

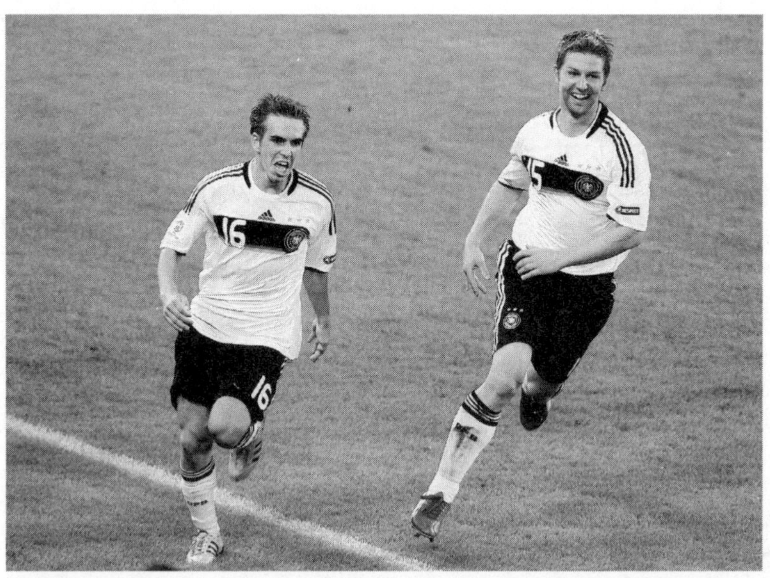

Abb. 4: Thomas Hitzlsperger und Philipp Lahm beim Halbfinale der Europameisterschaft 2008, nachdem Philipp Lahm das Siegtor zum 3:2 erzielt hat.

Beifall erhalten – und doch ist der nur die Kehrseite der nach wie vor bestehenden verdeckten bzw. nur langsam abnehmenden gesellschaftlich verbreiteten Homophobie.

Auch innerhalb der eigenen Mannschaft dürfte man sich nicht so ganz sicher sein, wie solch ein Coming-out aufgenommen würde. Thomas Hitzlsperger äußerte seinerzeit zu diesem Thema: «Wer ein Gefühl für die Stimmung in einer Mannschaft hat, der weiß einfach, was angesagt ist. Der Gruppenzwang kann enorm sein.»[8] Laut einer Umfrage der DALIA Research GmbH[9] betrug 2016 der Anteil an Menschen mit einer anderen (Lesbian, Gay, Bi, Trans) als der allgemein akzeptierten sexuellen Orientierung in Deutschland 7,4 Prozent. Angesichts dieser Zahl wäre es doch Unsinn zu glauben, dass sich ausgerechnet unter den deutschen Fußballprofis tatsächlich nur heterosexuelle Spieler finden. Doch haben diejenigen in unserem Sport, die sich nicht in ihrer aktiven

Zeit zu ihrer sexuellen Orientierung bekennen, leider verdammt gute Gründe dafür. Wir brauchen also gar nicht mit dem Finger auf Russland oder die Türkei zu deuten, wenn es um die Verfolgung von Schwulen geht, sondern sollten weiterhin vor unserer eigenen Haustür fegen. Da haben wir genug zu tun, bis auch hierzulande allen klar ist, dass unsere Gesellschaft in jeder Hinsicht vielfältig und bunt ist und bleibt – und dass das auch gut so ist.

5. Anstoß

Fußball als ein möglicher Sport für Kinder

Kaum dass Kinder das Laufen gelernt haben, haben sie in Schulen das Stillsitzen zu lernen. Eine oder zwei Stunden Schulsport in der Woche sind viel zu wenig und ein Unrecht, das an zahllosen Kindern begangen wird – dies gilt insbesondere, wenn der Sportunterricht von Lehrkräften erteilt wird, die dafür nicht ausgebildet sind.[1] Wer keine Ahnung vom Sport hat, lässt beispielsweise gern «Völkerball» spielen – das bedeutet für die Sportstunde, dass am Ende noch einer auf dem Feld rumrennt, während nach und nach immer mehr Mitschüler tatenlos am Rand stehen und zuschauen. Das Ergebnis dieser Schulpolitik ist ein Nachwuchs, der sich schlecht bewegt und nicht einmal mehr weiß, wie er hinfallen kann, ohne sich etwas zu brechen.

Natürlich ist der Fußball nicht die einzige Alternative zum Nichtstun! Es geht einfach darum, dass die allgemeine Beweglichkeit von Kindern gefördert wird, und zwar eine Beweglichkeit des ganzen Körpers. Dafür sollte ihnen jeden Tag Gelegenheit gegeben werden, sich selbst zu erproben, selbst zu entscheiden, wie sie sich körperlich betätigen und vielleicht auch mal ein Risiko eingehen, etwa indem sie über einen Balken balancieren. Wünschenswert wäre, wenn Kinder über ihren Lieblingssport – *vielleicht* Fußball – hinaus noch andere, unterschiedliche Sportarten kennenlernten. Auf diese Weise würden sie ihre eigenen Möglichkeiten entdecken und zu einem kreativen Umgang mit ihren körperlichen Fähigkeiten angeregt werden. Wird nur ein Sport betrieben, so beschränkt das die Entwicklungsmöglichkeit der Ganzkörperbetätigung. Aber *ein* Sport ist auf jeden Fall besser als gar kein Sport.

Im Alter von sechs bis zehn brauchen Kinder ganz sicher kein Krafttraining. Doch man kann sie anleiten, ein wenig Gymnastik zu machen. Auch wäre schon viel gewonnen, wenn sie nur so viel Körperbeherrschung hätten, dass sie auf einen Baum klettern könnten. Diese früher ganz selbstverständlichen Fähigkeiten haben stark abgenommen. Stangen oder Seile hochzuklettern, verdient in den Augen von Erwachsenen heutzutage offenbar weniger Ermutigung, als einen Computer zu bedienen. Wenn man jedoch zu diesem archaischen Zweck die Arm- und Bauchmuskeln des Nachwuchses trainieren möchte, so reicht sogenanntes Eigengewichttraining völlig aus – wer sich im Garten an der Teppichstange hochziehen oder Liegestützen machen kann, ist stark genug. Während in diesem Alter der Besuch eines Fitnessstudios Unsinn wäre, kann man über den spielerischen Einsatz von Slackline und TRX-Bändern nachdenken, um Beweglichkeit und Geschicklichkeit zu fördern. Es reicht aber völlig aus, mit diesen Hilfsmitteln einmal in der Woche zu üben. Was immer gut ankommt bei Kindern, ist das Trampolin, auf dem herumzuhüpfen ebenfalls Koordination und Körperbeherrschung günstig beeinflusst.

Fußballspielen fordert auf vielfältige Weise Körper und Geist im Hinblick auf Beweglichkeit und Koordination; das bringt viel für die Körperbeherrschung – und zwar in einem Alter, in dem ein Kind nach nichts mehr drängt, als sich zu bewegen. Besorgte Eltern mögen sich heute fragen, ob man Kinder nicht überfordert, wenn man sie ein paar Stunden am Tag Fußball spielen lässt oder ihnen vielleicht sogar erlaubt, in einen Fußballverein zu gehen. Sicher nicht! Diese Ängste sind unangebracht. Die Befürchtung, Knirpse im Alter von sechs bis zehn Jahren könnten sich körperlich überanstrengen, so dass der Sport zur Gefahr würde, ist unbegründet. Kinder haben ein gutes Gespür für ihren Körper und tun in diesem Alter das, was sie aus sich selbst heraus gern tun – und sofern kein äußerer Zwang hinzukommt, tun sie es auch nur genau so lange, wie sie Lust dazu haben. Wenn sie müde sind, hören sie nämlich einfach auf. Wenn ein Zehnjähriger zwei Stunden Sport am Tag macht, dann ist das sicher keine Überanstrengung. Man sollte also kein Kind bremsen, das drei-, viermal in der Woche nachmittags mit Freunden Fußball spielen gehen will. In diesem Zusammenhang sei auf eine aktuelle WHO-Studie hingewiesen, aus der hervorgeht, dass sich in Deutschland 84 Prozent aller Kinder *weniger als eine Stunde* am Tag bewegen.[2] Über diesen Missstand ist erstaunlich wenig Empörung in der Öffentlichkeit zu vernehmen, obwohl er für Jugendliche und später für Erwachsene ein hartes Schicksal bedeuten kann, wenn sie Diabetes oder Herz-Kreislauf-Probleme bekommen, die oft das Ergebnis einer derartigen Fehlentwicklung sind. Wer sich als Kind nicht bewegen lernt, wird es kaum im Erwachsenenalter lernen – es sei denn, in einem Reha-Zentrum.

Vielleicht aber treibt manche Eltern tatsächlich die Sorge um, ihr Kind könnte, wenn es sich zu sehr auf den Fußball einlässt, anderes versäumen – Dinge, die aufs Erste wichtiger erscheinen in einer Leistungsgesellschaft mit ihren üblichen schulischen Zielvorgaben. Aber wie begründet ist diese Sorge? Ist es nicht wirklichkeitsfremd, dass in den wenigen Stunden, in denen ein Jugendlicher, der in einem Fußballverein trainieren möchte, gerade in dieser Zeit zu Hause sitzen und Vokabeln oder Mathematik lernen würde? Die Wahrscheinlichkeit, dass er in seiner Freizeit mit dem Smartphone daddelt, dürfte größer sein. Wäre da nicht der körperliche Ausgleich in einer überwiegend sitzenden Gesellschaft sinnvoller? Wer sich körperlich ausgetobt hat, kann sich auch leichter wieder zum Lernen hinsetzen und sich konzentrieren. Wenn Eltern Kinder in schulischen *und* sportlichen Aktivitäten unterstützen und ihnen für beides Wertschätzung entgegenbringen, dürfte es kaum einen Zielkonflikt zwischen diesen wichtigen Bereichen ihres Lebens geben.

Die Auswahl des richtigen Vereins

Worum geht es Kindern, wenn sie den Wunsch äußern, in einem Verein Fußball spielen zu dürfen? Sie wollen mit ihren Freunden zusammen sein und gemeinsam ihre Lebensfreude teilen. Diese Beobachtung sollte maßgeblich für die Entscheidung sein, wenn es darum geht, einen Verein auszusuchen. *Wann* man Kinder einem Verein anvertraut, richtet sich letztlich nach dem Kind selbst. Es gibt eigentlich kein «zu früh», weil Kinder einfach von Anfang an das natürliche Bedürfnis nach Bewegung haben. Mit fünf, sechs, spätestens mit sieben Jahren ist auf jeden Fall ein Alter erreicht, in dem man mit dem Vereinssport beginnen kann. Er hilft dem Kind, Disziplin und Selbstverantwortung zu erwerben. So sollte man ihm auch nicht alles bei der Vorbereitung des Trainingsbesuchs aus der Hand nehmen. Wenn jemand in einem Verein spielen will, sollte es auch *seine* Sache sein, sich mit seinen Freunden und seinem Team zu treffen, zu trainieren, zu spielen und Freude zu haben – aber auch selbständig die Voraussetzungen dafür zu schaffen, wenn es um seine Sportklamotten geht.

Der Verein sollte so gelegen sein, dass das Kind ein schönes Umfeld hat, um mit seinen Kumpels zu spielen. Ein vertrauter Rahmen mit Altersgenossen und Schulkameraden kommt der Entwicklung sozialer Fähigkeiten eines Kindes immer entgegen. Daher ist es auch sinnvoll, wenn das Trainingsgelände ohne großen Aufwand im Umkreis von wenigen Kilometern von zu Hause aus besucht werden kann – möglichst zu Fuß, mit dem Fahrrad oder dem Nahverkehr.

Ein wichtiges Kriterium für die Auswahl des richtigen Vereins ist allerdings, abgesehen von der räumlichen Nähe, die Einstellung derjenigen, in deren Hände man sein Kind gibt. Es müssen vor allem Menschen sein, die Verantwortung für den Nachwuchs übernehmen. Es geht also nicht darum, unbedingt einen Topclub auszusuchen oder einen Verein, bei dem es einen Verkaufsstand für eine Brotzeit gibt, sondern einen, der menschlich ein ordentliches Umfeld bietet. Man erkennt beispielsweise schnell, ob ein Trainer ein vernünftiger Mann ist und die ihm anvertrauten Kinder seriös anleitet – ob er etwa dafür sorgt, dass alle Kinder im Training und im Spiel zum Zug kommen, ob er eine angemessene Ansprache im Umgang mit den Kindern trifft, ob er sie ermutigt und fördert oder sie überfordert und entmutigt und ob er ihnen schlussendlich im Rahmen ihrer Entwicklungsmöglichkeiten etwas beibringt oder nicht. Ebenso wird bald deutlich, ob der Verein von Leuten geführt wird, die auf das Wohl und die Entwicklung der Kinder achten, und in dieser Hinsicht genügend Transparenz und Kontrolle vorhanden ist. Nicht weniger wichtig für die Entscheidung, welchen Verein man wählt, ist es, darauf zu schauen, welche Einstellung die Eltern der Mitspieler haben. Wenn deren Eltern vom Ehrgeiz zerfressen sind, kann der Sport in solch einem Verein für das eigene Kind eine ziemlich freudlose Erfahrung werden. Dann ist es besser, man gibt seinem Kind einen Fußball und lässt es mit Freunden auf dem Parkplatz hinterm Haus spielen, während man selbst – wenn die Spieler noch allzu klein sind – mit einer Zeitung auf dem Bordstein danebensitzt.

Wenn Kinder in der Altersklasse U8 in einem Sportverein aktiv sind – das betrifft Sieben- und Achtjährige, die in der F-Jugend spielen –, so bedeutet das in der Regel zweimal pro Woche Training, wobei jede Einheit zwischen eineinhalb und zwei Stunden dauert. Diese Belastung stellt ganz sicher keine Überbeanspruchung dar, sondern kommt dem Bewegungsbedürfnis in diesem Alter entgegen. Es kann sein, dass – wenn es sich um einen besonders anspruchsvollen Verein handelt – es auch drei oder vier Trainingseinheiten werden. Kinder merken schnell, ob das ihren eigenen Bedürfnissen entspricht, so dass Eltern die Möglichkeit haben, entweder die Sache laufen zu lassen oder nach einem anderen Verein Ausschau zu halten, bei dem der Trainingsaufwand den Wünschen ihres Kindes eher entspricht. Zum Training hinzu kommt stets ein Spieltag – selten noch ein zweiter – pro Woche, bei dem man im Team gegen eine andere Mannschaft antritt.

Falls Eltern den Eindruck gewinnen, der Fußball wäre vielleicht im Hinblick auf die Anforderungen zu einseitig, so spricht überhaupt nichts dagegen – wenn ein Kind das möchte! –, parallel dazu noch einen anderen Sport, etwa aus dem Bereich der Leichtathletik, zu betreiben. Das kann der körperlichen Entwicklung im Allgemeinen und auch konkret der fußballerischen sogar förderlich sein. Wichtig bleibt allein, dass das Kind geführt und angehalten werden soll, seine körperlichen Fähigkeiten einmal kennenzulernen, sie zu erproben und im Rahmen seiner Möglichkeiten – und soweit es sich dabei wohlfühlt – zu entwickeln.

Was heißt Training und Fußballspielen mit Kindern?

Stellen Sie sich folgende Szene vor: ein Samstag im Sommer. Sie stehen am Spielfeldrand und schauen einem Spiel der G-Jugend zu. In der Mitte des Feldes ist gerade ein Mordsgewusel um den Ball, und auf einmal hockt sich ein Knirps hin, weil er auf einem Gänseblümchen einen Marienkäfer entdeckt hat, der unendlich viel interessanter ist als das, was seine Mitspieler gerade anstellen. Oder Sie sehen ein Spiel in dieser Altersklasse, und ein kleiner Junge saust immer an der Seite des Spielfelds rauf und runter, aber er geht nicht zum Ball bzw. stürzt sich nicht in das Getümmel, das seine Mitspieler da gerade veranstalten – so etwas habe ich auch schon mit meinem eigenen Jungen erlebt.

Das sind völlig normale Szenen, die viele Eltern bereits beobachtet haben. Sie zeigen vor allem eines: Es stehen Kinder auf

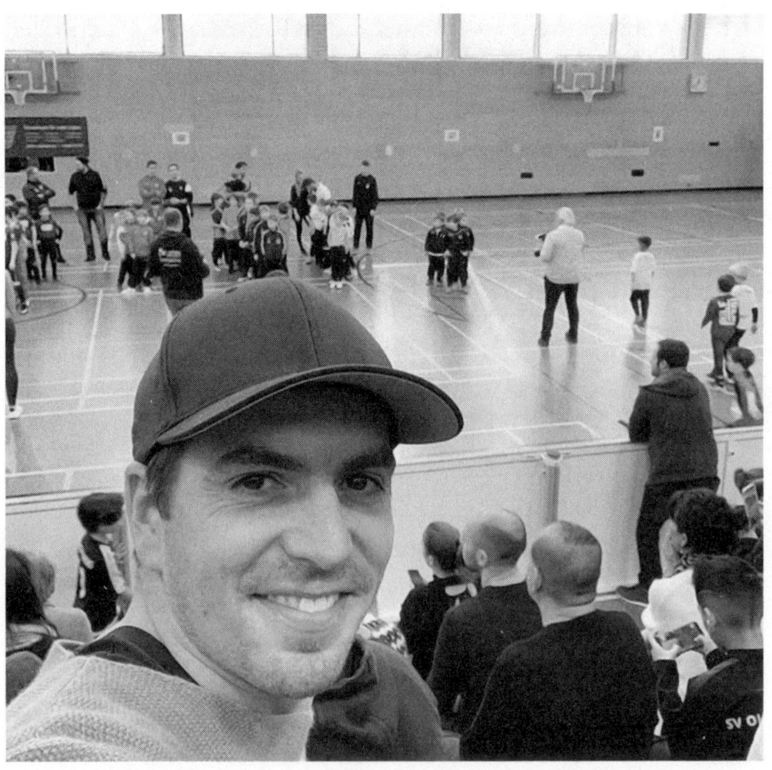

Abb. 5: Wie in vielen Familien mit kleinen Fußballern, deren Eltern ihre Sprösslinge zum Spiel begleiten, so hält es auch Philipp Lahm – hier besucht er ein Hallenturnier des Nachwuchses.

dem Platz, deren Weltwahrnehmung eine völlig andere ist als die eines Erwachsenen. Die Interessen liegen ganz anders, und spannend ist eben vieles gleichzeitig – Fußball ebenso wie Marienkäfer. Aber selbst wenn gerade kein Marienkäfer die Aufmerksamkeit fesselt, heißt das trotzdem nicht, dass jenes Kind, das am Spielfeldrand entlangläuft, aber nicht zum Ball geht, kein Verhältnis zu diesem Sport hat. Im Gegenteil: Es erkennt auf dem Feld eine Situation, die vor allem *durcheinander* ist – alle flitzen hinter einem Ball her –, und das Kind spürt ganz richtig, dass es selbst in diesem Getümmel überhaupt nicht sinnvoll eingreifen kann. Was wäre gewonnen, wenn auch noch dieser Knirps ohne Plan in den Pulk hineinsaust? Mehr Ordnung würde dadurch auch nicht entstehen. Also verhält sich so ein Kind aus seiner Sicht völlig richtig.

Was bedeutet das für die Anleitung, die man Kindern in diesem Alter – bis etwa zehn Jahre – geben kann? Es wäre jedenfalls sinnlos zu versuchen, ihnen taktisches Verhalten beizubringen. Man muss sich klarmachen, dass Kinder überhaupt erst ab dem achten Lebensjahr wahrzunehmen beginnen, wie viele Spieler eigentlich auf dem Platz sind! Was also können Kinder bereits sehen und begreifen, und was und wie können sie lernen? Sie können ohne Weiteres von einem guten Trainer lernen, wie man einen Ball stoppt, wie man richtig gegen einen Ball tritt, wie man sich mit dem Ball am Fuß bewegt und ein bisschen dribbelt. Sie können erfassen, wie man vielleicht mal den Außenrist des Fußes einsetzt, und sehen, was dann passiert. Kinder begreifen natürlich auch, dass es besser ist, wenn die eigene Mannschaft den Ball hat, weil sonst die anderen ein Tor schießen und die eigene Mannschaft den Ball eben nicht nach vorn tragen und selbst ein Tor machen kann. Also kann man ihnen auch noch zeigen, dass sie versuchen sollen, dem gegnerischen Spieler den Ball abzunehmen, und wie sie dabei den Fuß hinhalten müssen. Sie lernen dabei zudem, dass es Regeln gibt, die man auch im Zweikampf beachten muss, weil sonst der Schiedsrichter pfeift und der Gegner gleich wieder den Ball hat.

Diese Dinge übt man mit ihnen, indem man sie in kleinen Gruppen bis zu drei gegen drei spielen lässt – nicht mehr, sonst wird es für sie zu unübersichtlich. In diesen Situationen aber kann ein Kind gewissermaßen sein eigenes Zweikampfverhalten entwickeln. Es kann seine Phantasie walten lassen, wie es zum Ziel kommt, also am besten den Ball gewinnt, ohne die Regeln zu brechen. Darüber hinaus wird ein kreativer Trainer die richtige Ansprache finden, um Kindern den Blick für bestimmte Situationen zu öffnen: Sie können zum Beispiel erkennen, dass ein

Mitspieler immer von einem bestimmten gegnerischen Spieler überlaufen wird oder keine Chance hat, ihm den Ball abzunehmen, wenn der angerauscht kommt. Und sie verstehen in ihrem kindlichen Denken durchaus bereits, dass dieser Mitspieler deshalb Unterstützung braucht. Solch eine Situation kann ein Trainer nutzen, um Kinder dazu zu bringen, ihrem Mannschaftskameraden zu Hilfe zu kommen, so dass sie sich zu zweit um den Gegner kümmern und dadurch die eigenen Erfolgschancen steigern. Damit ist schon viel an Einsicht gewonnen.

Darüber hinaus formen sich Kindermannschaften in diesem Alter wie ein Schwarm. Ordnung auf dem Platz entwickelt sich von selbst mit der allgemeinen Reifung der Spieler. Irgendwann begreift ein Kind, dass es besser ist, wenn es seine Position hält, als dass es dahin läuft, wo eh schon alle sind. Wenn dieser Prozess einsetzt – und je früher er einsetzt, desto besser –, so ist das wie eine Gabe, die ein Kind erst einmal entwickeln muss. Kinder begreifen von Mal zu Mal mehr, wie sie sich erfolgversprechend verhalten können. Sie saugen so eine Erfahrung – wie alles in diesem Alter – auf wie ein Schwamm. Auf diese Weise entsteht nach und nach aus sich selbst heraus das Team.

Es bringt nichts, Kindern in diesem Alter bereits erklären zu wollen, wie der Gegner spielt. Wichtig ist, wie sie *selbst* spielen, welche Erfahrungen sie sammeln, wie sie sich allmählich als Mannschaft fügen und welche Eigeninitiative sie hervorbringen. Ein guter Trainer wird unter diesen Gesichtspunkten vor allem genau beobachten, was seine kleinen Schützlinge so alles auf dem Platz anstellen, und er wird die guten Ansätze verstärken. Da bis zum Alter von zwölf Jahren Kinder das Spielgeschehen intuitiv erfassen, ist es auch erst ab diesem Alter sinnvoll, taktische Anweisungen zu geben. Zu einem früheren Zeitpunkt würden Trainer, die in dieser Hinsicht eingreifen, Kinder überfordern, aber nicht fördern, sie würden sie frustrieren, aber nicht zu ihrer Entwicklung beitragen.

Darüber hinaus machen Kinder beim Fußball spielerisch die Erfahrung, dass sie in unterschiedlichen Rollen agieren, ja, dass sich ihre Rollen verschieben können – dass man sich in bestimmten Situationen unterordnen muss, aber in anderen wiederum «Chef» sein kann. Es ist unglaublich spannend zuzusehen, wie sich Kinder im Fußball selbst organisieren, ohne dass dabei gesellschaftliche Schranken eine Rolle spielen. In dieser Hinsicht ist der Fußball nachgerade einzigartig, weil es kein größeres Sammelbecken gibt, in dem sich Angehörige aller gesellschaftlichen Schichten und Gruppierungen durchmischen. So geht es beim Fußball und beim Training also um viel mehr, als dass Kinder vielleicht um Pylonen herumlaufen, ja, es geht auch um mehr als um komplexe Bewegungsabläufe und den Erwerb von technischen Fähigkeiten, so wichtig, weiß Gott, all dies bereits für sich genommen ist. Es geht immer auch um soziale Fähigkeiten, die zu besitzen für jede Alltagssituation hilfreich ist. Sich gemeinsam mit Freunden im Fußball und dann auch im gemeinsamen Spiel gegen eine andere Mannschaft zu bewegen und einzusetzen, schafft eine wunderbare Grundlage, auch diese Fähigkeiten zu erwerben. Was Kinder in so jungen Jahren in einer Bewegungssportart wie dem Fußball erfahren und lernen, wirkt dank der hohen Formbarkeit ihres Gehirns ungeheuer nachhaltig. Kinder werden nie wieder in ihrem Leben Gelegenheit haben, sich so ganz und gar dem Erwerb dieser komplexen motorischen und sozialen Fähigkeiten hinzugeben.

Also wird ein guter Trainer daran arbeiten, dass die ihm anvertrauten Kinder sich richtig zu bewegen lernen. Aber er wird auch daran arbeiten, dass sie einander mit Respekt und Fairness begegnen und Regeln beachten – auf dem Platz und neben dem Platz. Die «kleinen Tragödien» der unvermeidlichen Niederlagen, die sicher ab und zu mit Tränen einhergehen werden, weil kleine Kinder altersgemäß mit solchen Situationen noch nicht so gut umgehen können, verblassen gegenüber der hohen Bedeutung dieser vielfältigen Erfahrungen, die man dem Nachwuchs nur wünschen kann.

Eltern und Training

Ein Kind, das auf diese Weise Fußball spielen lernt, wird motorisch ordentlich ausgebildet. Es wird ihm mit zehn oder zwölf dank der erworbenen Fähigkeiten leichtfallen, allmählich auch technische und taktische Abläufe zu begreifen und sich darin einzufügen. Wie gut das im Einzelfall gelingt, ist nicht zuletzt eine Frage des Talents. In dieser Hinsicht sollten die Eltern vor allem sich selbst gegenüber ehrlich sein und keine falschen Erwartungen oder gar Anforderungen an ihr Kind stellen. Talent – ob für ein Instrument oder für den Sport – ist eine echte *Gabe*, ein Gottesgeschenk, das nur bedingt zu beeinflussen ist. Jedes Kind sollte in seinen motorischen Möglichkeiten gefördert werden. Das gilt völlig unabhängig davon, als wie groß sich am Ende seine Begabung für eine Fußballkarriere herausstellen wird. Es lässt sich in unserem Sport kaum verhindern, dass sich Talent entfaltet – wenn es vorhanden ist. Aber es ist eben auch kein Drama, wenn gerade diese besondere Begabung eines Kindes begrenzt ist. In dem Fall ist es einfach die Hauptsache, dass ein Kind Spaß hat – und zwar Spaß am Fußballspielen mit seinen Freunden –, auch und gerade wenn es kein zweiter Ronaldo wird. Es geht immer nur um das Kind, das spürt, wo es hinwill – und wenn der Sport seine liebste Freizeitgestaltung ist, sollte es darin wie in allem anderen von seiner Familie unterstützt werden!

Aber was bedeutet das konkret für die Eltern? Einerseits können Eltern ihren Kindern immens beim Training helfen – aber gerade *nicht* dort, wo sie es vermuten. Sie können ihren Nachwuchs ermutigen und ermuntern, überhaupt Sport zu treiben und Freude an der Bewegung zu haben. Dazu kann auch gehören, dass ein Vater mal mit seinem Kind Schusstraining macht und ihm zeigt, wie man den Fuß gegen den Ball bewegt. Aber so etwas soll eben nicht vorrangig unter einem *Trainings*aspekt geschehen, sondern weil man gern Zeit miteinander verbringt und den Spaß am Fußball teilt. Training soll sich nicht in der Familie fortsetzen! Dort sollen die Eltern ihren Kindern das geben, was sie natürlicherweise dort finden sollen und weshalb sie sich dorthin zurückziehen wollen: Geborgenheit und Sicherheit, egal, wie ihr Leben «in der Welt» läuft, ob in der Schule oder auf dem Fußballplatz.

Für eine wirkliche Ausbildung – in Sachen Schule wie im Fußball – vertraut man seine Kinder Menschen an, die dieses Handwerk gelernt haben. Wirklich schlecht sind stets Bemühungen überehrgeiziger, leistungsorientierter Eltern, die mit ihren Kindern daheim trainieren, damit diese sich möglichst gut beim nächsten Training im Verein präsentieren. Dieser Weg ist garantiert erfolgversprechend, wenn man seinem Nachwuchs die Freude am Sport nehmen möchte. Wichtiger wäre, dass man vielleicht mit seinem Kind einen Vereinskameraden von zu Hause abholt, der sonst nicht so leicht zum Training käme. Auf diese Weise kann man ihm zeigen, dass man andere ein bisschen unterstützen kann. Diese Erfahrung, dass der andere anders ist als man selbst und wie man so damit umgeht, dass beide etwas davon haben, ist enorm hilfreich, weil solche Situationen in allen Lebensbereichen auftreten werden – bis hin zur Feststellung, dass der eine mehr Talent auf dem Fußballplatz und der andere am Klavier zeigt und dass die beiden deswegen vielleicht unterschiedliche Wege eingeschlagen, aber einander eben doch mögen, weil sie die Erfahrung gegenseitiger Hilfe gemacht haben.

Sollten Eltern tatsächlich bei einem Kind oder jungen Jugendlichen ein ganz überdurchschnittliches Talent für den Fußball erkennen, so ist es wichtig, dass sie sich in dieser Phase orientieren, wo es in der Nähe einen Verein gibt, der eine sachgemäße sportliche Anleitung gewährleisten und entsprechende Rahmenbedingungen bieten kann. Dazu gehören auf jeden Fall ein guter Trainer, Co-Trainer, Torwarttrainer und ein Physiotherapeut. Dort können Eltern dann auch Rat einholen, ob es sinnvoll ist, den eigenen Nachwuchs später einem Leistungszentrum anzuvertrauen, falls tatsächlich sein Weg dorthin weisen sollte. Darüber hinaus aber können Erwachsene für die im engeren Sinne *fußballerische* Entwicklung ihrer Kinder nicht viel tun.

Die umgekehrte Gefahr ist viel größer! Dabei werden regelmäßig die tatsächlich vorhandenen, aber vielleicht ganz anders gearteten Stärken von Kindern übersehen, weggeschoben und vernachlässigt. Natürlich hilft es *überhaupt nichts*, wenn man Kindern Fußball oder eine andere Sportart aufzwingt. Kinder unterstützt man nicht dadurch, dass man ihre vermeintlichen Schwächen bearbeitet, sondern sie in ihren Stärken – wo immer sie liegen mögen – fördert. So wäre es wünschenswert, wenn solche Eltern ihren eigenen Ehrgeiz im Zaum halten und ihre Kinder machen lassen. Denn in einer Hinsicht müssen Eltern von kleinen Fußballern hierzulande nun wirklich keine Sorge haben: In Deutschland erfolgt die Beobachtung des Nachwuchses in allen Altersstufen und in allen Regionen so engmaschig, dass ganz sicher kein Talent – wenn es denn eines ist – unentdeckt bleibt.

Im Gegenteil! Es ist Vorsicht geboten, wenn jemand kommen, sich als Kenner ausgeben und etwa dazu auffordern sollte, dass ein Kind mit der Schule aufhört, um bei einem bestimmten Verein nur noch Fußball zu spielen. Diese Gefahr ist tatsächlich nicht von der Hand zu weisen – gerade wegen der großen Aufmerksamkeit, die der Fußball bei uns erfährt.

Ich habe mir in sportlicher und in schulischer Hinsicht die Zeit genommen, die ich brauchte. Ein Angebot, vom FT Gern zu 1860 München zu wechseln, habe ich nicht angenommen, weil es mich zu früh aus meinem ersten sportlichen Umfeld, in dem ich mich sehr wohlfühlte, herausgerissen hätte. Erst als später die Anfrage von Bayern München kam, hat es für mich wirklich gepasst. Und ebenso wenig stand der Verzicht auf einen ordentlichen Schulabschluss für meine Eltern oder für mich je zur Diskussion, sondern ich habe meine Schulausbildung bis zur mittleren Reife durchgezogen. Daher vertrete ich aus eigener Erfahrung, dass die schulische und die fußballerische Ausbildung bis zum Ende der Schulpflicht gleichermaßen ernsthaft betrieben werden und Hand in Hand gehen müssen. Eltern können dabei mitunter die für sie überraschende Erfahrung machen, wenn sie den betreffenden Interessen ihres Nachwuchses Raum geben, dass Jugendliche, die aus eigenem Antrieb intensiv Sport betreiben wollen, auf einmal einen ganz anderen *Drive* an den Tag legen. Sie wollen sich diese Möglichkeit nicht nur schaffen, sondern gegebenenfalls auch erhalten, was positive Auswirkungen auf ihren ganzen Alltag hat: Sie organisieren sich besser in der Schule, organisieren sich aber auch die Möglichkeiten, dass und wie sie zum Training kommen. So bekommen sie auch einen Impuls zur Selbständigkeit und in der Persönlichkeitsentwicklung, der vielleicht nicht ohne Weiteres zu erwarten war. Auf diese Weise entsteht ein gut strukturierter Tagesablauf, der auch viermal Training in der Woche ermöglicht und nicht trotz, sondern wegen der intensiven sportlichen Betätigung Entspannung für alle Beteiligten bringt.

Sollte sich aber schließlich zeigen, dass der Ehrgeiz eines Jugendlichen, der versucht hat, eine Fußballkarriere einzuschlagen, am Ende doch größer war als sein Talent, dann gibt es gerade in einem so vielfältigen Bildungssystem wie in Deutschland durchaus Möglichkeiten, versäumte Abschlüsse nachzuholen. Ein etwaiger schulischer Nachteil kann ohne unvertretbaren Aufwand auch wieder ausgeglichen werden. Das Risiko ist überschaubar, und im Übrigen braucht jeder Jugendliche – gleichgültig, in welchem Lebensbereich er einmal Probleme hat oder gar scheitert – immer die Unterstützung seines familiären Umfelds.

6. Spielaufbau – erste Phase

Übertritt in ein Leistungszentrum

Wenn ein Kind im Alter von zehn oder elf Jahren motorisches Talent und Eignung für eine Mannschaftssportart zeigt, beginnt seine Ausbildung natürlich trotzdem nicht gleich auf Hochleistungsniveau. Sollte es in dieser Zeit in einem Verein mehrmals pro Woche Fußball spielen, wird sich sein Talent zunächst einmal quasi von allein weiterentwickeln. Diese jungen Spieler werden irgendwann in einen der zahlreichen DFB-Stützpunkte geschickt, wo sie vielleicht ein paar Tage zubringen. Wer bei solch einem Stützpunkttraining halbwegs gerade gegen einen Ball treten kann, auf den werden unweigerlich auch Scouts aufmerksam. Die besten zwei, drei aus dem Nachwuchs werden dann zu einem Probetraining von einem größeren Club eingeladen, wo sie vorhersagbar bessere Ausbildungsbedingungen haben werden als bisher. Aber Vorsicht! – Es muss in diesem Alter überhaupt nicht bereits der Spitzenverein sein, wo sich wahrscheinlich Dutzende oder gar Hunderte von Kindern einer Altersgruppe drängeln, die dann reihenweise ausgesiebt werden, was der kindlichen Psyche nicht gerade förderlich ist. In dieser Phase genügt für ein Talent durchaus auch noch ein gut geführter Kleinstadtverein, wo ein Kind im Hinblick auf elementare Techniken, Teamfähigkeit, Fairplay und Verantwortung zu größerer Reife gelangt.

Spätestens mit 14 oder 15 Jahren wird es dann für ein echtes Talent, das sich weiterentwickeln will, nicht mehr genügen, irgendwo auf dem flachen Land zu kicken. Dann braucht man ein forderndes Umfeld, um sportlich voranzukommen. In dieser Phase benötigt der Nachwuchs ein Mannschaftsumfeld von mindestens gleichwertigen, eher noch von besseren Spielern, um aufzublühen. An jedem neuen Tag muss der nächste sportliche Reiz gesetzt werden, muss die nächste sportliche Herausforderung warten. An der Schwelle zum Leistungsbereich der U15/U16 ist daher eine Entscheidung zu treffen: Wer einmal ganz oben mitspielen will, sollte von diesem Zeitpunkt an alles vermittelt bekommen, was er braucht, um in jeder Hinsicht Topniveau auf seiner Position zu erreichen. Das kann in keinem Verein später mehr nachgeholt werden. Heute darf es als völlige Ausnahme gelten, wenn ein Jugendspieler den Weg ganz nach oben nimmt, ohne in einem Leistungszentrum ausgebildet worden zu sein.

Um dieser Notwendigkeit gerecht zu werden, haben alle Profivereine in Deutschland zertifizierte Leistungszentren eingerichtet.[1] Sie finden sich von der 1. bis in die Regionalliga und sind damit über ganz Deutschland verteilt. Man kann sie in dieser Dichte als eine geschlossene Institution der Talentförderung hierzulande begreifen. Vor der Wende wurden übrigens in der DDR die Förder- und Selektionsmechanismen durch die Sportschulen stärker entwickelt als im Westen. Die Beobachtung der Talente setzte dort in allen Sportarten viel früher ein. Nach der Wende investierte man dann in die bereits vorhandenen Institutionen.

Der Ausgangspunkt für die Entwicklung der zertifizierten Leistungszentren aber waren die schlechten Resultate im deutschen Fußball um die Jahrtausendwende; danach setzte ein Professionalisierungsschub des gesamten Verbandes in der Nachwuchsarbeit ein. Laut Jahresbericht der Deutschen Fußball Liga (DFL) haben die 18 Bundesligaclubs in der Saison 2015/16 für den Posten Jugend/Amateure/Leistungszentrum die beachtliche Summe von fast 110 Millionen Euro ausgegeben.[2]

Ausbildungsbedingungen

Tatsächlich hat die Ausbildungsintensität im deutschen Fußball enorm zugenommen, und wir haben dank der Leistungszentren viele junge Spieler bekommen, die ein sehr gutes Niveau haben – Spieler, die in der 3. oder 2. Liga bestehen könnten. Das ist die eine Seite der Medaille. Die andere sieht so aus: In einem exzellenten Leistungszentrum herrscht ein hoher Erfolgs- und Selektionsdruck. Dort sind in einer Altersstufe vielleicht 18 oder 20 Jugendliche, die alle danach streben, auch im nächsten Jahr noch dabei zu sein und weitergereicht zu werden.

Talente in einem Leistungszentrum sollten sich über ihre Ziele klar sein und sich hundertprozentig mit ihrer Situation identifizieren. Wer seine Lage erfasst, wird versuchen können, sich dort mit anderen zu vernetzen und Allianzen zu schmieden, die allen Beteiligten nützen. Diese Beziehungen sind jedoch nicht mit Freundschaften zu verwechseln – es geht um Zweckgemeinschaften, die auch Persönlichkeiten einschließen können, die in starkem Maße selbstbezogen sind. Ein Nachwuchsspieler sollte nicht erwarten, in einer Gruppe, deren Mitglieder alle an der Durchsetzung ihrer individuellen Karriereziele arbeiten, emotionale Unterstützung und Hilfe in sportlichen oder persönlichen Krisen zu finden.

Leistungszentren mögen ein freundliches Äußeres haben. Doch darf das nicht darüber hinwegtäuschen, dass die jungen Menschen, die dort leben, alle gleichförmige Zimmer haben und sich alle nur auf Fußball hin orientieren. Es fehlen daher in diesem Kreis regelmäßig Altersgenossen, die sich auch noch für andere Themen interessieren – so wie es Jugendlichen in dieser Lebensphase eigentlich entsprechen würde, einer Phase, in der sie an sich ganz besonders wach und offen für die Vielfältigkeit der Welt sind. So wird die Wahrnehmung der Welt jenseits des Sports mit dem Eintritt in ein Leistungszentrum eingeschränkt; diese Entwicklung wird durch den dort herrschenden permanenten Leistungsdruck weiter verstärkt.

Was ein Talent in einem Leistungszentrum in sportlicher Hinsicht erfährt, ist eine Ausbildung von hoher Intensität. Die Jugendlichen trainieren fünf-, sechs-, siebenmal in der Woche und bleiben so fortgesetzt in der Wettkampfsituation auf hohem Niveau. In dieser Lage bilden sich fußballerische Reife und Selbstbehauptungswille aus. Wer diesen Prozess nicht durchläuft, wird es sehr schwer haben, das für den Übertritt ins Profimilieu erforderliche sportliche Niveau zu erreichen, wo ständig höchste Trainingsfrequenz und -intensität herrschen. Einem Spieler außerhalb der Leistungszentren bleiben der Rhythmus und die Dynamik des Spitzensports im Fußball fremd.

Am Ende eines Jahrgangs werden in einem Leistungszentrum jene, die in den Augen ihrer Trainer die Erwartungen nicht erfüllen und keine weiterführenden sportlichen Perspektiven bieten, ausgesondert. Je höher die Begabung eines Jugendlichen ist, desto leichter wird er mit diesen Anforderungen zurechtkommen, weil er selbst auf seinem Ausbildungsweg nicht Jahr für Jahr in Frage gestellt wird. Der Selektionsprozess ist für ein Toptalent Teil der Herausforderung, Teil seiner Motivation.

In der Altersgruppe zwischen U17 und U19 darf jedoch nicht länger der Selektionsprozess im Vordergrund stehen. Bis dahin muss der Kader mit solcher Präzision und Gewissenhaftigkeit zusammengestellt worden sein, dass es im Weiteren nicht mehr um das Aussortieren, sondern um die Stärkung der Talente geht. Dann wird eine Mannschaft so komponiert, dass noch vorhandene Schwächen durch entsprechende Stärken ausgeglichen werden. Ab dieser Altersklasse sollten also in jedem Leistungszentrum fünf bis sechs Spieler vorhanden sein, bei denen die Verantwortlichen die Perspektive erkennen, sie in den Profikader zu überführen. Um dies zu erreichen, werden die Rollen innerhalb der Mannschaft und die persönlichen Ziele der Spieler definiert in der Absicht, ihre Persönlichkeit zu entwickeln, soziale Fähigkeiten zu stärken und das Mannschaftsspiel zu verbessern.

Seien wir ehrlich: Die weit überwiegende Mehrheit des Nachwuchses in den Leistungszentren wird trotz Trainingsfleiß, Ehrgeiz und Fokussierung auf den Sport als Lebensmittelpunkt nie in die Elite des Fußballs vorstoßen können. Vieles mag lehrbar sein, aber die Basis jeder fußballerischen Spitzenleistung ist das individuelle Talent. Dieses Talent für den Fußball ist aber eine Gabe, die sich – soweit sie dem Menschen nicht wie etwa eine musische Begabung bereits in die Wiege gelegt ist – schon so früh ausbildet, dass ein Mangel oder Versäumnisse frühester Förderung später durch keine noch so große Hingabe mehr kompensiert werden können. Ein Talent aber wird sich entsprechend seiner Begabung, aus der es seine Profession machen will, den beschriebenen Anforderungen bedingungslos unterwerfen, um ein Spitzenfußballer zu werden. Der Preis, sich dem geschenkten Talent mit größtem Eifer und äußerster Disziplin hinzugeben, ist hoch – und die Gefahren sind groß, die mit dieser bewussten und konsequenten Anpassung an das Leben im Leistungszentrum einhergehen.

Ein junger Athlet steht mithin vor einer Entscheidung, die er mit vollem Verantwortungsbewusstsein treffen sollte: Die Ausbildungsrisiken eines künftigen Profis, der nicht zu Hause wohnen kann, sind nicht zu unterschätzen. Er löst sich komplett aus seiner gewohnten Umgebung. Seine über lange Zeit hinweg gewachsenen Kontakte, die ihm Halt und Stabilität auch in Krisensituationen gegeben haben, lässt er zurück. Der Exbundesligaprofi und einstige Nationalspieler Tobias Rau betont, «wie wichtig es für ihn war, dass die Eltern immer wieder den Druck von ihm nahmen und für gesunde Erdung sorgten. Ein stabiles soziales Umfeld scheint aber auch deswegen wichtig, weil Sport ein Augenblicksgeschäft ist.»[3] Für mich persönlich war es gut, dass ich immer wieder nach dem Training in mein gewohntes soziales Umfeld heimkehren konnte.

Juniorteam 1995 bis 2002 – meine Erfahrungen in der Ausbildung

Was ich auf meinem Weg von der U16 bis zur zweiten Mannschaft erlebt habe, war eine kontinuierliche Ausbildung im Juniorteam des FC Bayern München. Diese Zeit hat mir ein starkes Rüstzeug für meine Profikarriere gegeben. Damals habe ich eine klare Positionierung erfahren und zugleich den Positionswechsel von rechts vorn nach rechts hinten sowie ins Mittelfeld vollzogen. Dabei habe ich gelernt, welche Anforderungen sich auf diesen Positionen stellen. Es ging um ballorientiertes Verteidigen. Ich habe eine klare Anleitung erhalten, wie wir den Ball gewinnen wollen und wie wir ihn aus der Verteidigung nach vorn ins gegnerische Tor tragen. Im Rahmen dieser Konzeption herrschte eine ständige Auseinandersetzung und Diskussion um die Frage, welche Entscheidungen auf dem Platz zu treffen sind.

Ich selbst war in dieser Phase ein «Spätentwickler» und verfügte anfangs in der U17 noch nicht über die volle körperliche Reife. Doch meine Ausbilder haben mir das Vertrauen vermittelt, dass das Spiel, so wie ich es verstanden und interpretiert habe, eine Zukunft haben könnte. Auf diese Weise habe ich das Gefühl gewonnen, in einem Ausbildungssystem groß zu werden, das tatsächlich alle Fragen für dieses Spiel beantwortet.

Diese Erfahrung, im Juniorteam sehr gut ausgebildet worden zu sein, wurde nochmals verstärkt, als ich während meiner Zeit in der U17 und der U19 in der Nationalmannschaft spielen durfte und mich dort auch mit Spielern aus anderen Vereinen austauschen konnte. Auf diese Weise konnte ich meine eigene Entwicklung auf einer breiteren Basis durchdenken. Damals habe ich selbst die Erfahrung gemacht, wie sich hoher Leistungsdruck und hohe Intensität im Konkurrenzkampf um die Positionen im Team anfühlen.

Während meiner Jahre von der U17 bis zur U19 entwickelte sich ein Stamm junger Spieler, der in der Ausbildung weitergereicht wurde und schließlich das Grundgerüst des späteren Erfolgs bildete. Waren wir in der U17 noch im Kampf um die Meisterschaft unterlegen, so haben wir in der U19 die deutsche Jugendmeisterschaft gewonnen. Diese Mannschaft gewann ein Jahr später ein weiteres Mal die Meisterschaft, doch war ich selbst zu diesem Zeitpunkt bereits in die zweite Mannschaft aufgerückt. Der Kern dieser Mannschaft, die in der beschriebenen Weise im Juniorteam ausgebildet worden ist und in der für mich der Positionswechsel von rechts vorn nach rechts hinten in die zentrale Position erfolgte, hat dann auch in der Regionalliga die Meisterschaft für sich entschieden.

Wenn ich mich heute an diese Zeit erinnere, so erkenne ich, dass die Erfahrungen der U16 bis zur U19 für mich prägend waren. Wir haben damals zweimal das System gewechselt: vom 4:3:3 zum 4:3:3 – aber mit neuen Schwerpunktsetzungen auf der jeweiligen Position.

Was bedeutete das konkret? Ich spreche hier von einem Mannschaftsaufbau mit einer Viererabwehrkette, drei Mittelfeldspielern und drei Angreifern. Die Mittelfeldspieler positionieren sich mit einem Sechser, einem Achter und einem Zehner; dabei orientiert sich der Sechser hin zu den Innenverteidigern; sein Profil zeichnet sich aus durch starke Physis, klare defensive Ausrichtung und Kopfballstärke. Der Achter ist in diesem System ein Balancespieler mit gleichermaßen ausgeprägter offensiver wie defensiver Kompetenz. Der Zehner wiederum agiert mehr oder weniger als zweite Spitze, die immer wieder auch den Abschluss im Strafraum sucht. Die Angreifer positionieren sich außen mit einem Siebener und einem Elfer, im Zentrum mit einem Neuner. Dabei müssen sich die Außenbahnspieler (die Sieben und die Elf) durch hohe Geschwindigkeit, starkes Dribbling und die Fähigkeit zum Torabschluss auszeichnen. Die Neun hingegen ist ein typischer Mittel-

System 1

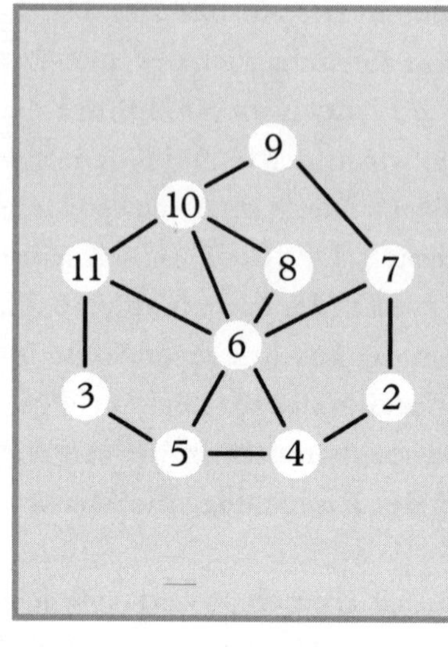

System 2

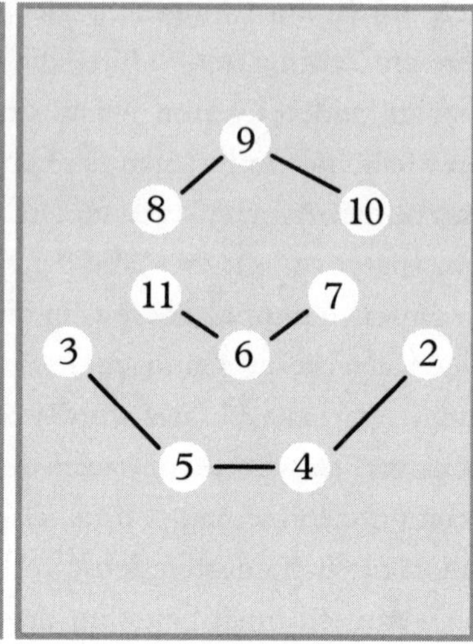

Das 4:3:3-System vor (links) und nach (rechts) der Umstellung zu Beginn der 2000er Jahre.

stürmer mit starkem Kopfballspiel, stark auch im Spiel mit dem Rücken zum Gegner – eine Fähigkeit, die er benötigt, um den Ball zu behaupten; darüber hinaus muss er seine Stärke als Zielspieler bei Flanken bzw. allgemein bei Hereingaben in den Sechzehner unter Beweis stellen – und selbstverständlich muss er stark im Abschluss sein. Diese Formation und Spielweise sollten uns auch auszeichnen, als wir etwas mehr als zehn Jahre später das Triple gewonnen haben.

Die Umstellung jedoch, die wir bereits Anfang der 2000er Jahre im Juniorteam vorgenommen hatten, war eine Anpassung an die sich immer stärker entwickelnden Fähigkeiten der Spieler, die ich hier einmal als «Generation Leistungszentrum» bezeichnen möchte – das heißt, die Umstellung entsprach den Ergebnissen einer intensivierten, stark verbesserten Ausbildung. Von diesem Zeitpunkt an haben die Mittelfeldspieler (Sechser, Siebener und

Elfer) das Mittelfeld verdichtet und waren *allesamt* Balancespieler. Sie waren technisch versiert und entfalteten ihre Kompetenz in beide Richtungen, also gleichermaßen offensiv wie defensiv. Die drei Angreifer agierten mit hoher technischer Qualität variabel – gute Schusstechnik, guter erster Ballkontakt. Dank ihrer Variabilität waren sie nicht länger auf eine Position links, rechts oder mittig festgelegt.

So können wir zwar im Hinblick auf beide Systeme von einem 4:3:3 sprechen, weil wir es in beiden Fällen mit drei Mittelfeldspielern und drei Angreifern zu tun haben. Auch gab es in der zweiten Version eine Viererabwehrkette mit einem rechten und einem linken Verteidiger; im ersten System hatten diese eine eher defensive Ausrichtung, wobei sie als Grundvoraussetzung mitbringen mussten, schnell, wendig und technisch stark zu sein. Dies galt natürlich ebenso für die Anordnung *nach* der Umstellung. Aber nachdem diese Umstellung vollzogen war, verschob sich deren Profil in Richtung Offensive: Die Innenverteidiger behielten zwar die nahezu gleiche Positionsbeschreibung und waren weiterhin physisch starke Spieler, die Standardsituationen gleichermaßen in der Offensive wie in der Defensive beherrschten. Doch hatte sich im zweiten System aufgrund der beschriebenen Anpassung etwas Grundlegendes verändert – nun legten Trainer das Spiel ihrer Mannschaften so an, dass sie mit zehn Mann verteidigten und mit zehn Mann angriffen. Das bedeutete allerdings auch, dass man auf einen Gegner traf, der gleichfalls mit zehn Mann vor dem Sechzehner verteidigte – eine Situation, die nicht leicht erfolgreich aufzulösen ist. In einem solchen Aufbau wurde der Innenverteidiger zwangsläufig viel stärker in das Spiel einbezogen und musste strategische Fähigkeiten entwickeln.

Meine damalige Auseinandersetzung mit meinen wechselnden Positionen in einem neuen System bildete zweifellos die Grundlage dafür, dass ich später ein guter Ansprechpartner für all meine Trainer und insbesondere für Pep Guardiola war, als es auf höchstem Niveau um die Auseinandersetzung in der Spielvor- und -nachbereitung und um die Strategie auf dem Platz ging. Mit dem Sachverstand wuchs auch mein Spaß daran, diese Dinge theoretisch mit dem Trainer zu besprechen.

Was ist notwendig, um in diesem Sport zu bestehen?

Während die Konkurrenzsituation zu den unausweichlichen internen Bedingungen gehört, die den Jugendspieler in einem Leistungszentrum erwarten, kommt im ungünstigsten Fall ein anderer Belastungsfaktor von außen hinzu: Mitunter ist ein Jugendfußballer der Hoffnungsträger einer ganzen Familie, die in ihm den künftigen Ernährer, ja, vielleicht sogar eine Art Erfolgsgaranten für den sozialen Aufstieg sieht.

Der Grund dafür ist, dass der eine oder andere U16-Spieler bereits einen fünfstelligen Monatsverdienst nach Hause bringt. Es gibt in Europa keine andere Sportart, in der das möglich ist. Als ich selbst in diesem Alter war, erhielt ich eine «Ausbildungsentschädigung», die gestaffelt war – je nachdem, ob ein Spieler etwa von auswärts kam oder aus schwierigen sozialen Verhältnissen stammte; diese Entschädigung betrug zwischen 400,– und 800,– € monatlich. Es liegt mithin auf der Hand, dass sich in den letzten 25 Jahren die Rahmenbedingungen vollständig verändert haben. Und ebenso klar ist es, dass diese veränderte Situation heute großen Einfluss auf die Mentalität der Spieler und ihres Umfelds hat.

In diesem Milieu muss für ein Talent folglich ab einem Alter von 15 Jahren ein geeignetes Umfeld geschaffen werden. Es geht um eine hochspezialisierte, intensive Ausbildungszeit, in der eine Fülle von Risiken existiert: Dazu gehören beispielsweise Verletzungen, eine ausbleibende körperliche Entwicklung oder die Erfahrung mangelnder eigener Durchsetzungsfähigkeit. Wer junge Menschen in dieser Lage erfolgreich unterstützen will, braucht spezielle Voraussetzungen, die ihn befähigen, diesen besonderen Herausforderungen gerecht zu werden. Dazu gehören etwa eigene Erfahrungen als Leistungssportler, aber auch als Verantwortungsträger in Sportinstitutionen. Solche Persönlichkeiten müssen wissen, worauf Trainer, Sportdirektoren, aber auch Medienvertreter Wert legen. Nur dann sind sie in der Lage, Orientierung zu geben. Sie erkennen, welchen Entwicklungsstand ein Talent erreicht hat, und können auf dieser Grundlage mit ihm eine Perspektive erarbeiten. Diese Überlegungen und Entscheidungen erfolgen unabhängig von der Institution und von dem Verein, in dem der Nachwuchsspieler arbeitet. Die Unabhängigkeit ist deshalb unverzichtbar, weil alle Beteiligten in diesem System interessengetrieben handeln.

Die Orientierung muss von Jahrgang zu Jahrgang angepasst werden, weil sich auch die Anforderungen auf dem Weg von der U16 zur U19 verändern – dies gilt beispielsweise im Hinblick auf die Notwendigkeit der Medienarbeit, die für einen Jugendlichen noch bedeutungslos, aber für einen jungen Mann im Übergang zur Profikarriere wichtig ist. Die Familie eines Talents ist aus diesem Entwicklungsprozess nicht wegzudenken, weil das Ziel, Fußballprofi zu werden, in vielerlei Hinsicht lohnend erscheint. Familien tragen Verantwortung für das Kind. Sie müssen daher überprüfen, ob die Menschen in seiner Umgebung geeignet sind, den Nachwuchs zu begleiten und ihn bis zu dem Punkt zu führen, an dem er schließlich für sich selbst Verantwortung übernehmen kann. Es ist ein ganzer Kranz von Verantwortlichkeiten, um die es geht und die gar nicht alle von nur einem Einzelnen wahrgenommen werden können; dazu gehören unter anderem rechtliche, finanzielle und auch versicherungstechnische Aspekte. Es müssen daher regelmäßig die Ziele diskutiert werden, die sich solch ein junger Mann stecken kann. Dabei wird stets mitbedacht, worin die Risiken bestehen, die er auf diesem Weg eingeht.

7. Erster Einwurf

Talente und Scouts

Bereits erstaunlich früh – etwa ab einem Alter von acht Jahren – werden fußballerisch begabte Kinder interessant für Scouts. Es ist eine Legende, dass man eine besondere Nase dafür bräuchte, um ein Talent zu entdecken. Fußball ist eine sehr komplexe, sehr anspruchsvolle Sportart, so einfach sie auch scheinen mag. Wer sich dafür interessiert, erkennt schnell, ob ein Kind eine motorische Begabung hat, wie ihm die Ballannahme gelingt, wie es sich im Spiel bewegt, ob es – im Spiel nach vorn wie nach hinten – seine Position findet, ob es gute technische Ansätze zeigt, sich in Zweikämpfen behauptet, seine Handlungsmöglichkeiten erkennt, gut abspielt und wie sein Beitrag zum Spiel insgesamt ist.

Scouts wissen, wo sie nach Talenten Ausschau halten müssen. Sie kennen die relevanten Ligen, die wichtigen Turniere und wissen, welche Vereine ein gutes Einzugsgebiet haben. Außerdem haben sie ihre Netzwerke unter Jugendtrainern entwickelt. So sind sie viel unterwegs, stehen am Spielfeldrand, um zu prüfen, was sie vom Hörensagen erfahren haben, und verschaffen sich ein Gesamtbild von der Talentsituation, um Herausragendes vom Durchschnitt unterscheiden zu können. Was sie ganz sicher nicht beeindruckt, ist das Video eines Zehnjährigen, das dessen ehrgeizige Eltern auf YouTube hochgeladen haben – auch wenn ein Fünfzehnjähriger einen Fallrückzieher zeigt, weiß man trotzdem nicht, ob er kicken kann. Folglich arbeitet auch kein professioneller Scout mit solchen «Indizien».

Mit anderen Worten: Eltern sollten vor allem gelassen sein, wenn es um die Frage geht, ob das Talent ihres Kindes entdeckt wird oder nicht.

8. Coachingzone 1

Jugendtrainer

Die Bedeutung eines guten Jugendtrainers für die Ausbildung der ihm anvertrauten Jahrgänge ist überhaupt nicht zu überschätzen. Er sollte möglichst viel Erfahrung aus seiner eigenen Zeit als Fußballspieler mitbringen. Es wäre wünschenswert, dass er selbst mindestens bis zu einem Alter von 25 Jahren auf relevantem Niveau gespielt hat. Dann wird er über das erforderliche Fachwissen verfügen und auch über das Fachinteresse, den Fußball in der Nachwuchsarbeit auf hohem Niveau weiterzuentwickeln. Wer selbst den Fußball als einen intensiven physischen Wettkampf erlebt hat, wird daraus seine persönliche Motivation ziehen, dass und wie er diesen Sport zu lehren hat. Dies gilt umso mehr, wenn er am Ende mit seiner Karriere zufrieden war, also gut aus seiner aktiven Zeit rausgekommen ist. Wer mit dieser Analyse seines eigenen Werdegangs als Spieler Schluss macht, der kann auch Freude daran entwickeln, seinen Erfahrungsschatz jungen Spielern weiterzugeben.

Doch natürlich ist das allein nicht ausreichend, um ein guter Jugendtrainer zu sein. Es gehört auch die entsprechende Persönlichkeit dazu. Ein guter Fußballer ist nicht automatisch auch ein guter Pädagoge. Ein guter Pädagoge zu sein, bedeutet im Fußball, die Talente der nächsten Generation auf höchstmöglichem Niveau mit den Trainingsinhalten vertraut zu machen und mit den Ansprüchen, die an sie gestellt werden. Diese Ansprüche beschränken sich nicht auf das im engeren Sinne Fußballerisch-

Technische, sondern es geht immer auch um die Entwicklung des angemessenen Verhaltens in einer Mannschaft; dieser Aspekt ist unverzichtbar für das Teambuilding und damit für jeden Verein von Bedeutung. Wegen all dem ist die pädagogische Eignung eines Trainers so besonders wichtig, denn nur ein guter Pädagoge wird ein lebendiges Interesse daran haben, den Nachwuchsspieler und Jugendlichen wirklich in allen Bereichen zu entwickeln. Also braucht es, kurz gesagt, im Amt eines Jugendtrainers einen vernünftigen und guten Menschen.

So jemand wird sich berufen fühlen, sich lange mit seiner Aufgabe auseinanderzusetzen, und sich langfristig dazu verpflichten. Der Grund dafür ist, dass er begreift, wie wichtig die Kontinuität seiner Tätigkeit ist. Er wird Befriedigung aus einer langfristigen Perspektive ziehen, weil er ein Bild davon hat, wie und auf welchem Weg Jugendspieler entwickelt werden sollten. Er wendet sich etwa als U16-Trainer immer wieder mit Begeisterung jenen zu, die als Spieler aus der U15 zu ihm kommen. Er wird sie alles lehren, was er weiß, um sie dann an die U17 weiterzureichen und selbst gleich wieder nach unten zu schauen, wer aus dem nächsten Jahrgang des Nachwuchses auf ihn wartet. Solch ein Trainer hat eine stabile innere Basis; er hat für sich seine Rolle klar definiert. Er wird dank eigener Erfahrung und Begeisterung für seinen ganz besonderen Beruf kaum «schwarze Löcher» haben – also Themen in der Ausbildung des Nachwuchses, die er nicht beherrschen und bewältigen kann.

Wie ein guter Jugendtrainer die Akzente seiner Arbeit setzt, richtet sich dann nach der konkreten Aufgabenstellung. So werden sich Unterschiede zeigen, je nachdem, ob er für einen Amateurverein oder in einem Leistungszentrum arbeitet. Aber hier wie dort wird es immer darum gehen, die Gruppe, den Teamzusammenhalt zu stärken. Das funktioniert über die Entwicklung des Sozialverhaltens *und* über die fußballerischen Kompetenzen der einzelnen Spieler. Der Grund dafür ist, dass sich auch das individuelle Talent unter solch einer Anleitung am besten entwickelt. Auch der Jugendliche, der in einem Leistungszentrum trainiert wird – weil er gewissermaßen für diesen Sport wirklich geschaffen ist, weil er mit Talent gesegnet ist –, braucht das Team und damit auch alle Fähigkeiten, sich als Teamspieler zu entwickeln. Er benötigt die Herausforderung durch einen hohen Leistungsanspruch in seinem Umfeld; er braucht Mitspieler, die ein ähnliches Vermögen besitzen wie er selbst. Was nun ein guter Trainer und eine gute Jugendabteilung solch einem Talent am besten vermitteln können und vermitteln sollten, ist soziale Kompetenz, ist die Fähigkeit zum Teambuilding, ist, den Mitspieler stärker zu machen und sich selbst mit allen Stärken, die der Individualist besitzt, hundertprozentig in ein Team einzubringen und diese seine Stärken der Gruppe zur Verfügung zu stellen.

Der Individualist und das Team bilden also keinen Widerspruch, sondern sind in der Summe vielmehr das, worum es eigentlich im Fußball geht. Dass dann in einem Leistungszentrum die besten Spieler am besten gefördert werden, hat mit der Trainingsmethodik und diese wiederum mit der Organisation des Trainings zu tun. Darum ist es wichtig, dass derjenige, der in der Ausbildung dafür zuständig ist, ein absoluter Fachmann ist. Wer die zertifizierten Leistungszentren mit ihrer exzellenten technischen Ausstattung und mit ihren sehr guten Trainingsplätzen kennt, kann sich hierzulande als guter Jugendtrainer jedenfalls auf erstklassige Rahmenbedingungen für seine Tätigkeit freuen.

Trainerstab

Ich selbst hatte von der U16 bis zur U19 einen Trainerstab, der für die Spielanlage zuständig war und viel mit uns diskutiert hat, wie wir spielen wollen, und einen Co-Trainer, der die so entwickelten Ansätze verstärkt hat; hinzu kam ein Physiotherapeut, der für die körperlichen Belange zuständig war. Es war für mich eine wichtige Zeit und eine starke Erfahrung von Kontinuität, als ich von Kurt Niedermayer, Björn Andersson und dem viel zu früh verstorbenen Stephan Beckenbauer professionell betreut wurde; Niedermayer und Andersson gehören bis heute zu meinen Ratgebern.

Heute wird ein Jugendlicher in einem Leistungszentrum in einem Kader von etwa 20 Spielern ausgebildet. Er wird dort auf einen Trainerstab treffen, der sich in der Regel aus einem Trainer, dem Co-Trainer und vielleicht drei Physiotherapeuten zusammensetzt. Die Arbeitsbereiche der Physiotherapeuten können unterschiedlich sein – der eine mag zuständig sein für Pflege und Regeneration, für das Aufbautraining nach Verletzungen, ein anderer etwa für die Entwicklung der Fitness allgemein. Was den Physiotherapeuten betrifft, so sucht sich ein Spieler stets den, zu dem er das meiste Vertrauen hat. Und schließlich wird es noch jemanden geben, der gewissermaßen das Team managt und sich um organisatorische Fragen kümmert – also um Themen, die etwa in der Vorbereitung eines Spiels vielleicht ganz selbstverständlich scheinen, aber bearbeitet sein wollen: Wo liegt bei einem Auswärtsspiel das Stadion, in dem wir spielen werden, wie lange dauert die Fahrt mit dem Mannschaftsbus in die betreffende Stadt, wie weit ist das Hotel vom Spielort entfernt, wie sieht die Verpflegung vor und nach dem Spiel aus usw. usw.?

Für die Arbeit des Trainerstabs von der U16 bis zur U19 ist es herausragend wichtig, dass die Übungsleiter in allen Bereichen Klarheit und Struktur haben – von der Idee der Spielanlage, die sie vermitteln wollen, über die Qualität des einzelnen Spielers und, daraus folgend, über seine Position in der Mannschaft, über die Erwartung, die man an den Auszubildenden heranträgt, und seine Entwicklungsmöglichkeiten bis hin zur Kaderplanung, zur Aufstellung des Trainingsplans für eine Woche und zum gezielten Einsatz technischer Hilfsmittel bei der Anleitung und Korrektur eines Spielers. Es ist selbstverständlich, dass diesen Anforderungen an gute Trainer nur solche Persönlichkeiten gerecht werden, die auch eine entsprechende Ausbildung durchlaufen haben und den C-, B- und A-Trainerschein bis hin schließlich zur Fußball-Lehrer-Lizenz erworben haben. Diese Rahmenausbildung bietet die Voraussetzung dafür, dass jemand auf der Theorieebene nicht mehr unter ein bestimmtes Niveau absinken wird; wenn dann noch die eingangs beschriebene eigene Erfahrung und pädagogische Eignung hinzukommen, kann jemand ein guter Trainer werden und erfolgreich wirken.

Diese Fähigkeiten bringen dann die Trainer in der täglichen Arbeit mit dem Kader ab der U15 und U16 ein. In diesem Zeitraum klärt sich die Zusammensetzung des Kaders. Er wird sich in der U15 etwa zur Hälfte aus der eigenen Nachwuchsarbeit eines Vereins zusammensetzen. In diesem Alter wird deutlich, welcher Jugendliche physisch dauerhaft in der Lage ist, erfolgreich Fußball zu spielen: Seine Reife zeigt sich, sein Talent tritt klar hervor, es wird erkennbar, ob jemand das Spiel begreift und die Erwartungen erfüllen kann, die man an seine Position richtet. Das ganze Trainerteam überzeugt sich dann von den Fähigkeiten der auszuwählenden Spieler, die den Kader formen sollen, um in Zukunft mit dieser Gruppe zu arbeiten. In den folgenden Jahren bis zur U19 gibt es immer noch die Möglichkeit, ein bis zwei Spieler pro Jahrgang dazuzuholen, um so den Kern der künftigen zweiten Mannschaft zu formen. Doch würde man zu oft wechseln, zu viele neue Spieler hinzuziehen, dann würde ein solcher Kern nicht entstehen können – der Einzelne würde kein klares Verständnis für seine Position im Verbund der Mannschaft entwickeln können; das würde seine Entwicklungsmöglichkeiten beeinträchtigen. Daher ist die sichere Urteilskraft der Trainer über die Talente, mit denen sie dauerhaft arbeiten wollen, so wichtig. Ohne diese klare Kaderplanung kann sich auch keine langfristige Spielstrategie entwickeln. Die Trainer müssen folglich auch als Persönlichkeiten über Rückgrat verfügen, damit sie nicht nur von Saison zu Saison, sondern zeitlich übergreifend planen können.

In dieser Zeit offenbart sich mithin nicht nur die Fähigkeit der einzelnen Spieler, sondern auch die des Trainerstabs. Auch er steht mit seinen Ausbildungsprinzipien, seiner Gesamtstrategie, seiner Spielidee und mit seiner Kunst der Vermittlung auf dem Prüfstand. Gelingt es ihm von der U16 bis zur U19, den Kader von Jahr zu Jahr weiterzubringen, indem er immer neue Herausforderungen steckt und die Intensität des Wettkampfs so hoch hält, dass sich Spieler und Juniorteam erfolgreich entwickeln und schließlich als zweite Mannschaft bestehen können?

Das bedeutet im Einzelnen, dass die Trainer für jede Position eine klare Aufgabenbeschreibung haben, auf deren Erfüllung hin sie mit den Talenten gemäß ihrer individuellen Fähigkeiten arbeiten. Sie erläutern einem Spieler detailgenau die jeweilige Herausforderung je nach Spielsituation im Zusammenhang mit allen anderen Spielern; sie zeigen ihm, welchen Beitrag er leisten kann und welche Handlungsmöglichkeiten er besitzt, und sie erklären ihm, was von ihm an Präzision erwartet wird, um seine ganze Kunst der Mannschaft zur Verfügung zu stellen.

Wenn diese Arbeit von den Trainern gut gemacht wird, stellt sich auch Klarheit bei den Nachwuchsspielern über ihre eigene Situation im Team ein. Es wird dann nämlich für jeden verständlich und transparent, wer seine Leistung auf welcher Position optimal erfüllt. Damit wird auch offenkundig, wer seinen Weg in einem Leistungszentrum erfolgreich nehmen wird und wer sich besser anderweitig orientieren sollte, weil er nicht die Fähigkeiten besitzt, auf Topniveau zu spielen. So wird auch offenkundig, wer zum Team dazugehört und wer nicht. Die Topspieler sind dann leicht zu identifizieren. Wenn ein Nachwuchsspieler aufgrund dieser Klarheit erkennt, dass er selbst nicht zu dieser Elite gehört – beispielsweise als Folge von Verletzungen oder geringerem individuellen Leistungsvermögen oder geringerer Durchsetzungsfähigkeit –, dann wird es ihm leichter fallen, damit zurechtzukommen, als wenn die Selektionskriterien unklar sind und willkürlich erscheinen. Das Scheitern wird dann menschlicher. Größere Transparenz kommt also Trainern, Spielern und der Mannschaft zugute.

Mit den verbleibenden Spielern arbeitet der Trainerstab am Zusammenwachsen der Mannschaft. Der Einzelne wird sich auch individuell aufgrund des immer weiter verbesserten Mannschaftsspiels steigern. Je besser dieses Spiel funktioniert, umso besser kann sich der Individualist in Szene setzen. So entsteht ein Klima, in dem das Talent seine eigene Rolle immer genauer versteht. Die Spieler beginnen, das Spiel immer tiefer zu begreifen und darin ihre Stellung zu finden. Je besser das gelingt, umso größer ist die Chance, tatsächlich eine gute Fußballerkarriere zu durchlaufen, und doch bleibt es dabei, dass es am Ende vielleicht zwei oder drei Prozent eines solchen Juniorteams sind, die es schließlich bis in die erste Mannschaft schaffen.

Ich selbst durfte diese Erfahrung in dem Juniorteam des FCB machen, als im Leistungsbereich aus den Jahrgängen von 1981 bis 1986 so bemerkenswerte Spieler wie Owen Hargreaves, Zvjezdan Misimović, Bastian Schweinsteiger, Christian Lell, Andreas Ottl, Markus Feulner, Thomas Hitzlsperger, Piotr Trochowski, Michael Rensing und Georg Niedermeier hervorgegangen sind. Der Weg von den Junioren zunächst in die zweite Mannschaft eines Vereins scheint mir aus eigener Erfahrung sehr wichtig. Ich bin der Auffassung, dass die besten Clubs in Deutschland eigentlich das Ziel verfolgen sollten, dass ihre zweite Mannschaft in der 3. Liga spielt. Der Anspruch sollte sein, dass die Qualität der Ausbildung eines Vereins so hoch ist, dass in der zweiten Mannschaft der Nachwuchs aus den eigenen Spielern in der 3. Liga bestehen kann. Wenn die Latte so hoch liegt, dann ist auch der Qualitätsanspruch an das eigene Jugendleistungszentrum klar definiert – und wer das schafft, hat seine Qualität unter Beweis gestellt. Mir scheint das sehr wünschenswert für den deutschen Fußball. Es gäbe damit einen klaren Gradmesser für Trainer und Spieler. Davon ginge gerade deshalb eine starke Wirkung aus, weil Deutschland insgesamt so starke Ligen mit guten Strukturen und scharfer Konkurrenz besitzt. Deutschlandweit würden aus einer solchen 3. Liga immer wieder herausragende Talente hervorgehen. Dem widerspricht auch nicht, dass es Statistiken gibt, die belegen, dass überragende Spieler gleich den direkten Sprung in die 1. Mannschaft schaffen. Aber es sollte die Möglichkeit geben, immer wieder Erfahrung zu gewinnen, und das heißt für den Nachwuchs, immer wieder in einer 2. Mannschaft zu spielen, weil in dieser Entwicklungsphase zwischen 16 und 22 einfach eine hohe Frequenz an Spielen über 90 Minuten erforderlich ist.

Training

Beweglichkeit und Kraft

Fußball ist eine Sportart, die alle Körperteile beansprucht; folglich müssen auch alle Körperteile trainiert werden. Es ist ein Spiel, das mit einer Vielzahl von Richtungswechseln einhergeht, die in hohem Tempo bewältigt werden müssen. Man rennt in eine Richtung, muss stark abbremsen, und dann geht es in die Gegenrichtung. Manchmal hat man längere Laufstrecken von vielleicht 30, selten auch mal vielleicht 60 Metern. Dazu kommen Situationen, in denen man springen muss. Wenn ein Fußballspieler all diese Bewegungen wieder und wieder macht, wird sein Körper automatisch kräftig. Eigentlich bräuchte er also für sein Training gar keine weiteren Hilfsmittel.

Wenn man sich nun aber einen Profispieler anschaut, begreift man sehr schnell, dass er für das, was er über 90 Minuten auf dem Feld treibt, seinen Körper vorbereiten muss. Er muss diese Belastungen in geeigneter Weise ausgleichen. Die beanspruchte Muskulatur und sein ganzer Körper funktionieren am besten, wenn der Athlet seinen Körper pflegt, um damit optimale Beweglichkeit herzustellen. Das bedeutet, dass er immer die Ganzkörperbeweglichkeit im Auge hat, um den Anforderungen eines Fußballspiels gewachsen zu sein. Die Gelenke seiner Skelettstruktur sind nicht weniger wichtig als die Muskeln. Wie beweglich ist die Hüfte, wie beweglich sind die Gelenkköpfe? In dieser Hinsicht ist nicht jeder Spieler gleichermaßen gesegnet. Das muss man ausgleichen und vermeiden, dass man mit Blockaden im Körper auf den Platz geht. Ein Weg, das zu erreichen, kann Yoga sein; damit habe ich selbst gute Erfahrungen gemacht. Ebenso wichtig ist das Stretching für die Muskulatur, damit die Muskeln nach einer Belastung wieder entspannt werden.

Wer wirklich Fußballer im Leistungsbereich werden will, sollte diese Arbeiten mit großer Disziplin ab dem 15. Lebensjahr täglich als Pflichteinheit absolvieren. Ebenso wie man sich die Zähne putzt, damit man keine Karies bekommt, nimmt man diese Übungen in sein tägliches Ritual auf, weil man damit stark der Verletzungsanfälligkeit entgegenwirken kann. Ein Fußballer sollte den Körper als sein wertvollstes Instrument betrachten, bei dem er genau darauf achtet, dass alles bestmöglich funktioniert. Das zu überprüfen, gehört zur Vorbereitung eines jeden Trainings – ist die volle Beweglichkeit gegeben, funktionieren alle Gelenke?

Wir sprechen jetzt von einem Training im Leistungsbereich, das mit hoher Intensität betrieben wird. Wer sich in der beschriebenen Weise auf das Training vorbereitet, wird feststellen, dass diese diszipliniert durchgeführten Rituale auch mental wirken und man besonders hohe Leistung in einer Übungseinheit erbringen kann. Was ich hier meine, hat nichts mit Meditation zu tun, sondern es geht um die Ritualisierung der gleichen Abläufe. Sie zielen auf den Kern des Trainings, der aus Rhythmus, Disziplin und Wiederholung besteht – wer in diesen Dingen ernsthaft und konsequent ist, gewinnt mentale Stärke und Klarheit. Das Gleiche, was über die Vorbereitung auf das Training gesagt wurde, gilt auch wieder für die Nachbereitung, wenn man den Körper als Einheit pflegt. Auch die Nachbereitung ist ein ganz aktiv betriebener Vorgang – es geht nicht um Abschlaffen und Abhängen, sondern wieder um das Stretching der Muskulatur. Ich selbst habe sehr gute Regenerationszeiten gehabt, habe aber auch immer das Training auf diese Weise nochmals eine Stunde nachbereitet und dann wiederum eineinhalb Stunden später entweder auf dem Trainingsgelände oder zu Hause nochmals die wichtigsten Muskelgruppen gedehnt.

In welchem Verhältnis steht diese Pflege des Körpers zur Entwicklung von Kraft? Wer Fußball spielt und im Leistungsbereich trainiert, wird kräftig. Schaut man sich die besten Fußballer an – etwa Pelé und Maradona auf dem Höhepunkt ihrer aktiven Zeit oder heute Messi –, so erkennt man, dass solche Fußballspieler in der Körpermitte kräftig und schwer sind. Sie haben gut ausgeprägte Oberschenkel; durch das beständige Hin-und-her-Rennen im Fußball wird der Oberkörper des Sportlers gut trainiert. Es bleibt also gar nicht aus, dass ein Fußballer, der sich richtig und gut bewegt, kräftig wird. Man kann darüber hinaus noch zusätzlich Krafttraining machen, um den Prozess der Kräftigung zu fördern. Doch wer etwa mit der freien Hantelstange trainiert, sollte es unbedingt nur unter Anleitung tun. Es geht dabei um ein Techniktraining, mit dem man Kraftzuwächse nochmals beschleunigt; aber gerade diesen Aufbau muss man ganz langsam und unter präziser Anleitung machen, weil es eben kein natürlicher Prozess ist.

Beim Training mit Geräten geht es um eine koordinative Anforderung, die alles andere als einfach ist. Es geht darum zu lernen, wie man für den Sport mit der eigenen Muskulatur richtig umgeht und den Körper insgesamt richtig einsetzt. Dabei werden spezielle Reize gesetzt, die die Muskulatur auf ein hohes Niveau bringen – das aber muss angemessen gelehrt werden, um Fehler und Verletzungen zu vermeiden und tatsächlich den gewünschten

Effekt zu erreichen. In Jugendleistungszentren lernen die jungen Athleten unter anderem den Umgang mit der sogenannten Langhantel, die bei ihrem weiteren Training immer wieder eine Rolle spielen wird. Wer die Fähigkeit erwirbt, mit diesem Gerät technisch sauber zu arbeiten – etwa bei einer Kniebeuge –, zeigt damit zugleich eine gewisse Beweglichkeit, ohne die sich diese Übung nicht akkurat ausführen lässt. Doch auch in Leistungszentren geht es nie darum, dass ein Sportler maximale Kraft, sondern vielmehr maximale Körperbeherrschung erwirbt. Das hat den erfreulichen Nebeneffekt, dass jemand, der sich seines Körpers sicher ist, auch Selbstvertrauen entwickelt. Konkret für den Sport bedeutet es jedoch, dass solch ein Athlet aufgrund seiner uneingeschränkten Beweglichkeit auch ein deutlich geringeres Verletzungsrisiko hat. Der richtige Zeitpunkt, um mit dem Hanteltraining zu beginnen, ist das Alter zwischen zehn und zwölf, noch vor der Pubertät. Es ist das beste Lernalter, um Koordination und Technik zu entwickeln. In diesem Alter wird zwar noch nicht die Kraft der Muskulatur entwickelt, aber die Muskelstrukturen werden aktiviert und ein wenig in ihrer Schnellkraft beeinflusst. Wenn dann mit dem Muskelwachstum die Kraft kommt, erinnert sich gewissermaßen die Muskelstruktur an das, was vorher ohne Kraft an Technik gelernt wurde. Das gezielte Krafttraining – zweimal pro Woche –, das darauf folgt und dem Aufbau unterschiedlicher Muskelanteile dient, muss auf die körperliche Entwicklung des Jugendlichen abgestimmt sein. Sollte es zu Verletzungen kommen, so wird ein Verein, der sich ein Jugendleistungszentrum leistet, dem Jugendlichen auch seine medizinische Abteilung zur Verfügung stellen bzw. den Zugang zu der sportmedizinischen Praxis regeln können, mit der der Club zusammenarbeitet.

Grundsätzlich haben Maschinen im Sport zwar eine ganz wesentliche Bedeutung und ihren eigenen Platz. Aber der ist üblicherweise in der Rehabilitation. Wenn ein Spieler verletzt und infolgedessen inaktiv war – beispielsweise durch eine Knöchel-, eine Knie- oder eine Hüftverletzung –, konnte er sich in dieser Zeit natürlich nicht so bewegen, wie er es beim Fußballspielen gewohnt war. Dabei setzt dann ein Abbau der Muskelmasse ein, und um den früheren Status rasch wiederherzustellen, beginnt man, mit Maschinen zu arbeiten. Weil es extrem wichtig ist, dass ein Spieler bald wieder seine alte Leistungsfähigkeit erlangt, gibt es heutzutage in Profimannschaften einen ganzen Stab von Rehabilitationstrainern. Aber grundsätzlich gilt, dass der Fußballer durch das Spiel selbst seine Kraft entwickelt und dass Maschinen die Ausnahme von der Regel sind, wie man Kraft erwirbt. Sie sind kein eigentlicher Bestandteil des Trainings.

Wie gut hingegen eine Trainingseinheit auf dem Platz ist, die vielleicht zwischen einer und eineinhalb Stunden dauert, hängt immer stark vom Niveau der Mitspieler ab: Das Fußballspielen selbst lernt man nur auf dem Platz; man lernt, Entscheidungen zu treffen, sich anzupassen und immer wieder neue Lösungen zu finden. Doch natürlich hat sich unsere Welt weiterentwickelt, und es gibt heute in der Ausbildung eine Reihe von Hilfsmitteln und unterstützenden Maßnahmen. So werden in Jugendleistungszentren beispielsweise ganze Trainingseinheiten gefilmt und dann nachbesprochen bzw. die nächsten anhand dieses Materials vorbereitet. Diese Unterstützung ist sinnvoll einsetzbar, weil die jungen Leute heutzutage mit dem Computer und allen möglichen mobilen Endgeräten aufwachsen. Sie wollen und sollen mit dieser technischen Hilfe von den Besten lernen. So sehen sie beispielsweise Messi und wie er sich auf dem Platz verhält. Das vermittelt ihnen schon mal eine Vorstellung, wie der Fußball auf höchstem Niveau aussehen und betrieben werden kann. Dann sehen sie im Vergleich ihre eigenen Aktionen. Das kann hilfreich sein, wenn es unterstützend eingesetzt wird. Aber es ist natürlich nur eine Begleitung der eigenen Trainingsarbeit, und diese tatsächliche Arbeit findet auf dem Platz statt; es geht immer um die reale Situation, immer um das Begreifen von Spielsituationen auf dem Platz. Hier muss das

Trainerteam in der Lage sein, in jedem Augenblick moderierend und korrigierend einzugreifen, um die Entwicklung des Einzelnen konkret voranzubringen. Das bedeutet aber, dass in einem guten Trainerteam echte Spezialisten am Werk sein müssen, die ihr Handwerk so verstehen, dass sie jederzeit in der Lage sind, die betreffenden Situationen so zu kreieren, dass der Nachwuchs sie sehen und verstehen kann und seine eigene Kunst der kreativen Interpretation einer Herausforderung zu entwickeln lernt. Diese hohe Präzision in der Vermittlungsarbeit zu erreichen, ist eine für den Trainer sehr anspruchsvolle Arbeit. Auf Topniveau kann das nur von Trainerpersönlichkeiten mit herausragender Qualifikation geleistet werden. Ihre Anweisungen dann umzusetzen, verlangt wiederum von einem Spieler größte Disziplin und vollständige Hingabe.

Die Vor- und Nachbereitung liegt dann wieder ganz und gar in der Verantwortung des einzelnen Spielers. Wer also als Nachwuchsspieler im Leistungsbereich aktiv ist – im Alter zwischen 15 und 20 –, der sollte mit der Vorbereitung des Trainings, dem Training selbst und der Nachbereitung etwa dreieinhalb Stunden je Einheit ansetzen. Da es aber in der Ausbildung zum Profifußballer gar nicht selten ist, dass es *zwei* Trainingseinheiten am Tag gibt, bedeutet es auch, dass der Heranwachsende einen Vollzeitjob hat. Neben diesem Beruf noch einer anderen Profession nachzugehen, wird kaum möglich sein.

Ab der U15 findet in der Regel viermal Training in der Woche und das Spiel am Wochenende statt, ab der U16 fünfmal, ab der U17 sechsmal, also praktisch täglich. Der Grund dafür liegt darin, dass Deutschland einen hochentwickelten Ligabetrieb bereits in den Jugendklassen hat. So reisen im Rahmen der Wettbewerbe die Jugendlichen in der U15 bereits durch ganz Süddeutschland zu ihren Spielen, und ab der U16/U17 sind sie in der Bundesliga in Nord- und Nordwestdeutschland bzw. in Süd- und Südwestdeutschland und in der Bundesliga West unterwegs. Das ist echter, hochorganisierter Wettkampf.

Nachwuchsarbeit und Spielidee

Weshalb ist es sinnvoll, diesen großen Aufwand in der Ausbildung der Talente zu betreiben? Fußball ist noch komplexer als Schach, weil alle Figuren dauernd gleichzeitig in Bewegung sind, aber keine in ihrer Bewegungsrichtung festgelegt ist. Also kann nur das Individuum, nie aber ein Schematismus den Erfolg bringen. Diese Fähigkeit, die Kreativität spontan walten zu lassen, muss bei einem Jugendspieler freigelegt und entwickelt werden. Dafür muss er tagein, tagaus üben, üben, üben. Gute Trainer verstehen es, die so entwickelten Kreativkräfte in die Ordnung ihrer Spielidee zu integrieren. Vereine wie etwa Barcelona oder Amsterdam orientieren sich daher in allen Abteilungen und damit auch bis in die Ausbildung des Nachwuchses hinein an einer solchen Idee. Ihre Nachwuchsarbeit, die sich wie ein roter Faden durch alle Jahrgänge und ihre Ausbildungsprogramme zieht, verläuft entlang der Spielidee des Vereins, der sie durch einen Ausbildungsleiter in die Jugendarbeit weitergibt. Wo solch eine Spielidee vorhanden ist, der man alle Arbeit unterordnet, und eine entsprechende Kontinuität herrscht, bleibt langfristig auch der Erfolg nicht aus.

Ernährung

Für mich spielt Ernährung eine ganz große Rolle im Leben – und wie sich gleich zeigen wird: nicht nur für mich als Sportler. Essen ist ein Teil der Regeneration, und zwar körperlich ebenso wie emotional. Es bedeutet für mich Genuss, Freude und Zusammensein mit anderen Menschen. Wenn ich irgendetwas machen muss, bei dem ich keinen Spaß habe, kann ich nicht regenerieren. Aber gerade beim Essen mit anderen habe ich auch als Genussmensch Spaß, und so ist Ernährung für mich ein ganz besonders wichtiges Regenerations- und Erholungsthema geworden.

Ich bin dankbar dafür, dass ich das zu Hause so habe erleben dürfen, dass man mindestens einmal am Tag gemeinsam am Tisch gesessen und in einer schönen Atmosphäre zusammen gegessen hat. Von Kindheit an habe ich ganz beiläufig gelernt, was gute und was schlechte Lebensmittel sind und dass man eben *gute* Lebensmittel zu sich nimmt. Auf diese Weise habe ich beispielsweise angefangen zu überlegen, wie viel Zucker und Salz in welcher Nahrung sind und was davon zu viel ist und folglich ungesund. So hat sich auch in dieser Hinsicht Disziplin eingestellt, und ich habe gelernt, darauf zu achten, dass ich eine ordentliche Qualität beim Einkauf von Lebensmitteln bekomme.

Was auf dem Teller liegt, muss gut ausschauen und meinen Appetit anregen. Das bedeutet nun gerade nicht, dass ich ein vergoldetes Schnitzel brauche, sondern zum Beispiel, dass verschiedene Farben zu sehen sind – grün, rot, gelb. Wenn diese Farben im Gemüse sind, kann schon gar nicht mehr allzu viel schiefgehen. Weshalb? Nun, die entscheidende Frage für einen Fußballer ist immer, was braucht er, um körperlich fit zu bleiben. Nach einem Spiel oder, genauer gesagt, nach einer schweren körperlichen Belastung muss ein Mensch essen – und zwar ziemlich bald, etwa nach eineinhalb bis zwei Stunden, um seine Speicher wieder zu füllen. Für mich als Fußballer sieht das so aus, dass ich 50 Prozent Kohlenhydrate, 25 Prozent Nahrungsmittel mit Spurenelementen und Vitaminen und 25 Prozent Eiweiß brauche. Wenn ich auf meinen Teller schaue und sehe beispielsweise Reis, Nudeln, Kartoffeln oder etwas in dieser Art, weiß ich, dass ich schon mal meine Kohlenhydrate zusammenbekomme. Die Vitamine und Spurenelemente nehme ich durch das Gemüse, die Hülsenfrüchte und den Salat zu mir. Das Eiweiß bekomme ich aus tierischen Produkten. Dass die Tiere, von denen wir unsere Lebensmittel beziehen, unter guten Bedingungen gehalten werden müssen, versteht sich für mich von selbst.

Ich habe diese Ernährungsgewohnheiten in meiner Familie so

kennengelernt, und so bedeutet für mich, einmal in der Woche ein gutes Stück Fleisch und einen schönen Fisch zu essen, auch in gewisser Weise ein Stück Kindheit und Jugend wieder lebendig werden zu lassen. Diese kleinen Rituale vermitteln mir auch heute noch eine Rückbindung an meine Herkunft; sie bedeuten ein wenig Tradition und sind Elemente, die mir auch Sicherheit geben. Weil mir das Essen und die damit verbundene Gemeinschaft mit anderen so wichtig sind, habe ich es immer sehr genossen, dass ich mich als Fußballer ganz normal ernähren konnte – das heißt für mich, mit gutem Appetit zu frühstücken, zu Mittag und zu Abend zu essen. Da der Energieverbrauch auf dem Leistungsniveau hoch ist, wenn man ein- oder zweimal am Tag Training hat, verbrennt man die Kalorien auch alle wieder und kann sich auf die nächste Mahlzeit freuen.

Was das Trinken betrifft, so musste ich als Profisportler und Athlet über den Tag natürlich ein bisserl mehr trinken als einfach nur, um keinen Durst zu haben. Meist habe ich Wasser getrunken, und wenn's mir zu fad war, habe ich mir eine Apfelschorle gemacht. Aber Energydrinks halte ich für Geldverschwendung – um meine Leistung zu bringen, habe ich sie jedenfalls nicht gebraucht. Und wenn ich mir mal ein Weißbier oder auch ein Glas Wein gegönnt habe – wenn auch natürlich nicht mittags oder vor einem Spiel –, so hat mich das ebenfalls nicht beeinträchtigt.

Wie gesagt: Das alles sind Erfahrungen zum Thema Ernährung, die ich als Fußballer getrost an andere Fußballer weitergeben kann – für jemanden, der Marathon läuft oder die Tour de France gewinnen will, mag anderes gelten. Doch worum es mir eigentlich geht, ist, dass ich vermitteln möchte, dass Essen ein wunderbares Gemeinschaftserlebnis sein kann, das wir als Fußballer, aber auch jede andere Lebensgemeinschaft in unserer Gesellschaft kultivieren sollten. Es versteht sich fast von selbst, dass ich demgegenüber Fast Food für ein Missverständnis der Ernährung halte, weil es am sozialen Wesensbestandteil des Essens vorbeigeht. Und weil mir das gemeinschaftliche Essen als eine Art von Familienkonzept so wichtig ist, lege ich auch in den Camps, die ich mit Kindern durchführe, großen Wert darauf. Ich halte einen verantwortungsvollen Umgang mit dem Thema Essen für überragend wichtig für den Werdegang von Kindern und Jugendlichen – es bildet für mich neben der Stärkung der Persönlichkeit und der körperlichen Bewegung eine der drei Säulen, auf denen eine geglückte Entwicklung junger Menschen beruht. Das heißt aber auch, dass uns Erwachsenen in dieser Hinsicht eine besondere Vorbildfunktion im Umgang mit den Kindern in der Familie zukommt: Zeit nehmen, Zeit lassen, sich nicht manipulieren und sich nicht den alltäglichen Luxus, miteinander zu essen, nehmen lassen! Weil mir das Thema Ernährung so wichtig ist, wird es mich auch in der jetzigen Phase nach meinem Profidasein beruflich weiter begleiten.

9. Eckball

Leistung und Leistungsmessung

Wer Leistungen messen will, muss sich klar sein, welche und wofür er diese Daten braucht. Wenn ein Sportler verletzt war, werden sich in der Zeit seiner Krankheit einige seiner Werte verschlechtert haben. Dann ist es während und nach seiner Wiederherstellung sinnvoll, so mit ihm zu arbeiten, dass sie auf den früheren Stand kommen, damit er die alte Leistungsfähigkeit wieder erreicht. Doch bei einem gesunden Sportler muss man anders mit den Werten umgehen, um einen Nutzen daraus zu ziehen.

Wer Fußball spielt, muss andere Leistungswerte mitbringen als ein Radfahrer während der Tour de France, weil der Körper des Fußballers anderen Beanspruchungen ausgesetzt ist und eine andere Form der Leistung bringen muss. Es ist kein Ausdauersport wie etwa der eines Langstreckenläufers. Der Standard für die Laufleistung eines Fußballers auf Topniveau während eines Spiels liegt heutzutage zwischen elf und dreizehn Kilometern. Aber um ein realistisches Bild seiner Leistungsfähigkeit über diese Distanz zu gewinnen, kommt es auf die Wechselläufe an: beispielsweise im Spurt fünf Meter raus und wieder zurück, sieben Meter raus und wieder zurück, drei Meter raus, zurück und wieder zehn Meter raus. Was dabei gefordert ist, sind dieses sehr präzise Stoppen aus der Bewegung und der neue explosionsartige Antritt in die Gegenrichtung, ohne dass ein Verlust der Dynamik eintritt. Es geht also darum, wie man runterbremst, ohne Zeit zu verlieren. Solch ein Test ist nun wirklich aussagekräftig für einen Fußballer, weil er wie im Spiel sehr schnell agieren muss. Und das ist der entscheidende Punkt: Habe ich meinen Körper im Griff?!

Wer das weiß, hat mehr über einen Spieler erfahren als durch die so oft beschworenen Laktattests. Mittlerweile hat man zudem erkannt, dass die Laktatwerte sehr individuell sein können und der Rückschluss von einem schlechten Laktatwert auf eine allgemein schlechte Leistungsfähigkeit eines Spielers falsch sein kann. Die volle Konzentration auf die Verbesserung solch eines Einzelwertes wäre widersinnig. Was hilft es einem Spieler, wenn er einen super Laktatwert hat, aber der Ball sein größter Feind ist, wie Toni Polster es einmal ausgedrückt hat.[1] Es kommt darauf an, dass man die jeweilige Spielsituation erfasst und erkennt, welche individuellen technischen Möglichkeiten man hat, darauf zu reagieren und sie erfolgreich zu lösen – also seinen Beitrag für das Spiel der Mannschaft bestmöglich abzuliefern. Wer den nicht erbringt, dem helfen auch keine noch so guten medizinischen Testwerte.

Was einen guten Trainer also wirklich interessiert, ist, ob das, was er misst, eine relevante Aussage über die Leistungsfähigkeit enthält für die Realität des Spiels. Denn darum geht es: im Spiel und seinen Herausforderungen gut zu bestehen. Dafür muss ich über die erforderliche Energie verfügen, die ich mir mit dem Essen zuführe – aber die Menge wird eine andere sein als etwa bei einem Triathleten, obwohl er ebenso wie ich Höchstleistungen bringen muss.

Natürlich gibt es Standards, die niemand unterschreiten kann, weil er dann offenbar eine Schwäche hat, die ihn daran hindern wird, sich hochwirksam ins Mannschaftsspiel einzubringen. Wenn etwa jemand über 30 Meter sprintet und nicht innerhalb der *Range* zwischen 3,8 und 4,2 Sekunden liegt, dann ist dieser Mangel signifikant – da fehlt es an etwas ganz Elementarem, und das wird für ihn in einem Spiel auf Topniveau unweigerlich zum Problem werden. Ich selbst war sehr froh, bei diesen Sprints mit 3,9 gut abzuschneiden, aus dem Stand 55 Zentimeter hoch springen zu können und bei den Wechselläufen immer unter den Schnellsten zu sein. Das waren relevante Werte für das Spiel, während der Laktattest für mich immer eine Qual war, aber erfreulicherweise für meine spielerische Leistung auch belanglos geblieben ist.

10. Spielaufbau - zweite Phase

Erfolgsaussicht bei fünf Prozent

Die realistische Zukunftsaussicht für einen Spieler in einem Jugendleistungszentrum, einmal in der ersten Mannschaft zu spielen, liegt bei etwa fünf Prozent.[1] Das bedeutet jedoch nur, dass der Spieler und seine Familie wissen, dass der Sechzehnjährige sich damit auseinandersetzt, was er tut. Er macht sich auf den Weg und prüft sein Talent unter Gleichaltrigen und Gleichgesinnten, die ebenfalls Fußball im Leistungsbereich spielen wollen. Damit setzt er sich einem Prozess aus, durch den er feststellen will, ob sein Talent reicht oder nicht. Das wissen zu wollen, ist eine persönliche Entscheidung, die eine intensive Auseinandersetzung erfordert. Wenn dabei herauskommt, dass das Talent nicht reicht, so ist das Scheitern einfach ein Teil dieser Entscheidung.

Aber es ist ja nicht so, als ob allein junge Fußballer in solche Entscheidungssituationen im Leben kämen. Wenn jemand glaubt, er habe ein besonderes musikalisches Talent, wird er sich mit einer vergleichbaren Entscheidung auseinandersetzen und einen Weg einschlagen müssen, auf dem sich herausstellt, ob die eigene Wahrnehmung zutrifft und das Talent ausreicht oder eben nicht. Ein anderer zeigt eine besondere Begabung auf dem Gebiet der Naturwissenschaften oder wo auch immer. Aber überhaupt in die Lage zu kommen, solch einer Frage nachgehen zu dürfen, bedeutet bereits, dass die Natur den Betreffenden in einer bestimmten Weise privilegiert hat – wie weit das Privileg reicht, wird sich zeigen. Doch wenn man es wirklich wissen will, erfordert dieser Weg eben auch die Bereitschaft zur völligen Hingabe an dieses Talent – sei es an ein Virtuosentum in der Musik oder an die hohe Kunst der Ball- und Körperbeherrschung.

Natürlich gibt es einen wichtigen Unterschied zwischen einem jungen Fußballspieler und etwa jemandem, der sich für das aufwendige Studium des Arztberufs entscheidet: Der eine trifft die Entscheidung erst etwa in einem Alter von zwanzig Jahren, der andere vielleicht bereits mit 14 oder 15 – also in einer Zeit, in der er noch nicht sehr reif ist und erst wenig Lebenserfahrung hat sammeln können. Das heißt, dass der Jugendliche, der sich auf den Weg macht, sein fußballerisches Talent konsequent zu erkunden und zu entwickeln, ein gutes Umfeld braucht, eine Begleitung, die die Probleme und Konflikte kennt, mit denen er sich wird auseinandersetzen müssen. Das müssen Menschen sein, die in der Lage sind, diese Situationen und was darin vor sich geht zu beschreiben. Es sollten – wie bereits erwähnt – Menschen sein, die entsprechende Erfahrung haben, weil sie beispielsweise selbst Leistungssportler waren, weil sie selbst als Trainer auf einem hohen Niveau gearbeitet haben, weil sie gelernt haben, wie man mit Medien umgeht und wie die Kommunikation mit der Öffentlichkeit funktioniert.

Der Grund für diese Notwendigkeiten ist, dass der Jugendliche den Schritt in eine Profession macht. Es geht also um geschäftliche Belange, um Verträge mit seinem Arbeitgeber, mit seinem Verein. Wer ihn auf diesem Weg begleitet, muss wissen, dass es sich dabei immer ums Geschäft dreht, und zwar um ein Geschäft auf Zeit. Das Umfeld muss dem Jugendlichen klarmachen, dass er sich, um in diesem Geschäft erfolgreich zu sein, Jahr für Jahr entwickeln muss – von der U15 bis zur U20; und es muss klar sein, dass sich die Fragestellungen in dieser Zeit verändern werden. Ohne ein privates Umfeld, das dem jungen Athleten hilft, mit diesen Herausforderungen – im Positiven wie im Negativen, im Erfolgsfall wie im drohenden Scheitern – zurechtzukommen, wird es nicht gehen. Es geht um Lebensentscheidungen, die die nächsten zehn, fünfzehn Jahre maßgeblich beeinflussen werden, und diese Entscheidungen müssen durch seriöse Beratung vorbereitet und von Unterstützung begleitet sein.

Was der Jugendliche auf jeden Fall seinerseits in die Arbeit einbringen muss, ist Trainierbarkeit. Dies ist das wichtigste Persönlichkeitsmerkmal eines jeden Athleten von Niveau. Das Talent muss begreifen, dass es sich nur durch Wiederholung des immer Gleichen weiterentwickelt. Die Bereitschaft zur Wiederholung ist das entscheidende Thema. Sie ist eine unverzichtbare Grundvoraussetzung, aus der heraus der Nachwuchsspieler sich immer wieder mit neu entwickeltem Interesse seiner sportlichen Aufgabe stellt: Bereitschaft zur Wiederholung, die dafür nötige Disziplin und die Bereitschaft und Fähigkeit, aus dem Training zu lernen. Das heißt, die Trainingsarbeit zu reflektieren, die Ergebnisse für sich anzuerkennen und daran zu arbeiten, die gestellten Anforderungen am nächsten Tag besser zu erfüllen. Im Ergebnis bedeutet das, trainierbar zu sein.

Dieses unverzichtbare Charaktermerkmal bringen Talente mit, gleichgültig, aus welchen Schichten, aus welchen sozialen Verhältnissen sie stammen. Sie sind in der Lage, Anweisungen zu befolgen und aus diesen Anweisungen ihre Lehren zu ziehen. Sie machen dabei gleichermaßen eine persönliche und eine praktische Erfahrung und verstehen sie einzuordnen. Sie erkennen, was richtig oder falsch ist und was ihnen hilft. Was sie weiterbringt, behalten sie bei, das andere streichen sie. So zeigt sich Trainierbarkeit. Um mit solchen Talenten zu arbeiten, braucht es exzellente Trainer, die Spieler immer wieder in diese Situationen führen, in denen sie sich messen können und bewähren müssen. Das macht die Kunst eines sehr guten Trainers aus. Die Grenze immer weiter hinauszuschieben, das Niveau immer weiter anzuheben. So entsteht der Spaß an dieser Zusammenarbeit. Ein Athlet hingegen, der diese Dinge immer wieder in Frage stellt, der immer wieder auf das Niveau von vorgestern zurückfällt, erweist sich als nicht trainierbar. Umgekehrt ist es die wichtigste Charaktereigenschaft von erfolgreichen Spielern, in dem beschriebenen Sinne trainierbar zu sein.

Trainierbar zu sein, bedeutet auch, die Fähigkeit zur Selbstverantwortung zu besitzen. Diese Einstellung zum Beruf und zum Leben zu pflegen und weiterzuentwickeln, ist ein wichtiger Bestandteil der Arbeit des persönlichen Umfelds des Talents. Wenn ein junger Athlet begreift, in was für ein Milieu er sich begibt, wenn er Fußballprofi werden will, worin seine Qualifikation dafür liegt und welche Risiken mit diesem Weg verbunden sind, dann wird er auch begreifen, dass seine Zeit in diesem Sport begrenzt sein wird, dass seine Karriere endlich ist. Er akzeptiert dann auch, dass es jenseits des Sports noch etwas gibt, für das er bereits jetzt die Voraussetzungen schaffen muss, und dass ihm dabei schon heute Disziplin und Wiederholung der Übungen helfen. Ebenso gehört dazu seine Achtsamkeit für Themen wie Ernährung, Bewegung, Kraft. Wenn der Sportler die entsprechenden Voraussetzungen mitbringt, über diese Dinge zu reflektieren, lernt er auch, für sich und sein Leben Verantwortung zu übernehmen – auch für die Zeit jenseits der 35.

Das Gegenbeispiel wäre ein Jugendlicher, der mit Blick auf seinen Vertrag sagt, dass er nichts mehr für die Schule zu lernen brauche, weil er ja bereits so gut verdient. So jemand reflektiert nicht. Er begreift nicht, dass er jetzt einen Vertrag hat, der ihm einen Wohlstand ermöglicht, für den ein anderer vielleicht ein Ingenieurstudium hat absolvieren und viel hat arbeiten müssen, um in diese Gehaltsregion zu gelangen. Aber er begreift eben auch nicht, dass es bei ihm, je nachdem, wie das Leben spielt, in ein, zwei Jahren damit vorbei sein kann. Damit leidet er unter einer schweren Fehleinschätzung seiner Situation.[2] Hier müsste sein Umfeld eine klare Auseinandersetzung mit ihm führen und ihm unmissverständlich ins Bewusstsein rufen, dass dieser Vertrag nur eine Plattform ist, ein Startschuss – aber nicht mehr. Es müsste ihm begreiflich gemacht werden, dass er im Weiteren mit dieser Chance solide und seriös umzugehen hat, um höhere Ziele zu erreichen. Das Talent vor derartigen Irrwegen zu bewahren, gehört zu den zentralen Aufgaben seines Umfelds.

Die Verantwortung des Umfelds ist also groß. Es gehört auf jeden Fall zur täglichen, wöchentlichen, monatlichen Arbeit mit dem jungen Athleten, gemeinsam zu bedenken, ob er mit seiner Entscheidung, Fußballer zu werden, wirklich auf dem richtigen Weg ist. Er muss dabei stets mitgenommen werden. Dazu gehört es auch, mit ihm zu erwägen, dass man sich Optionen offenhält für den Fall, dass dieser Weg nicht zum gewünschten Ziel führt.[3] Der Jugendliche muss das Risiko ebenso kennen wie die Chancen und beide gegeneinander abwägen. In meinem Fall hat das beispielsweise dazu geführt, dass ich nach der mittleren Reife in der U19 gesagt habe: Okay, die nächsten drei Jahre nehme ich mir Zeit, um ganz und gar meiner sportlichen Profession nachzugehen. Das war damals realistisch. Mit der U19 bin ich Deutscher Meister geworden und hatte die Aussicht, in der zweiten Mannschaft zu spielen; außerdem hatte ich ab und zu auch schon mal bei den Profis mittrainieren dürfen. So habe ich eine klar begründete Abwägung getroffen. Daher würde ich aus eigener Erfahrung sagen, dass sich Jugendliche mit guter Beratung immer wieder realistische Ziele setzen – Ziele, die sie mit ihrem Beraterumfeld erarbeiten – und dann entsprechende Entscheidungen treffen sollten. Wenn das verantwortungsvoll geschieht und alle gemeinsam aus Überzeugung das nächste Ziel ansteuern, entwickelt sich auch die Persönlichkeit des Heranwachsenden. So arbeitet man als gutes Team.

Um zu entscheiden, ob das Talent in diesem Alter weitermachen soll auf dem Weg zum Fußballprofi, orientiert man sich an bestimmten Fragen: Spiele ich regelmäßig in der U19, und habe ich Einfluss auf das Ergebnis? Besteht Aussicht auf einen

Vertrag in der 2. Mannschaft? Wo spielt die 2. Mannschaft? Wie sieht die gesamte Konkurrenzsituation um meine Position im Team aus? Welche Fähigkeiten bringe ich mit? Das Umfeld des Talents wird sich ehrlich fragen müssen, ob auch andere dessen Fähigkeiten hoch einschätzen. Ob das Team und der ganze Verein die Qualität erkennt. Wie sehen Scouts anderer Clubs das Talent? Das Fußballbusiness ist ja offen – es ist ein Spiel, das man in der Öffentlichkeit betreibt; jeder kann zuschauen, und viele Leute haben eine Meinung über einen Spieler; es ist nicht uninteressant, deren Einschätzung einmal zu quantifizieren.

Doch wenn erkennbar wird, dass es nicht reicht, um dauerhaft ganz oben mitzuspielen, wenn etwa jemand im Alter von 23 nicht in der 1. Liga spielt, sondern in der 2. oder 3. Liga unterwegs ist, dann muss man ihm auch die Empfehlung geben, dass er sich zusätzlich beruflich qualifiziert – also im Weiteren zweigleisig vorangeht. Weshalb? Wenn er sich beruflich trotz der gegebenen Situation weiter allein auf das Fußballspiel verlässt, so ist klar, dass er nicht so viel verdienen kann, dass er nach Abschluss seiner aktiven Zeit wirtschaftlich ausgesorgt hat. Weil aber jemand, der drei Jahre in einem Fußballleistungszentrum ausgebildet wurde, damit auch die Berechtigung erwirbt, sich weiterzuqualifizieren, beispielsweise sein Abitur nachzuholen, steht ihm grundsätzlich auch die Möglichkeit offen, jenseits des Fußballs weiterzukommen und seine Zukunft zu planen und vorzubereiten.

Um sich in der 3. Liga noch anderweitig beruflich zu qualifizieren, bedarf es allerdings bereits sehr großer Disziplin, sonst wird man kaum die Anforderungen des Sports und der Ausbildung unter einen Hut bringen. Vielleicht sollte solch ein Spieler daher in die 4. Liga wechseln. Er bliebe damit weiterhin dem Sport verbunden, der ihm wichtig ist, würde damit immer noch mehr verdienen als mancher Leichtathlet und könnte sich einen gewissen Lebensstandard schaffen. Vor allem aber hätte er dann die Zeit, um sich anderweitig fortzubilden und eine berufliche

Qualifikation zu erwerben, die ihm schließlich den Übergang in ein allgemeines Berufsleben erlaubt.

Es ist interessanterweise so, dass jemand, der eine umfassende fußballerische Ausbildung in einem Leistungszentrum erhalten und sich als Sportler einige Jahre in den oberen Spielklassen gehalten hat, durchaus auf dem Berufsmarkt in klassischen Ausbildungsberufen willkommen ist. Diese ehemaligen Sportler, die mit Anfang zwanzig ihren Weg aus der Welt des Fußballs hinaus nehmen, gelten als diszipliniert, einsatzfreudig, belastbar und reflektiert. Wer in der Lage ist, solch eine Entscheidung bewusst zu treffen, ist also durchaus gefragt und erfreut sich einer positiven Wahrnehmung bei möglichen Arbeitgebern.

Wenn es allerdings sportlich klappt und der Fußballer es schafft, in der Bundesliga zu spielen, dann muss er von seinem Umfeld so beraten werden, dass er sich mit seinen hohen Einnahmen wirtschaftlich in einer Weise absichert, dass es bis ins Alter reicht. Dafür braucht er wiederum kompetenten Rat von Leuten, die etwas von Geldanlagen verstehen und die die konkrete Situation des Spielers beachten. Das alles geschieht sehr individuell.

Nehmen wir an, jemand hat Glück gehabt: Er hat in einem Alter zwischen 16 und 19 eine kontinuierliche Entwicklung durchlaufen, nicht zuletzt weil er von Verletzungspech verschont geblieben ist – wer dieses Glück nicht hat, für den wird es fast unmöglich, noch ein Topspieler zu werden –, und er verfügt über die körperliche Reife, also die erforderliche Konstitution und die so wichtige Trainierbarkeit, dann muss er jetzt mit 19 bis 21 zu einem Club in der 1. Bundesliga kommen, in dem er auf Topniveau spielen und Erfahrungen sammeln kann. Dieser Schritt ist unverzichtbar. Man kann mit keinem Training diesen Wettkampf, diese Erfahrung, diese Anpassung, die dann erfolgt, nachbauen oder gar ersetzen. Alle Spitzenspieler, die sich durchgesetzt haben, haben in diesem Alter solch einen Schritt gemacht und diese Erfahrungen erwerben können. Als Beispiele können hier die Namen Schweinsteiger, Kroos, Müller, Neuer, Boateng, Draxler, Götze, Kimmich genügen – ich selbst darf mich ebenfalls in diese Reihe einordnen, und wenn man nach ausländischen Spielern in deren Ligen sucht, dann gilt das Entsprechende etwa auch für Cristiano Ronaldo und Messi. Für alle Topspieler gilt, dass sie in dieser Altersklasse die Erfahrung auf ganz hohem Niveau machen müssen, dem Druck standzuhalten und zu zeigen, dass sie in der Lage sind, etwas zum Spiel und zum Erfolg beizutragen. Passiert das nicht, bleibt der Druck aus, dann wirst du nicht zum Diamanten. Nur unter diesen strengen Voraussetzungen entwickelt man außergewöhnliche Fähigkeiten und kann stilbildend auf einer Position im Spiel wirken.

Auch in dieser Situation kommt dem Umfeld des Talents eine wichtige Aufgabe zu: Wenn ein Verein ihm die Chance gibt, so muss das Umfeld ihm klarmachen, welche Perspektiven sich daraus ergeben und was zu tun ist, um sie zu verwirklichen. Wie könnte der weitere Weg verlaufen? Vielleicht muss man auch ein paar Zweifel ausräumen, und zwar in dem Sinne, dass man genau beschreibt, in was für einer Situation sich der Athlet befindet, welche Anforderungen sich stellen und dass er sie erfüllen kann. Aber grundsätzlich haben Athleten dieser Kategorie ohnehin den Drang in sich, sich zu behaupten und durchzusetzen. Wir reden jetzt gewissermaßen von der Beletage der Talente; diese Spieler werden natürlich von der Liga wahrgenommen, deren Szene so vernetzt ist, dass alle – und insbesondere die Spitzenvereine – die herausragenden Fußballer im Nachwuchs schon längst identifiziert haben. Es ist eine Legende, dass angeblich Talente in dieser Übergangsphase zum Profispieler *entdeckt* werden. Sie strahlen vielmehr auf den ganzen Betrieb ab. Wie sehr, wird einem rasch klar, wenn man nochmals an die zuvor genannten Athleten denkt, die alle diesen Weg genommen haben. Und mit 19 bis 21 haben die Topathleten dann das Alter erreicht, in dem sie anfangen, in die Liga hineinzuwirken.

Wenn jemand in der 2. Liga eincheckt, so ist das ebenfalls gut und schön, und es kann sein, dass der Betreffende vielleicht mit 23 oder 24 auch in der 1. Liga spielt. Aber das sind dann nicht die Spieler, die die Maßstäbe setzen für ihre Generation – es sind nicht die Spieler, die den Unterschied ausmachen und für den Erfolg stehen. Die Toptalente entdecken das Spiel, sie bringen alle Voraussetzungen dafür mit, haben sich auf ihrer Position entwickelt und sind sich ihrer sicher, wenn sie rausgehen; sie haben Freude am Spiel und entwickeln es auf ihre Weise weiter.

Trotzdem ist diese Phase des Übergangs schon eine besonders interessante Zeit und auch nicht völlig frei von Zufällen und einer gewissen Willkür. Es gibt natürlich auch im Fußball Türwächter, wesentliche Meinungsmacher und Entscheidungsträger. Es ist nicht unwichtig, zu ihnen Beziehungen zu unterhalten, denn sie können jungen Spielern Möglichkeiten eröffnen, sich ganz oben zu präsentieren, wo sie dann die Chance haben zu bestehen. Diese Kontaktarbeit ist ein wichtiger Punkt im Geschäft. Aber wenn sich die Toptalente dann zeigen, liefern sie auch sofort ihren Beitrag wie wir seinerzeit im Juniorteam des FC Bayern München. Für dieses Juniorteam haben unter anderem Björn Andersson und Kurt Niedermayer enorm wichtige und vor allem präzise Entwicklungsarbeit geleistet. Aber der mächtige Türhüter dort war Hermann Gerland. Er war ein ganz besonderes Beispiel für schlichte vereinsinterne Entscheidungsstrukturen. Wenn er wollte, konnte er sagen, dass ein Nachwuchsspieler bei den Profis mittrainieren dürfe, womit sich diesem die Chance eröffnete, sichtbar zu werden und die Gelegenheit zu ergreifen, um sich zu behaupten. In der Gruppe von Toptalenten war im Nachwuchs damals einfach immer einer dabei, der das Zeug dazu hatte, sich durchzusetzen, und wenn der Trainer der ersten Mannschaft sagte, der neue Mann sei gar nicht so schlecht, dann konnte man bleiben, und die Sache war erledigt.

Wer in solch eine Situation kommt, der erkennt sehr schnell, ob das nun sein Niveau ist oder nicht; man weiß dann, ob man sich dort halten und auch in Zukunft spielen kann. Manchmal ist es dann allerdings auch erst ein anderer Verein, der Jahre später solch einem Spieler seine speziellen Einsatzmöglichkeiten bietet, wie es etwa bei Owen Hargreaves der Fall war. Er war beim FCB bereits sehr erfolgreich gewesen, ehe er 2007 zu Manchester United unter Alex Ferguson wechselte, der ihn perfekt in das offensiv ausgerichtete Spiel seiner Mannschaft, das immer in der gegnerischen Hälfte stattfand, hineinzukomponieren verstand. Hargreaves agierte bei Manchester vor der eigenen Abwehr und war dort in der Lage, auch mit höchstem Tempo zu verteidigen, wenn der Gegner einmal kam. Um ihn für diese Position zu kaufen, bot Manchester im Dezember 2006 30 Millionen Euro; der Wechsel ein halbes Jahr später für 25 Millionen sollte schließlich der bei Weitem höchste Preis sein, den bis dahin ein Bundesligaclub für einen Spieler erzielt hatte.

Der Profivertrag

Das Ziel eines jeden Nachwuchsspielers in einem Leistungszentrum heute ist es, eines Tages einen Profivertrag zu unterschreiben – dieses Denken setzt bereits in einem Alter von 14, 15 Jahren ein. Das war zu meiner Zeit noch anders. Wir haben Fußball gespielt, um unseren persönlichen sportlichen Ehrgeiz auszuleben. Der Gedanke, mit diesem Sport richtig viel Geld zu verdienen, ist mir erst im Alter von 19 Jahren gekommen. Aber das Thema selbst ist wichtig, weil es eben um den zukünftigen Beruf und damit um die Lebensplanung geht. Deshalb müssen auch die entsprechenden Verträge geschlossen werden.

Der Vertrag ist in der Regel ein Standardvertrag. Die Muster dafür haben FIFA, UEFA und DFB geschaffen. In solch einem Mustervertrag für einen deutschen Lizenzspieler geht es eigentlich nur noch darum, das Gehalt festzulegen; im Übrigen sind die Rahmenbedingungen weitgehend vorgegeben. Aber natürlich ist es für den Spieler wichtig, mit seinem Umfeld zu prüfen, wie er in diesem Vertrag kategorisiert wird. Sieht man in ihm weiterhin eigentlich einen Juniorenspieler in der Nachwuchsabteilung, oder wird er als Spieler in der 2. Mannschaft eingeordnet oder tatsächlich als Spieler in der Profimannschaft? Und ist die erfolgte Einordnung vernünftig und gerecht?

Wann und warum ein Verein, ein Leistungszentrum einen Spieler vertraglich binden möchte, hat unterschiedliche Gründe. Es geht gewiss nicht nur darum, einem Spieler in der Jugendabteilung eine gewisse Ausbildungsentschädigung zu vergüten, mit der sein Aufwand entlohnt wird. Wichtiger ist der Gedanke, ein Talent möglichst frühzeitig vom Markt zu nehmen – vielleicht mit einem Vierjahresvertrag –, damit erst gar kein anderes Leistungszentrum oder gar ein anderer Bundesligist auf die Idee kommt, diesen Spieler frühzeitig einzukaufen, und damit das Talent seinerseits nicht auf den Gedanken kommt, solchen Verlockungen nachzugeben. Also sichert sich der Verein auf diese Weise schon während der Ausbildungszeit seinen Zugriff auf einen Spieler – und wenn es ein herausragendes Talent ist, umso entschlossener –, um ihn dann zu einem späteren Zeitpunkt mit einem Lizenzspielervertrag an sich zu binden. Grundsätzlich arbeiten Leistungszentren gern mit Ein- und Zweijahresverträgen. Nur wenn sich die Verantwortlichen sicher sind, dass das Talent einmal bei ihnen in der 1. oder 2. Mannschaft wird spielen können, gehen sie auch darüber hinaus. Sollte tatsächlich mal ein Jugendspieler von einem anderen Verein unter Vertrag genommen werden, so wird dem ausbildenden Leistungszentrum eine Ausbildungsentschädigung vergütet.

Damit dürfte deutlich geworden sein, dass sich bereits während der Ausbildung eines Talents alle Beteiligten im Klaren sein müssen, dass es um ernste, zukunftsweisende Weichenstellungen geht, bei denen niemand Fehler machen möchte. Erst recht geht es bei den Verträgen mit Jugendlichen um Entscheidungen, die nicht zuletzt im Hinblick auf Laufzeit und Höhe der Vergütung mit dem Verein klar diskutiert werden müssen, um die Motive, die Interessenlage sichtbar zu machen, die dem Vertragsangebot zugrunde liegen. Es gibt Vereine, die gestalten ihre Entscheidungen transparent, andere neigen dazu, ihre Beweggründe eher zu verschleiern.

Ein Jugendlicher würde sich damit schwertun, alle Aspekte in den Blick zu nehmen, die in dieser Situation zu beachten und zu beurteilen sind. So wird er sich wieder auf ein erfahrenes, kompetentes Umfeld verlassen müssen, damit er besser versteht, welche Einordnung und Beurteilung seiner Position in dem Vertragsangebot erkennbar wird. Das Umfeld des Talents sollte seinerseits, um dieser Verantwortung gerecht zu werden, über die nötige Distanz zum Geschehen verfügen. Umso besser wird es in der Lage sein, die Vertragsfragen gewissermaßen in Außenansicht zu betrachten und zu bewerten. Stets muss das Talent dabei mitgenommen werden, und das wird umso leichter sein, wenn der Nachwuchsspieler in der Lage ist, sein eigenes Empfinden der Situation auszudrücken, so dass man in eine Diskussion eintreten kann. Dann wird die Familie – und wer darüber hinaus noch zu dem Umfeld gehört – das Vertragsangebot und die gesamte Situation des Nachwuchsspielers besprechen, um die bestmögliche Entscheidung zu treffen.

Kommt es zu einem Profivertrag, so bedeutet der, dass jemand künftig festes Mitglied einer Mannschaft ist, die in der 1. oder 2. Bundesliga spielt – und das ist natürlich ein herausragendes Ereignis. Es ist der Schritt ins Berufsleben und mithin einer der wichtigsten Schritte für einen Fußballspieler überhaupt. Ich denke, jeder Profi weiß noch, wann und mit wem und unter welchen Umständen er seinen Profivertrag unterschrieben hat. Warum? Nun, diese Unterschrift ist gleichbedeutend mit der Zugehörigkeit zur 1. Mannschaft eines Vereins und die Möglichkeit, sich mit

Spielern auf sehr gutem Niveau zu messen und in absehbarer Zeit in der Bundesliga Fußball zu spielen. Um einen Profivertrag richtig einschätzen zu können, gilt es immer mitzubedenken, was der tatsächliche Leistungsstand eines Spielers ist, wie die Konkurrenzsituation um seine Position aussieht und wie er künftig damit umzugehen hat. Je genauer diese Einordnung erfolgt, die nötig ist, um vernünftige Entscheidungen auch für die weitere Karriere zu treffen, umso klarer ist auch die Beurteilung der finanziellen Seite. Dafür sollte man die wirtschaftliche Situation des Vereins bedenken, außerdem den Finanzrahmen für die Gehälter im gesamten Kader, weil man dann erfassen kann, welche Rolle einem selbst darin zugewiesen wird. Das sind die ersten Schritte. Mit Blick auf die Vertragsverhandlungen fragt man sich dann weiter, wie der Markt – national wie international und auch in der Weltspitze – für einen Spieler auf seiner Position aussieht. Hilfreich in den Vertragsverhandlungen kann es natürlich sein, wenn es Konkurrenzangebote gibt. Werden all diese Aspekte in die Überlegungen einbezogen, bekommt das Talent nach und nach immer größere Sicherheit, wenn es um die Vertragsgestaltung seiner beruflichen Zukunft geht.

11. Konter

Fußballspieler und die Welt des schönen Scheins

Fußballspieler werden gern wegen der Höhe ihres Einkommens oder wegen ihres Lebensstils kritisiert. Aber niemand käme ohne Weiteres auf die Idee, Sonderbegabungen auf anderen Feldern zu tadeln, wenn sie viel verdienen – etwa den außergewöhnlichen Pianisten Lang Lang, der Spitzengagen erzielt, dessen CDs sich millionenfach verkaufen und der auch schon mal Werbung für adidas gemacht hat und in einer von Coca-Cola gesponserten Zeremonie aufgetreten ist.[1] Und ebenso wenig würde jemand einen Modeschöpfer wie Karl Lagerfeld schief ansehen, nur weil er einen exzentrischen Lebensstil pflegt. Bei ihm, der über Jahrzehnte hinweg die Welt der Mode maßgeblich prägte, hat man es vielmehr geradezu erwartet, dass sein Auftreten in der Öffentlichkeit anders war als das der meisten Menschen. Warum also über jemanden die Stirn runzeln, dessen Kunst die Welt des Fußballsports bewegt und prägt und der ziemlich anders lebt als Sie und ich? Man muss nicht Beifall klatschen, aber man sollte auch nicht engstirnig sein, sondern dies ebenso als Ausdruck der Individualität akzeptieren.

Auch erstklassige Fußballspieler sind begnadete Künstler. Dass ihre Fähigkeiten auf einem anderen Gebiet als der Musik oder der Malerei liegen, spielt keine Rolle. Auch sie sind gesegnet mit Talent, über das kein anderer in dieser Weise verfügt, und sie haben Jahre damit zugebracht, dieses Talent zu pflegen und zu entwickeln. Während andere von kleinauf jahrein, jahraus stundenlang am Klavier sitzen, um sich dieser Gnade würdig zu erweisen, und künstlerische Vollkommenheit anstreben, haben junge Fußballer ebenso viel Zeit in Leistungszentren zugebracht, haben mit großer Disziplin ihren Körper, ihre Schnelligkeit, ihre Kraft, ihre Bewegungsabläufe perfektioniert; und sie haben dabei auf viele Alltagsfreuden ihrer Altersgenossen verzichtet. Das alles verdient nicht weniger Respekt als der Übungsfleiß, den Künstler auf anderen Gebieten aufbringen – und so gibt es keinen Grund, Spitzenfußballer um die mit ihrer Kunst verbundenen Einkommen zu beneiden oder sie deswegen zu kritisieren!

So wie die Welt insgesamt, so hat sich auch die Welt des Fußballs im Laufe der letzten beiden Jahrzehnte verändert. Dies betrifft insbesondere die Entwicklung der Medien im Zeitalter der Digitalisierung. Durch die Multimedialisierung sind Fußballer der Topclubs nun überall gegenwärtig – im Fernsehen, auf Facebook, Instagram, in Illustrierten, Zeitungen, auf Plakatwänden und wo auch immer. Es ist auf diese Weise ein ganz neues Milieu des Profisports entstanden. Fußball ist ein Teil der Unterhaltungsbranche, und er ist so beliebt, dass es sich für alle Plattformen lohnt, ihn jederzeit und überall anzubieten. Weil so viele daran interessiert sind, läuft dieses Geschäft so gut, und weil es so gut läuft, führt es im Kreis der Topathleten – also in einer zahlenmäßig ganz kleinen Gruppe – auch zu stattlichen Gehältern. Die Spielereinkommen spiegeln also die Bedeutung dieser wenigen Spitzensportler für die Gesellschaft, für die Medien, für die Wirtschaft. Auch darf man einmal auf eine weitere Folge dieses großen Interesses an der Kunst der Topathleten hinweisen, und zwar auf die Erfolge anderer Branchen, die ganz beiläufig Nutzen ziehen aus den Leistungen der Topfußballer. Dabei denke ich etwa an Umsätze und Beschäftigungszahlen in der Baubranche (Stadien, Leistungszentren, Verwaltungsgebäude), im Handel (Fanprodukte), aber auch in der Hotellerie, im Gaststättengewerbe, bei Fuhrunternehmen und noch in weiteren Geschäftszweigen. Das ist ein mittelbarer, aber nicht zu unterschätzender Beitrag des Hochleistungsfußballs – ein Beitrag, der schmerzlich vermisst würde, wenn er, wie etwa in der Coronakrise, zurückginge. Wenn man sich das alles vor Augen hält, so sollte sich auch das Bild vom Fußballer als «Millionario» und von seinen Lebens- und Konsumgewohnheiten allmählich verändern.

Schließlich sollte man sich klarmachen, dass wir von jungen Leuten sprechen, die auf einmal vier, zehn oder fünfzehn Millionen Euro verdienen. Sie müssen selbstverständlich lernen, wie man mit Geld umgeht und wofür man es ausgibt. Aber sie fragen sich in diesem Alter natürlich, was in der Gesellschaft als attraktiv gilt. So kommt es, dass junge Spitzenverdiener in unserem Sport mit PS-starken Autos, teurer Kleidung und außergewöhnlichen Uhren auftreten. Das sind die Codes der Erfolgreichen, wie sie in den Medien Tag für Tag gezeigt werden. Weshalb also sollte man ausgerechnet jungen Fußballern übel nehmen, dass sie genau diesen Codes gerecht werden wollen? Sie sind immer noch dieselben, die am Wochenende von Zehntausenden im eigenen Stadion und von einer Millionengemeinschaft im Internet für ein tolles Tor oder eine großartige Abwehrleistung bejubelt und bewundert werden oder die man vielleicht sogar unter Tränen feiert, wenn sie in der Nationalmannschaft einen Pokal für das eigene Land gewinnen. Sie haben sich über ihre gesamte Jugend hin unablässig mit großem Einsatz ihre Stellung in der Sportunterhaltung und damit ihren Wohlstand erarbeitet – und wer den Fußball als unvergleichlich anspruchsvollen Sport kennt und um seine Risiken weiß, der weiß auch, wie schnell es mit Erfolg und Wohlstand vorbei sein kann. Im günstigsten Fall ist nach zehn oder fünfzehn Jahren in der obersten Leistungsklasse am Ende der Karriere ohnehin Schluss mit den Spitzeneinkommen. Wenn man all das in Rechnung stellt, scheint mir bei dem Thema Einkommen und Lebensführung von Fußballstars Entspannung angesagt.

12. Schiedsrichterball

Respekt

Bleiben wir noch ein wenig beim Thema Sozialverhalten: Der DFB hat in einer Studie zur Saison 2017/18 berichtet, dass im Amateurfußball 99,51 Prozent aller Spiele störungsfrei verlaufen sind.[1] Auf das problematische halbe Prozent, das hier fehlt, werde ich gleich zu sprechen kommen. Aber zunächst einmal finde ich es beachtlich, dass der Fußball als Breitensport mit seinen Regeln Millionen von Aktiven in Deutschland einen gemeinsamen Rahmen bietet und sie dazu anleitet, Woche für Woche zahllose Sportveranstaltungen ordnungsgemäß durchzuführen.

Dennoch kann natürlich keine Rede davon sein, dass alles super ist, wenn 667 Spiele wegen Gewalttätigkeiten oder Diskriminierungsvorfällen abgebrochen werden mussten; von den Pöbeleien, rassistischen Beleidigungen und körperlichen Übergriffen, die nicht zum Spielabbruch führten, ganz zu schweigen. Diese Auswüchse reichen bis in die untersten Jugendklassen. Es bleiben Menschen zurück, die verletzt sind. Das ist das Gegenteil des Fußballs, wie wir ihn für uns und unsere Kinder wünschen.[2]

Fehlende Achtung gegenüber dem Schiedsrichter verrät fehlende Reflexion. Man kann nicht ernsthaft glauben, dass dieses Spiel ohne Schiedsrichter möglich wäre. Es kann nicht funktionieren, dass 22 Spieler mit vollem körperlichem Einsatz über den Rasen jagen, um den Ball im gegnerischen Tor unterzubringen, und dann auf dem Sportplatz jede strittige Situation untereinander aushandeln. Wie viel Zeit von 90 Minuten bliebe dann noch für das Spiel selbst übrig? Dieser sportliche Wettkampf ist also ohne Unparteiischen unmöglich. Allein unter diesem Gesichtspunkt hat der Schiedsrichter jeden Anspruch auf Respekt. Es erübrigt sich zu betonen, dass seine persönliche Unverletzlichkeit eine absolute Grenze darstellt. Niemand hat das Recht, ihn zu beleidigen, zu bedrohen oder – was immer häufiger vorkommt – ihn gar körperlich anzugreifen. Wer so etwas tut, hat nichts in einem Stadion und erst recht nichts auf dem Fußballplatz selbst verloren.

Natürlich ärgert man sich gelegentlich über Schiedsrichterentscheidungen – besonders wenn sie zum Nachteil der eigenen Mannschaft getroffen werden. Aber wenn da mal etwas in der Beurteilung wirklich schiefgehen sollte, so gleichen sich diese Szenen in der Regel schon über die Dauer eines Spiels und ganz sicher während einer Saison ohnehin aus. Doch völlig unabhängig davon entschärft der Schiedsrichter durch sein Eingreifen immer wieder brenzlige Situationen zwischen ein paar Hitzköpfen, die, wenn sie hochkochen würden, jedes Spiel zerstören würden. Allein schon unter diesem Gesichtspunkt muss man dafür dankbar sein, dass es ihn als Schlichter von umstrittenen Situationen gibt!

Und was nimmt ein Unparteiischer nicht alles in Kauf dafür, dass er im günstigsten Fall respektiert wird – aber nur selten echte Wertschätzung erfährt! Über 50 000 ehrenamtliche Schiedsrichter sind in Deutschland aktiv. Die Aufwandsentschädigungen für sie sind übersichtlich – ab der 3. Liga betragen sie gerade einmal noch 750,– Euro pro Spiel und sinken bis in die Kreisklasse auf ein paar Euro zzgl. der Spesen für die Anfahrt.[3] Dafür aber reisen sie in den Unterklassen über die Dörfer, bis sie auch nur den Sportplatz gefunden haben. So engagieren sie sich aus innerer Überzeugung im Interesse des Sports und übernehmen Verantwortung für das Spiel im Ganzen, aber auch für den Schutz jedes einzelnen Spielers – um sich hinterher anhören zu müssen, wo sie, tatsächlich oder angeblich, Fehlentscheidungen getroffen haben.

Die Geringschätzung von Schiedsrichtern und die zunehmende Heftigkeit, mit der sie in den letzten Jahren angegangen werden, zeigt traurige Parallelen zu der Geringschätzung, die immer mehr Menschen erfahren, die andere Ehrenämter wahrnehmen oder etwa als Feuerwehrmänner und -frauen und Rettungssanitäter*innen unterwegs sind. Vielleicht würde es die Schiedsrichter stärken, wenn sie auch sich selbst stärker klarmachten, wie unglaublich wichtig ihre Tätigkeit und wie bedeutend ihr Ehrenamt für die Gesellschaft ist. Es könnte sein, dass so eine veränderte Selbstwahrnehmung auch eine Rückkopplung auf die Mitglieder in den Vereinen und die Zuschauer hätte. Sie leisten – ebenso wie Jugendwarte, Sportwarte, Zeugwarte – einen unverzichtbaren Beitrag dafür, dass Woche für Woche diese Sportart, die zig Millionen begeistert, überhaupt ausgeübt werden kann; nur durch sie werden die vielen Tausenden von Spielen überhaupt erst möglich. Sie sind mit ihrem Tun als unverzichtbare Akteure in diesem Sport Teil von etwas, das größer ist als sie selbst und ihre unmittelbaren Entscheidungen. Sie verdienen hohe Anerkennung, weil sie einen zentralen Beitrag für das Gemeinwohl leisten, ja, für die Erziehung von zahllosen Jugendlichen. Das Bewusstsein, in diesem Sinne gewissermaßen eine natürliche Respektsperson zu sein, ist aber wohl auch ihnen selbst allmählich abhandengekommen; sie haben jedoch wegen ihrer Verdienste um unseren Sport das Recht, diese Wertschätzung sich selbst zuzugestehen und sie von allen anderen, denen ihr Engagement nutzt, einzufordern.

Was würde denn geschehen, wenn an einem Wochenende – und vielleicht öfter als an nur einem Wochenende – die Schiedsrichter in diesem Land einmal geschlossen nicht antreten würden, weil sie keine Lust mehr hätten auf Verhöhnung und Gewalt, denen sie selbst oder ihre Kolleginnen und Kollegen immer wieder begegnen? Schiedsrichter im Saarland (September) und in Berlin (Oktober) haben 2019 mit in der Sache völlig berechtigten

Streiks gezeigt, welche Folgen das haben würde. Infolge dieses Ausstands wegen Dutzenden von vorangegangenen Übergriffen konnten allein in Berlin über 1500 Spiele nicht stattfinden.[4] Und was würde passieren, wenn sich Jugendliche mit 14 oder 15 nicht länger auf eine Ausbildung als Schiedsrichter einließen, weil sie damit rechnen müssten, irgendwo auf dem Land bei einem Kreisligaspiel von Zuschauern und Spielern beschimpft, bedroht und geschlagen zu werden?[5] Bald würde kein Spiel mehr unter regulären Bedingungen stattfinden können. All jene, die Unparteiische verunglimpfen, sollten sich einmal diese Aussichten vor Augen führen, wenn sie herabsetzend oder sogar feindselig gegenüber Schiedsrichtern auftreten. Sie sollten sich damit umso mehr auseinandersetzen, wenn sie selbst ihre Kinder in Sportvereine schicken, wo sie sie gut aufgehoben wissen wollen und im Spiel mit Mannschaftskameraden auch die Entwicklung ihrer sozialen Fähigkeiten erhoffen. Wie lässt sich das damit vereinbaren, wenn die Eltern mit ihrem Nachwuchs in Stadien stehen und aufs Spielfeld rufen: «Hau ihn um! Der Schiedsrichter ist ein Verbrecher!»? Wer so auftritt, ist kein Freund des Fußballsports. Er tritt die einfachsten und grundsätzlichsten Regeln unseres Sports mit Füßen und fördert seine Verrohung; er untergräbt die wichtigsten erzieherischen Ziele des Fußballs.

Dies gilt für die Bundesligastadien ebenso wie für die Sportplätze der Dorfvereine, wo ja nicht nur Spieler und Zuschauer, sondern mitunter auch die Vereinsvertreter aus der Rolle fallen und damit die Position der Schiedsrichter untergraben, bis sie irgendwann keinen mehr finden, der dieses Amt ausüben möchte. Und bei allem Wohlwollen für leidenschaftliche Trainer sollten auch sie sich klarmachen, was für ein schlechtes Vorbild – im Hinblick auf die Übertragung im Fernsehen sogar für ein Millionenpublikum – sie abgeben, wenn sie auf Schiedsrichter, Linienrichter oder den vierten Offiziellen einbrüllen. Erfrischend fand ich es übrigens, wie Bibiana Steinhaus als vierte Offizielle die Geste Pep

Guardiolas im Spiel von Gladbach gegen Bayern (26.10.14, 0:0) zurückgewiesen hat: Er hatte ihr allzu kumpelhaft die Hand auf die Schulter gelegt – aber auch die Hand eines großen Trainers hat dort nichts verloren, denn sie zeugt nicht von Respekt für die Schiedsrichterin.

Dass es unangemessenes Auftreten bis zu echten Auswüchsen im Verhalten von Spielern gibt, wenn sie gegen Schiedsrichterentscheidungen protestieren – maßlose Reaktionen, die nichts mit einem normalen Widerspruch zu tun haben –, ist ebenso abzulehnen. Meist sind allerdings weniger die Aktiven das Hauptproblem für einen Unparteiischen – wobei es allerdings leider geradezu unglaubliche Ausnahmen von dieser Regel gibt.[6] Spieler haben nämlich grundsätzlich verinnerlicht, dass der Schiedsrichter gewissermaßen ein Neutrum ist – was er seinem Amt nach ja auch sein sollte. Als Person ist er für die Spieler unantastbar, wenn man sich nicht allerschwerste Konsequenzen einhandeln will. Was die Haltung gegenüber dem Unparteiischen anbelangt, ist vielmehr zunehmend die nachlassende soziale (Selbst-)Kontrolle auf den Sportplätzen der unteren Ligen zum Problem geworden. Zuschauer sollten nicht unterschätzen, wie sehr sie auch die Stimmung der Spieler auf dem Platz anheizen, wenn sie gegen den Unparteiischen oder gegnerische Spieler hetzen. Ich würde mich schämen, wenn ich mich auf dem Dorf in einer kleinen Zuschauergruppe so danebenbenommen hätte, dass ich dafür von Bekannten am Spielfeldrand zurechtgewiesen worden wäre. Wenn Grenzen überschritten werden, gehen mitunter Ordner dazwischen, die zu zweit mit einer Binde am Arm während des Spiels den Platz umkreisen. Aber inzwischen hat auch deren Zahl abgenommen, weil kaum einer mehr dieses Amt wahrnehmen möchte. Wenn du aber keinen aus der eigenen kleinen Gemeinschaft findest, der dieses Ehrenamt übernimmt, dann regeln sich solche Situationen leider oft nicht mehr von selbst. Es macht eben schon einen großen Unterschied, ob du in dem Ord-

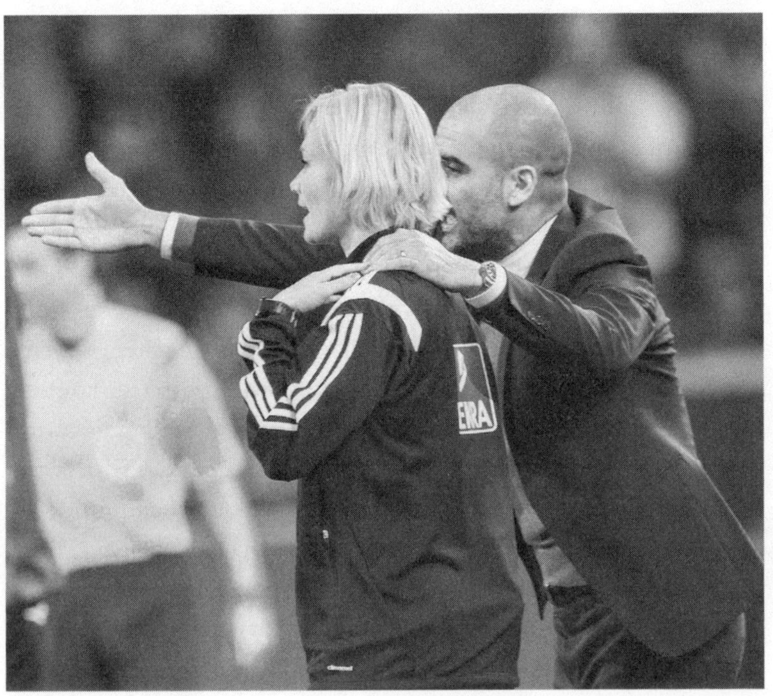

Abb. 6: Bibiana Steinhaus wischt die Hand von Pep Guardiola von ihrer Schulter – er ist aufgeregt, sie bleibt cool.

ner den eigenen Nachbarn erkennst, dem du morgen nicht begegnen willst, weil du heute ausfällig geworden bist, oder irgendeinen Unbekannten, den man für ein paar Euro engagiert hat. Man erkennt in dem anderen keinen Teil der eigenen Gemeinschaft mehr, und wenn man «nur einen Fremden» sieht, sinkt die Hemmschwelle, in unverschämter Weise gegenüber dem Schiedsrichter aufzutreten. In dem gleichen Maße, in dem die Zahl derer, die sich nicht zu benehmen wissen und Ärger machen wollen, gestiegen ist, ist die Zivilcourage zurückgegangen. Eine gefährliche Entwicklung, nicht nur für unseren Sport!

Von der Fehlbarkeit und ihren Folgen

Schiedsrichter sind Menschen. Als Menschen muss man ihnen zugestehen, dass sie Fehler machen. Und da sie für die Durchführung eines Fußballspiels unverzichtbar sind, muss man auch in dieser Hinsicht ihre Fehlbarkeit in Kauf nehmen, weil wir sonst unseren Sport vergessen können. Allerdings leitet der Spieler aus der Tatsache, dass Unparteiische Fehler machen, für sich das Recht ab, gegen seine Entscheidung protestieren zu können. Das ist grundsätzlich auch völlig in Ordnung. Die Frage ist nur, was es bringt und wie der Protest wirkt. Dass ein Schiedsrichter allein auf einen Protest hin eine Entscheidung zurücknimmt, hat man wohl noch nie erlebt. Aber an dessen geistigem Auge zieht die Situation noch einmal vorüber, und möglicherweise steigt in ihm tatsächlich das Gefühl auf, dass die Tatsachen anders gewesen sein könnten als seine Entscheidung. Das wirkt in ihm nach – und zwar umso mehr, als es ja durchaus Auslegungssache ist, ob ein Tackling wirklich ein Foulspiel war. Immerhin ist Fußball eine Kontaktsportart. So ist weder der Protest eines Spielers gegen die Beurteilung seiner Aktion als Foul für sich genommen verwerflich noch das Beharren des Unparteiischen auf seiner Entscheidung.

Für mich ist es letztlich eine Frage der Form, wie man beim Schiedsrichter protestiert. Natürlich musste ich als Mannschaftskapitän mit Schiedsrichtern sprechen – je nachdem auf Deutsch oder auf Englisch, was sich bei internationalen Spielen durchgesetzt hat. Das war Teil meines Amtes. Aber wenn man das als Mannschaftskapitän macht, der seine Sichtweise vorbringt, ist es etwas anderes, als wenn sich ein Pulk von Spielern schreiend auf den Referee stürzt. Aus solchen Aktionen habe ich mich möglichst rausgehalten oder zurückgezogen; das war nicht meine Methode. Zuhören, zusehen, aber nicht mitmachen! Ich habe zwar in solchen

Situationen meist meine Mitspieler in ihren Emotionen verstanden, aber daraus nicht den Schluss gezogen, in diese Art von Protest einstimmen zu müssen. Wenn der Schiedsrichter in so einer bedrängten Lage gelbe oder gar gelb-rote Karten verteilt, gehört das zu seiner Entscheidungskompetenz – ja, bei einem Spiel von Jugendmannschaften gehört es sogar zu seinem erzieherischen Auftrag gegenüber Leuten, die ihre Gefühle nicht im Griff haben und die er disziplinieren muss. Die einen lernen was daraus – die anderen nicht. Den ausgebliebenen Lerneffekt kann man dann später auch noch bei den Profis beobachten, wenn sie mit Gelb-Rot zum Duschen geschickt werden.

Grundsätzlich sollte man einem Schiedsrichter zugestehen, dass er nach seiner Ausbildung – die der Qualität von Spielerausbildungen in nichts nachsteht – durchaus seine Aufgabe ordentlich erfüllen kann, die Spielregeln anzuwenden. Auch Unparteiische haben in Jugendmannschaften ihren Weg genommen. Viele sind gleichfalls in Ausbildungs- und Leistungszentren gewesen; und auch sie müssen in ihrer Entwicklung als Schiedsrichter bereits in jungen Jahren mindestens Regionalligaspiele gepfiffen haben, wenn sie es später bis in die höheren Ligen schaffen wollen. Insofern gibt es selbstverständlich Parallelen zum Werdegang von Spitzenfußballern. Die Unparteiischen haben zudem ebenso wie die Spieler Altersgrenzen, bis wann sie ihre Qualität unter Beweis gestellt und sich haben durchsetzen müssen. Selbstverständlich wird ihre Leistung von Verbandsvertretern der Schiedsrichterausbildung regelmäßig beobachtet und begutachtet. Auch das sollten sich die Zuschauer klarmachen, die ihre eigene Meinung höher schätzen als die Entscheidung von Schiedsrichtern.

Die technische Verbesserung von Schiedsrichterentscheidungen

Entscheidend bei der Beurteilung eines Schiedsrichters ist, ob er im besten Sinne des Wortes ein Unparteiischer ist. Der beste Schiedsrichter ist der, über den man nicht spricht, weil er mit seiner Autorität das Geschehen auf dem Platz beherrscht, selbst aber praktisch unsichtbar bleibt. Wer das leistet und sorgfältig seine Pflicht erfüllt, hat meine größte Hochachtung. Daher bin ich auch kein großer Fan von Schiedsrichtern, die sich selbst in Szene setzen – weder auf dem Platz noch neben dem Platz –, auch wenn sie starke Erscheinungen sind und große Ausstrahlung haben.

Ein guter Schiedsrichter lenkt das Spiel unauffällig und trifft seine Entscheidungen souverän und zeitnah zum Geschehen. Wenn wir bereit sind, diese Rolle des Unparteiischen anzunehmen, können wir auch hinnehmen, wenn ihm ein Fehler unterläuft. Der Verweis auf heutige technische Möglichkeiten, die helfen, alles viel genauer und besser zu beurteilen als der Schiedsrichter, der doch nur mit seinen eigenen Augen sieht und dann nach bestem Wissen und Gewissen pfeift, ist billig. Zunächst sollte man sich klarmachen, wie viel oder, besser gesagt, wie wenig tatsächlich in einem normalen Spielverlauf von einem Schiedsrichter abhängt, wenn man das alles im Verhältnis zu den Schwächen von Spielern sieht, die sich zwar in einzelnen Situationen benachteiligt fühlen, aber tatsächlich einfach an der eigenen mangelnden Technik und fehlendem taktischem Verständnis, vor allem aber an einem überlegenen Gegner scheitern. Dann sollte man sich fragen, was man in Kauf nehmen würde, wenn man alle Spielsituationen, die man so oder so auslegen kann, mit technischer Hilfe nachbearbeiten und dann erst entscheiden wollte. Dass der VAR (Video Assistant Referee) weder immer zu nachvollziehbaren Entscheidungen noch stets zu einer Beruhigung der Gemüter, noch zu Rechtssicherheit auf dem Platz führt, hat beispielsweise der Einsatz des Videobeweises in dem Spiel von SV Wehen Wiesbaden gegen Dynamo Dresden (0:1) gezeigt. Dabei hat ein Regelverstoß der Dresdener das Ergebnis zum *Nachteil* der Wehener beeinflusst, als der Schiedsrichter sich das Video angeschaut hat; hätte die zuvor sinnvollerweise getroffene Schiedsrichterentscheidung Bestand gehabt, so wäre das Ergebnis ein Unentschieden gewesen.[7] Dieses Spiel «endete» sogar erst vor dem Sportgericht des DFB.

Meiner Auffassung nach steht der VAR dem Fußballspiel in seiner unglaublichen Dynamik, in seiner hohen Geschwindigkeit, in seinem hinreißenden Fluss – kurz in all dem, was seinen besonderen Reiz ausmacht – entgegen. Er wird ihm nicht gerecht, weil sein Einsatz immer wieder das Tempo rausnimmt, Verzögerungen und Unterbrechungen bringt – so ist er ihm weder gewachsen noch angemessen. Der Preis, den wir also für all das zu zahlen bereit sein müssen, was uns an diesem Sport begeistert, ist tatsächlich auch mal die Möglichkeit einer Fehlentscheidung, eines verlorenen Spiels, eines Ausscheidens aus einem Wettbewerb und vielleicht sogar einer verlorenen Meisterschaft – aber wir bewahren damit den Fußball in seiner ganzen Unvergleichlichkeit. Jeder, der an dem Spiel teilnimmt – ob als Spieler, Trainer, Fan oder Funktionär –, willigt nach meiner Auffassung von vornherein darin ein, dass sich aus dem sportlichen Wettkampf der Faktor Mensch nicht rausrechnen lässt – nicht aus den Spielern, nicht aus den Schiedsrichtern.

Bereits bei der Frage, ob im Spielfluss die Entscheidung, ob ein Foulspiel vorgelegen hat oder nicht, an eine technische Instanz abgetreten werden soll oder nicht allein in der Hand des Schiedsrichters und seines Teams auf dem Platz bleiben soll, zögere ich. Steigt damit wirklich die Objektivität einer Entscheidung? Wohl kaum, da es ja nach wie vor um die *Auslegung* einer Aktion im Rahmen einer Kontaktsportart geht. Wenn immer wieder Schiedsrichter von ferne an den Spielfeldrand bestellt werden, um sich eine Szene in der Konserve anzuschauen, so werden wir wahrscheinlich Schiedsrichter bekommen, die grundsätzlich ihrer eigenen Auslegung einer Spielsituation nicht mehr vertrauen. Bis jetzt aber sind Schiedsrichter und Linienrichter eine eingespielte Truppe, die während des gesamten Spielverlaufs über Funk vernetzt gemeinsam agieren – übrigens auch der vierte Offizielle, der den Schiedsrichter im Hinblick auf das Einhalten der Regeln am Spielfeldrand unterstützt, was der Unparteiische nicht auch noch leisten könnte. Dieses Team wird ein grobes, den Spielverlauf beeinflussendes Foulspiel – so viel Vertrauen habe ich in ein Schiedsrichterteam – in der weit überwiegenden Mehrheit aller Fälle nicht übersehen. Und die Tatsache, dass jeder Spieler weiß, dass Fernsehkameras jede einzelne seiner Aktionen dauernd im Blick haben, hat bereits hinreichend große Wirkung; es ist ihm damit nämlich klar, dass er sich tückische Fouls auch im Rücken des Schiedsrichters gar nicht leisten kann, ohne eine harte Disziplinarstrafe fürchten zu müssen, die jederzeit auch nach Spielende gegen ihn verhängt werden kann.

Und wie sieht es mit der Handentscheidung im Strafraum aus? Manchmal hat man den Eindruck, dass selbst ganz ausgezeichnete Spieler im Strafraum gar nicht erst den Torschuss versuchen, sondern den Ball lieber mit großer Genauigkeit gegen die Hand des Gegners schießen. Warum? Weil damit eine Situation geschaffen wird, die zwingend nach einer Auslegung verlangt. Darüber muss der Schiedsrichter jedoch auch aus der Situation heraus entscheiden können. Heutzutage aber wird er an den Spielfeldrand zitiert, um sich das Geschehen noch einmal anzuschauen und seine Auslegung nachzuschärfen. Doch selbst wenn er in der Aufzeichnung den Ball unbestreitbar am Arm sieht, so hat er doch nicht mehr die gesamte Situation in ihrer Dynamik vor sich, die sich in Sekundenbruchteilen vollzogen hat, als der Verteidiger vielleicht gerade Tempo aufgenommen hatte und deswegen den Arm aus der Bewegung heraus gar nicht so schnell wegbringen konnte, wie der andere draufgehalten hat. Diese Situation setzt sich aus so vielen Elementen zusammen, dass ein Video sie nicht unbedingt durchsichtiger macht; vielmehr muss sich der Schiedsrichter auf sein eigenes Erleben, seine Erfahrung und, daraus folgend, auf seine ureigene Auslegung verlassen können.

Das Gleiche gilt für die Frage, wenn ein Stürmer im Strafraum nach dem Kontakt mit einem Verteidiger zu Fall kommt. Ein Kontakt, eine Berührung, ist nicht zwingend gleichbedeutend mit einem Foul. Muss der Angreifer fallen, wenn ihn ein Verteidiger berührt? Oder geht die Geschichte eher in Richtung «Schwalbe»? Die «Schwalbe» ist nichts, was man im Training übt. Sie ist vielmehr Teil des Repertoires eines Spielers, gewissermaßen seines Bewegungstalents – der eine ist in dieser Hinsicht geschickter, der andere nicht. Auch in dieser Hinsicht muss der Schiedsrichter grundsätzlich die Freiheit der Auslegung haben, weil es ja um die Höchststrafe im Spiel geht: Die Wahrscheinlichkeit, einen Elfmeter zu verwandeln, der wegen Handspiels oder Foulspiels verhängt wird, liegt bei etwa 80 Prozent. Die Verantwortung eines Schiedsrichters ist also außerordentlich groß, wenn er die Elfmeterentscheidung trifft – und sie ist ebenso groß, wenn er sie verweigert, weil er weiß, dass nun alle Medienvertreter auf den Videobeweis starren und ihre eigene Deutung der Bilder dem Publikum vortragen. Die Souveränität der Schiedsrichter, die für das Erkennen solcher Situationen und ihre sachgemäße Bewertung ausgebildet wurden, muss gerade angesichts der öffentlichen Erwartungshaltung gestärkt werden; die letzte, freie Entscheidung muss beim Schiedsrichter bleiben. Der Nutzen eines Videos als vermeintlich unbezweifelbares Mittel zur Absicherung der Entscheidungen eines Unparteiischen scheint mir daher bereits im Ansatz zweifelhaft.

Und ganz sicher brauchen wir solch eine Technik nicht dafür, um Betrügereien in den Reihen der Schiedsrichter zu entlarven, wie der Fall Robert Hoyzer gezeigt hat. Dessen Machenschaften konnten auch ohne all das aufgedeckt werden. Wer derart sachfremde Entscheidungen im Spiel trifft, gerät unweigerlich auf den Radar der Spielbeobachter. Der Betreffende stünde nach einem Bundesligaspiel vor hundert Journalisten und würde sich rechtfertigen müssen. Das geht keine zwei Spiele gut, dann fliegt der Betreffende auf – in den Unterklassen mag es vielleicht etwas länger «funktionieren», wird aber auch dort auf lange Sicht keinen Bestand haben. Die Branche und das Umfeld kennen in solchen Fällen auch das Milieu, in dem die Betreffenden unterwegs sind, und wissen, mit wem sie Umgang haben, ob sie zocken, ob sie Schulden haben usw., so dass diese Leute sich selbst entlarven.

Wenn wir uns also Gedanken wegen des Einsatzes technischer Hilfsmittel bei der Entscheidungsfindung auf dem Fußballplatz machen, so stellen wir eher schon eine ganz grundsätzliche Frage: Wie viel Raum wollen wir dem menschlichen Ermessen nehmen, und wie viel Raum wollen wir der Technik zugestehen? Mir scheint der Einsatz von Technik sinnvoll, solange sie unterstützend, nicht aber entmündigend wirkt. Wollte man die Bedeutung der Technik verabsolutieren, müsste konsequenterweise am Ende die Überlegung stehen, ob man nicht den Schiedsrichter komplett durch technische Überwachungseinrichtungen ersetzen sollte. Würden doch klug programmierte Computer möglicherweise das Einhalten aller Regeln in jeder Phase des Spiels noch viel besser gewährleisten als ein Mensch und seine Gehilfen. Solche Maschinen wären eine absolute Macht von unbezweifelbarer Autorität – und um sie zu verkörpern, lassen wir dann nur noch ein Hologramm über den Platz laufen, das aussieht wie ein Mensch. Wenn wir tatsächlich zu diesem Schritt bereit sein sollten, käme vielleicht auch jemand auf den Gedanken, dass es für einen hochklassigen Spielverlauf doch noch viel besser wäre, die Künstliche Intelligenz gleich auch auf die Spieler und ihre Verbesserung zu übertragen. Bestimmte Flanken dürfte ein Avatar doch viel präziser schlagen als ein Mensch. Am Ende haben wir dann ein Computerspiel, in dem die Programmierer gegeneinander antreten – ein E-Game, aber keinen menschlichen Sport mehr. Ich teile also in dieser Frage die Meinung von Schiedsrichter Manuel Gräfe, dass der VAR dem Fußball «die Seele raubt».[8] Allerdings muss ich jenen, die andere Lösungen bevorzugen, gestehen, dass es mich auch mehr interessiert, wenn ich in der Zeitung über die Spiele von Magnus Carlsen gegen Viswanathan Anand lese, als wenn dort berichtet wird, dass irgendein seelenloser Supercomputer gegen einen Menschen im Schach gewonnen hat.

Es ist also, wie ich mit dieser Zuspitzung deutlich machen möchte, der Folgenreichtum, der sich aus dem Gedanken der technischen Machbarkeit ergibt, vor dem ich zurückschrecke. Dann ist es mir lieber, ich habe in einem Spiel, das in seiner Einfachheit und Schönheit von Menschen erdacht wurde, auch weiterhin nur Menschen, die in all ihrer Fehlbarkeit als Akteure auftreten. Der Mensch soll auf dem Fußballplatz das Maß der Dinge bleiben. Die Alternative finde ich nicht wünschenswert.

Es gibt allerdings tatsächlich eine Ausnahme, die ich mache, und die betrifft die Frage, ob ein Ball im Tor war oder nicht. Das muss meines Erachtens zweifelsfrei festgestellt werden, weil es sich in diesem Punkt um das Ziel des Spiels handelt – ist es erreicht worden oder nicht? Ich nehme jedoch mit Hochachtung zur Kenntnis, dass einer der ganz Großen der deutschen Fußballgeschichte sich zeit seines Lebens gegen das Hawk-Eye ausgesprochen hat: Hans Tilkowski stand an jenem 30. Juli 1966 beim WM-Endspiel Deutschland–England im Tor, als Geoff Hurst in der 101. Minute den Ball an die Unterkante der Latte donnerte, der von dort aber eben nicht *hinter*, sondern knapp *vor* die Torlinie sprang. Doch der schweizerische Schiedsrichter Dienst hörte auf seinen sowjetischen Linienrichter Bachramow, der den Ball im Tor gesehen hatte – 3:2; der Rest ist Geschichte. Hätte es damals die moderne Torlinientechnik gegeben, wäre dieses Tor nicht gegeben worden und Tilkowski vielleicht als Weltmeister vom Platz gegangen. Aber selbst diese Fehlentscheidung hat ihn nie in seiner ablehnenden Haltung beirrt, was das Hawk-Eye betrifft.

Für ihn selbst sollte die Tatsache, dass es zu seiner Zeit noch keine solchen technischen Möglichkeiten gab, ein bittersüßes Ende haben: Die Fans werden, solange es unseren Sport gibt, von dem legendenumwobenen Wembley-Tor und in Verbindung damit auch immer von dem beeindruckenden Sportsmann Hans Tilkowski (1935–2020) sprechen.

13. Stadionzeitung als Halbzeitlektüre

Europas Stellung im Fußball – Geschichte und Geschäft

Der Fußball hat eine spannende Geschichte, die bereits über 150 Jahre zurückreicht. Wer sie verfolgt, versteht auch, wieso der Fußball in Europa heute weltweit eine so herausragende Stellung einnimmt: Nicht lange nachdem dieser Sport in den 30er Jahren des 19. Jahrhunderts in den großen englischen Schulen Eton, Westminster, Charterhouse und Harrow aufkam und 1862 der Spielablauf mit den berühmten Cambridge-Regeln vereinheitlicht wurde, hielt er auch in Deutschland Einzug. 1878 wurde in Hannover der erste deutsche Fußballverein gegründet; die erste deutsche Meisterschaft gewann im Jahr 1903 der VfB Leipzig.

Wer sich die Vereinsnamen heutiger Fußballclubs wie beispielsweise 1860 München, Tasmania 1900 Berlin, Schalke 04, Eintracht Trier 05, BVB 09 anschaut, erkennt sogleich, dass der Fußball in Deutschland auf ein gut vorbereitetes Umfeld traf. Denn seit der ersten Hälfte des 19. Jahrhunderts hatte man hierzulande begonnen, sich in Vereinen zu organisieren, um Sport zu machen. So wusste man, wie Vereinsstrukturen auszusehen hatten, in denen seit der Jahrhundertwende auch die neuen Fußballvereine aufblühen konnten – soweit der Fußball nicht einfach als neuer Ableger in alten Turnvereinen betrieben wurde.

Am 28. Januar 1900 wurde in Leipzig der Deutsche Fußballbund gegründet, und bald wurden auch schon die ersten internationalen Spiele ausgetragen. Dass es unter den «Gründervätern» des Fußballs einen «relativ hohen Anteil an Männern von Bildung»[1]

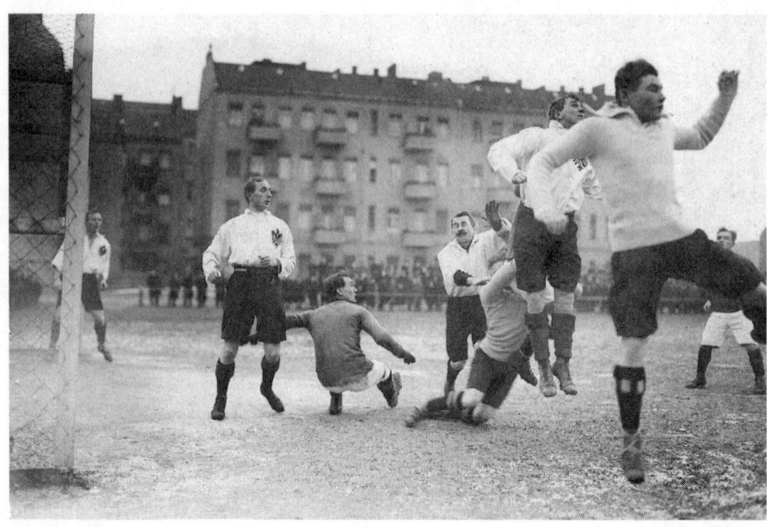

Abb. 7: Szene aus einem Fußballspiel in Berlin (vermutlich aus dem Jahr 1906) zwischen BFC Preußen und Viktoria 89.

gab – Juristen, Ärzte, Sprachlehrer, Journalisten, Universitätsprofessoren, höhere Verwaltungsbeamte, Offiziere, Architekten, Ingenieure, Schriftsteller und Künstler –,[2] war gut für die Verbreitung dieses Sports in der Bevölkerung. Da es vergleichsweise wenig Material brauchte, um Fußball zu spielen, und dieser Mannschaftssport von einer größeren Anzahl von Menschen betrieben werden konnte, eignete er sich in besonderer Weise als Breitensport. Als solcher bot er eine gesunde und spannende Freizeitunterhaltung für das Volk, für das aufwendigere und teure Einzelsportarten aus naheliegenden Gründen nicht in Frage kamen.

Um die Jahrhundertwende und während der ersten Jahrzehnte des 20. Jahrhunderts war die europäische Gesellschaft in weiten Teilen militaristisch und nationalistisch gesinnt. Daher kam dem Fußball wie dem Sport insgesamt noch eine andere Funktion zu: Dass man ihn mit so viel Sympathie begrüßte, hing eben auch mit der Erwartung der politischen Führung zusammen, mit der

Leibesertüchtigung zugleich die Kampf- und Wehrbereitschaft der Bevölkerung in den verschiedenen Staaten zu heben.

All diese Einflüsse und Beweggründe zusammengenommen führten dazu, dass in Europa und auch ganz konkret in Deutschland der Fußball früh auf Stadt-, Regional- und Landesebene organisiert wurde. Man lernte bereits im ersten Jahrzehnt des 20. Jahrhunderts, Wettbewerbe, Spiele und Turniere auszurichten und diesen Veranstaltungen eine dauerhafte Struktur zu geben. Ein wichtiges Datum in dieser Entwicklung war das Jahr 1908; damals stiftete Seine Kaiserliche und Königliche Hoheit Prinz Wilhelm von Preußen den sogenannten Kronprinzenpokal. Hier wird deutlich, dass die Regierenden damals schon erkannt hatten, wie populär der Fußball in weiten Teilen der Bevölkerung geworden war. Die Begeisterung dafür wuchs in dem Maße weiter, wie sich Arbeiter in ihren Sportvereinen dieses Mannschaftssports annahmen.[3] Die Entwicklung des Fußballs wurde zudem dadurch gefördert, dass die räumliche Nähe von Städten und insbesondere das Zusammenwachsen von Ballungsräumen wie dem Ruhrgebiet die Durchführung von Wettbewerben begünstigten. Daran sollte sich in den Zeiten der Weimarer Republik (Bundespokal 1919–1933) und auch während des Nationalsozialismus (Reichsbundpokal 1935–1942) nichts mehr ändern.

Politisch war Deutschland nach dem Zweiten Weltkrieg zwar geteilt, aber in seiner Hingabe an die «Weltanschauung Fußball» blieb es geeint: Im Westen verfügte im Jahr 1967 der Deutsche Fußballbund über 15 786 Vereine mit rund 2,5 Millionen Mitgliedern, die – einschließlich der Jugendklassen – in 78 452 Mannschaften antraten. Im Osten hatte der Deutsche Fußballverband im selben Jahr 5098 Vereine und 26 941 Mannschaften, auf die sich rund 395 000 Spieler aufteilten.[4] Die Zahl der Fußballbegeisterten, die damals an jedem Wochenende zu den Spielen ihrer Mannschaften pilgerten oder sie an Rundfunk- und Fernsehgeräten verfolgten, war noch viel größer. Als die Brüder aus dem

Osten die Brüder aus dem Westen bei der WM 1974 am 22. Juni im Hamburger Volksparkstadion mit 1:0 besiegten, weil der Magdeburger Jürgen Sparwasser um 21.04 Uhr den Bayern Sepp Maier überwand, zählte man rund 60 000 Besucher im Stadion;[5] die Einschaltquoten lagen beim Westfernsehen jedoch bei sensationellen 68 Prozent – so viel schaffte sonst nur die «Peter-Alexander-Show».[6]

Diese Begeisterung für den Fußball bietet bis heute hierzulande die Basis für einen enorm hohen Organisationsgrad unseres Sports. Das begünstigt wiederum eine nachhaltige Jugendarbeit. Noch vor wenigen Jahrzehnten kam der Nachwuchs der meisten Clubs aus der eigenen Jugend oder aus den Jugendabteilungen von Vereinen in der eigenen Region. Weltgegenden, in denen solche Entwicklungen nie stattgefunden haben und in denen diese Strukturen nie gewachsen sind – wie etwa in Malaysia –, interessieren sich heute zwar kaum weniger für den Fußball als wir Europäer; dort aber gilt das Interesse fast ausschließlich dem Profisport, während die Jugendarbeit vernachlässigt wird.

Dennoch geraten diese Länder und Kontinente zunehmend in den Fokus europäischer Vereine – und zwar gerade der Spitzenclubs. Dorthin wird europäischer Fußball als Spitzenprodukt über die neuen Medien exportiert. Die Führung in diesem Geschäft haben englische Clubs übernommen. Die Reisen ihrer Spitzenteams in ferne Weltgegenden sind nicht als Maßnahmen der Entwicklungshilfe misszuverstehen. Wir werden gleich noch ausführlicher darauf zu sprechen kommen. Sie dienen vielmehr der optimalen Durchdringung des TV-Marktes und dem Merchandising von Fanartikeln. Dem widerspricht nicht, dass es auch Talente von dort in Europas Topvereine schaffen. Aber dass eben Europa der Traum aller Talente bleibt, ist traurigerweise die Folge davon, dass sie in ihrer eigenen Heimat mit ihrer Kunst wenig erreichen und sich damit in wirtschaftlicher Hinsicht keine Zukunft aufbauen könnten. Europa ist die Topadresse des Weltfußballs und damit ein attraktiver Markt für Talente. Wer etwas werden will im Fußball, kommt hierher, um sich durchzusetzen und überhaupt die Chance auf eine Karriere zu bekommen. Diese Anziehungskraft ist aber eine unmittelbare Folge der zu Beginn dieses Kapitels beschriebenen, über einhundert Jahre währenden Entwicklungen unseres Sports in Europa. Ein vergleichbarer Prozess hat in anderen Weltgegenden nicht stattgefunden.

Besonders gut lassen sich dieser Strukturmangel und die damit einhergehenden Folgen für eine nachhaltige Entwicklungsarbeit am Beispiel Afrikas zeigen. Dieser Kontinent, dessen Fußball in der *Confédération Africaine de Football* (CAF) organisiert ist, bringt ausgezeichnete Spieler hervor. Doch ihre Durchsetzung in die Weltspitze geschieht regelmäßig erst, wenn sie in eine der europäischen Ligen wechseln. Als Beispiele mögen zwei Topspieler wie Didier Drogba (Elfenbeinküste/Chelsea) oder Samuel Eto'o (Kamerun/FC Barcelona bzw. Inter Mailand) genügen. Es mag «Hotspots» mit tollen Vereinen in Afrika geben – wie etwa in den Staaten Senegal, Tunesien, Ghana, Nigeria, Elfenbeinküste oder Kamerun; aber es gibt dort nicht die Strukturen (etwa mit der Vielzahl unserer Leistungszentren und dem hochorganisierten Trainingsbetrieb), wie sie in europäischen Verbänden selbstverständlich sind, in denen sich dann in einem Land in großer Dichte erstklassige Clubs entwickeln würden. Wo die Konkurrenz so groß ist wie in europäischen Ligen – etwa in England, Italien, Spanien, Deutschland, Frankreich –, da entsteht auch im Weltmaßstab Spitzenfußball. Wo das nicht der Fall ist, bleiben solche Entwicklungen aus.

Dass ganz besonders viele afrikanische Talente angesichts dieser Situation gerade nach Frankreich aufbrechen, hängt mit der Kolonialgeschichte des Landes zusammen: Algerien, weite Teile Marokkos, Tunesien, aber auch Gebiete der heutigen Staaten Senegal, Niger, Mali, Elfenbeinküste, Togo und zudem von Gabun, der Republik Kongo, dem Tschad und der Zentralafrikanischen Republik – um nur einige zu nennen – gehörten zum französischen Kolonialreich. Auch wenn diese Länder nun schon lange unabhängige Staaten sind, spricht man dort immer noch Französisch und unterhält kulturelle Beziehungen zur früheren Kolonialmacht. Das macht den französischen Spielermarkt zu einer ersten Anlaufstelle für afrikanische Fußballer aus diesen Regionen; von dort aus ziehen einige dann weiter über den Kontinent.

Wenn man weiß, wie wichtig der Fußball als Breitensport für Kinder, Jugendliche und Heranwachsende sein kann, um in diesem Sport für das ganze Leben zukunftsweisende persönliche Entwicklungen zu durchlaufen – Achten auf die Gesundheit, Leben in der Gemeinschaft, Erfüllung von Pflichten, Beachten von Regeln, Erfolg im Team –, wünscht man sich, dass diese Chance, gerade in Afrika Teilhabemöglichkeiten zu schaffen, stärker als bisher von europäischer Seite gefördert wird. Bei den Förderungsangeboten sollte man allerdings so vorgehen, dass sie auf der anderen Seite keine Erinnerung an die Kolonialzeit wachrufen. Ich selbst bemühe mich im Rahmen meiner Stiftungsarbeit, Menschen, mit denen ich in Afrika zu tun habe, spüren zu lassen, dass ich sie als Partner auf gleicher Augenhöhe wahrnehme.

Was für die eingeschränkten Möglichkeiten gilt, als afrikanisches Talent unmittelbar vom eigenen Kontinent aus in die Weltspitze des Fußballs vorzustoßen, gilt interessanterweise in mancherlei Hinsicht auch für Südamerika. Zwar gibt es dort einige wenige Clubs, die vergleichbar gute Strukturen wie in Europa aufweisen, um den Nachwuchs zu entwickeln – Leistungs- und Ausbildungszentren –, aber der Weg dieser Talente in die Weltspitze führt doch mit schöner Regelmäßigkeit über Portugal und Spanien. Dort sind die Sammelbecken des süd- und mittelamerikanischen Topnachwuchses.

In Asien – speziell in Japan und Südkorea – hat der Fußball enorm aufgeholt. Dazu haben in Südkorea zahlreiche Firmen wie beispielsweise Hyundai einen erheblichen Beitrag geleistet.[7] Dass

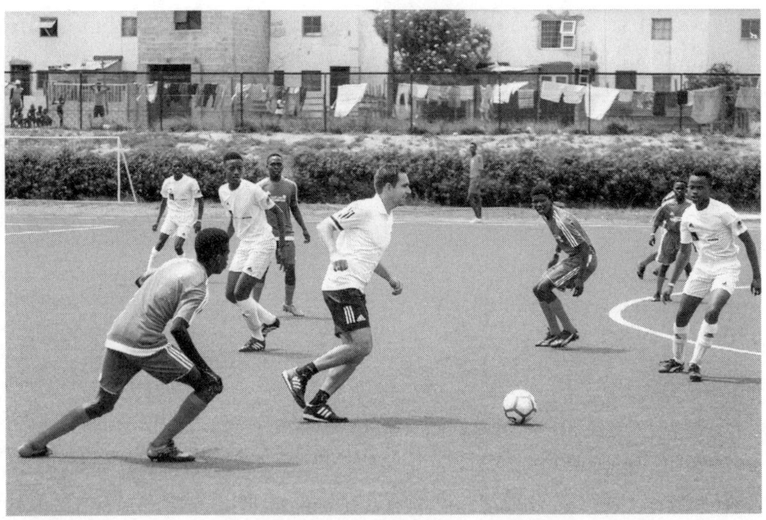

Abb. 8: Diese Aufnahme entstand im Februar 2019, als Philipp Lahm den *Philipp Lahm Sports Ground* in Philippi (Südafrika) einweihte. Die finanzielle Unterstützung des regelmäßig angebotenen Sportprogramms ermöglicht nicht nur die Anschaffung des erforderlichen Materials und die dauerhafte Beschäftigung von Trainern im Center. Wichtiger noch sind die positiven Effekte, die der Mannschaftssport zeitigt: Im Verein lernen Kinder und Jugendliche Disziplin, Respekt und Teamgeist. Sie machen die Erfahrung, sich in eine Gruppe zu integrieren und gemeinsam Ziele zu erreichen, wenn man sich an Regeln hält und Konflikte friedlich und fair löst. Ganz besonders wichtig ist es, das Selbstbewusstsein der Jugendlichen zu stärken, um sie widerstandsfähiger zu machen gegen Gang-, Drogen- und Alkoholeinflüsse. So verfolgen *iThemba Labantu* und die *Philipp Lahm-Stiftung* mit dem Projekt «Soccer in Philippi» gemeinsame Bildungsziele, um Kindern aus dem Township Perspektiven für ihr Leben zu eröffnen.

diese beiden Länder den Anschluss gefunden haben, scheint interessanterweise auch mit der Bereitschaft zusammenzuhängen, Fußball als Kontaktsportart mit der erforderlichen körperlichen Robustheit zu begreifen und zu betreiben. Das ist dort viel ausgeprägter als in China, wo die fußballerische Entwicklung merklich langsamer und erst allmählich auf Touren kommt. Diese Einschränkung ändert aber nichts daran, dass China einen bedeutenden Wachstumsmarkt für europäische Clubs darstellt, die dort ihr

Merchandising zu neuen Höhen führen und vor allem ihre Medienrechte gewinnbringend vermarkten. Auf einem globalisierten Markt sind Weltfußball und Weltwirtschaft ebenso wenig unabhängig voneinander zu denken wie Weltfußball und Weltpolitik.

Auslandsaktivitäten europäischer Spitzenvereine

Das Engagement europäischer Topclubs auf einem Kontinent wie Afrika entsteht also, wie bereits angedeutet, nur in zweiter Linie aus dem Gedanken, entwicklungsbedürftigen Vereinen und den Menschen dort Teilhabe am Spitzenfußball durch Kooperationen zu ermöglichen. Es gibt ganz handfeste wirtschaftliche Interessen, wenn sich die Topmarken im Ausland engagieren. Es geht um die Durchdringung des Weltmarktes. Als Weltmarken im Fußball darf man auf jeden Fall Real, Barcelona, ManU, Man City, Liverpool, Ajax Amsterdam, PSG, den FC Bayern, Juventus, Atlético, Boca Juniors, River Plate, AC Milan, FC Porto und Chelsea bezeichnen – ohne dass diese Aufzählung Anspruch auf Vollständigkeit erhebt.

Wenn auch der nordamerikanische und der asiatische Markt im Hinblick auf Merchandising und Fernsehrechte weit attraktiver sind als der afrikanische Markt – weil es sich dabei um wirtschaftlich finanzstärkere Weltgegenden handelt –, so ist doch unter dem Gesichtspunkt, die eigene Marke möglichst weit zu verbreiten, Afrika wegen seiner großen und immer noch wachsenden Bevölkerungszahl von besonderem Interesse. Durch Kooperationen mit afrikanischen Clubs oder durch die Einrichtung von Fußballakademien werden Weltmarken in Afrika in besonderer Weise sichtbar. Das verbessert die Vermarktung all jener Produkte im Wege des Merchandisings, mit denen man in Europa schon einen Großteil der Fans beglückt hat. Und wenn – etwa in Nigeria,

Kamerun oder Südafrika – mehr Fans mit Kappen, Schals und Trikots eines europäischen Spitzenclubs durch die Welt laufen, so erhöht das dort dessen Sichtbarkeit und steigert das Interesse an seinen Spielen. Dies wiederum hat positive Rückwirkungen auf den Verkauf von Übertragungsrechten in dem betreffenden Land – eine Einnahmequelle für die bekannten Topmarken, die wirtschaftlich noch weit attraktiver ist als der Verkauf von Fanartikeln.

Darüber hinaus ist Afrika in den Fokus der Scouts gerückt. Das Ergebnis dieser Entwicklung wird niemandem entgangen sein, der die seit den 90er Jahren wachsende Zahl von Spielern aus Afrika bzw. mit afrikanischem Hintergrund in den europäischen Ligen – und natürlich auch in der Bundesliga – wahrgenommen hat. Während einige Toptalente in den großen Clubs ganz oben anschlagen, gehört es zur Realität des Geschäfts, dass viele dieser Sportler, die man preiswert verpflichten kann, im Unterholz europäischer Zweit- und Drittklassigkeit landen. Bei Ablauf ihrer Verträge erwarten sie ganz unsichere Zukunftsaussichten. Die Hoffnungen, mit denen sie die Heimat verlassen haben, und die Versprechungen, die man ihnen bei ihrem Engagement in Europa gemacht hat, verlieren sich bald in der grauen Wirklichkeit des fußballerischen Alltagsgeschäfts. So sehe ich Spielerberater und Clubs, die mit diesen jungen Leuten arbeiten, in einer besonderen Verantwortung, weil ihre Klienten bzw. Arbeitnehmer kaum mit den hiesigen Vertragspraktiken vertraut sind und darüber hinaus niemanden haben, der sich hier für ihre Interessen einsetzt.[8]

Europas Fußball – eine Vormacht auf Abruf?

Wir sind es gewohnt, unsere Aufmerksamkeit im Spitzenfußball auf Europa zu konzentrieren. Dazu haben die in den voranstehenden Kapiteln beschriebenen Entwicklungen der Topmarken beigetragen. Auf sie blickt gegenwärtig die Welt des Fußballs. Inzwischen haben jedoch in Amerika Veränderungen stattgefunden, die mittelfristig auch Auswirkungen auf den europäischen Fußball haben werden.

Ich denke beispielsweise an die CONCACAF Champions League. CONCACAF ist die Abkürzung für *Confederation of North, Central America and Caribbean Association Football.* Unter dem Dach der FIFA ist in diesem Verband der Nord- und Zentralamerikanische sowie der Karibische Fußball organisiert. Diese Champions League, in der seit 2018 insgesamt 16 Mannschaften aus Mexiko, Zentralamerika, der Karibik, Kanada und den USA gegeneinander antreten, ist die Königsklasse des nord- und mittelamerikanischen Fußballs. Der Sieger des Turniers von 2019 – dessen Ursprünge bis in das Jahr 1962 zurückreichen, als noch der *CONCACAF Champions' Cup* ausgespielt wurde, so wie man in Europa seit 1955/56 den *Europapokal der Landesmeister* austrug – war der mexikanische Club CF Monterrey. Auch wenn die Namen der Clubs, die in der CONCACAF Champions League spielen, vielleicht nicht jedem hierzulande geläufig sind (etwa New York Red Bulls, Sporting Kansas City, Houston Dynamo, Montreal Impact, FC Toronto, Independiente FC oder Santos Laguna), so kamen 2019 in diesem Wettbewerb zu insgesamt fünf Heimspielen von drei Clubs (CF Monterrey, UANL Tigres und Atlanta United FC) im Durchschnitt immerhin zwischen 40 000 und 50 000 Zuschauer.[9] Bei den Endspielen von 2018 zwischen Toronto und Guadalajara besuchten das Hinspiel in Toronto rund 30 000, das Rückspiel in Guadalajara rund 60 000 Zuschauer.

Die Zuschauerzahlen in den USA steigen. Heimspiele von Atlanta und Nashville haben zu Beginn der Saison 2020 zwischen 60 000 und 70 000 Zuschauer besucht.[10] Ein breites Mittelfeld im Hinblick auf die Zuschauerzahlen, zu dem Vereine wie Seattle, Orlando, Los Angeles und Houston gehören, kommt auf Zahlen zwischen 20 000 und 36 000. Der Zuschauerdurchschnitt der Major League Soccer lag – vor Corona – 2019 mit 21 300 Zuschauern[11] um nur einige Tausend unter den Ligen Italiens und Spaniens; in Deutschland, wo es die meisten Zuschauer gibt, liegt der Durchschnitt bei über 43 000. Diese Entwicklung der Zuschauerzahlen geht mit der insgesamt wachsenden Beliebtheit des Fußballs in den USA einher; bereits vor einigen Jahren waren dort rund 18 Millionen aktive Spieler registriert – und damit mehr als in jedem anderen Land.[12] «Kein anderer Sport überwindet so viele kulturelle Grenzen; und es ist nicht weiter erstaunlich, dass Fußball der am schnellsten wachsende Mannschaftssport in den Vereinigten Staaten ist.»[13] Noch rangiert der Fußball in den USA auf Platz 3 – deutlich hinter dem American Football, aber nur noch knapp hinter Basketball.[14] «Seit die USA als Gastgeberland der FIFA Fußballweltmeisterschaft 1994 nominiert wurden, ist das Interesse an Fußball im Land gestiegen.»[15] Dies lässt sich auch an steigenden Einschaltquoten bei Übertragungen von europäischem Spitzenfußball ablesen.[16] Die Ursachen dafür sind vielfältig:[17] Je mehr Einwanderer mit lateinamerikanischem Hintergrund in die USA gelangen, umso mehr verbreiten sie dort auch ihr traditionell großes Interesse am Fußball. Auch konnten die US-Fußballer in den letzten zwanzig Jahren wiederholt die Endrunde der FIFA-Weltmeisterschaft erreichen. Und schließlich ist der US-Frauenfußball schon lange Weltklasse. Hinzu kommen europäische Spitzenspieler, die ihre Karriere in den Vereinigten Staaten ausklingen lassen – wie etwa Bastian Schweinsteiger oder Andrea Pirlo – und die immer noch wichtige Impulse in Sachen Technik und Spielkultur liefern, mit denen sie die Fans begeistern.

Es scheint mir daher nur eine Frage der Zeit, bis große Investoren, die bis jetzt viel Geld in europäische Topclubs stecken, im Fußball in Nordamerika einen aufnahmefähigen Wachstumsmarkt erkennen. Wenn dort annähernd gleich viel investiert und der Fußball ebenso geschickt vermarktet und medial aufbereitet wird wie derzeit in Europa, werden seine Sichtbarkeit und seine Qualität weiter steigen. Ein Vorzeichen für diese Entwicklung darf man in der Errichtung des Mercedes-Benz Stadium in der Stadt Atlanta im US-Bundesstaat Georgia erkennen, das im August 2017 eröffnet wurde. Zwar dient es auch zur Austragung von Footballspielen, doch bereits am 16. September 2017 versammelten sich darin über 70 000 Besucherinnen und Besucher des Fußballspiels Atlanta United gegen Orlando City. Die Investition in die Errichtung dieser Arena betrug weit über 1 Mrd. Dollar. Wenn weiterhin mit solchem Engagement die Anziehungskraft der US-amerikanischen Major League Soccer gesteigert wird – durch attraktive Stadien, durch Clubs, die von Großinvestoren durch entsprechende Spielerkäufe wettbewerbsfähig gemacht werden –, dann werden Toptalente, voll entwickelte Spitzenspieler und auch erstklassige Fußballtrainer nicht länger mit der gleichen Selbstverständlichkeit wie bisher vor allem in Deutschland, Frankreich, England, Spanien oder Italien unter Vertrag gehen, sondern sich auch jenseits des Atlantiks attraktive Adressen für ihre Karriere suchen.

14. Platz nehmen zur zweiten Halbzeit

Heute und früher

Nehmen wir an, man zeigt Ihnen einen fünfminütigen, filmtechnisch einwandfreien Ausschnitt eines Fußballspiels – woran würden Sie trotzdem sofort erkennen, dass Sie eine alte Aufzeichnung vor sich haben? An den Rückpässen zum Torwart! 1992 hat die FIFA den Rückpass verboten. Damit wurde vor allem dem Auf-Zeit-Spielen entgegengewirkt, das die Fans mal angeödet, mal an den Rand des Nervenzusammenbruchs getrieben hat. Ein besonders trauriges Beispiel dafür bot der schändliche «Nichtangriffspakt» zwischen Deutschland und Österreich bei der WM 1982 in Gijón, als die Deutschen mit 1:0 gewannen – ein Ergebnis, das *beiden* Teams damals das Weiterkommen zum Nachteil Algeriens sicherte.

Sieht man von solchen ganz grundlegenden Regeländerungen ab, die beim Vergleich von DAMALS und HEUTE ins Auge springen, so drängt sich mir der Eindruck auf, wenn ich mir Spiele anschaue, die vor dreißig Jahren oder noch früher ausgetragen wurden, dass die Spieler damals nicht schlechter waren als heute. Ein Sportler wie Gerd Müller, der ein völliges Ausnahmetalent, ja vielleicht der beste Spieler überhaupt war, den Deutschland je hervorgebracht hat, würde auch heute noch in jeder Mannschaft Erfolg haben. Aber er würde natürlich anders ausgebildet werden – ein Feld, auf dem sich sehr viel verändert hat.

Denkt man daran, wie genau heute trainiert wird – Laufwege, taktisches Verhalten in der Verteidigung, bei der Balleroberung, im

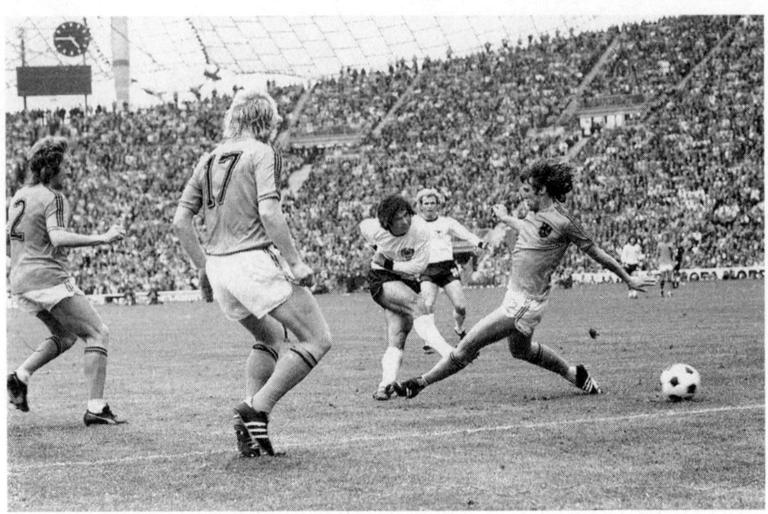

Abb. 9: Gerd Müller erzielt am 7. Juli 1974 in der 43. Minute des WM-Finales das entscheidende 2:1 gegen die Niederlande.

Angriff, Schusstraining usw. –, was sich nicht zuletzt in der Größe des Trainerstabs und der damit verbundenen Arbeit an den einzelnen Positionen spiegelt, so sind die Unterschiede zwischen Heute und Früher mit Händen zu greifen. In Verbindung damit hat sich ein vollständiger Wandel in der Anlage des Spiels vollzogen. Die Mannschaftsteile agieren in viel engerer Beziehung zueinander, als dies je zuvor der Fall gewesen ist. Die Mannschaftsblöcke von der Sturmspitze bis zur Innenverteidigung stehen vielleicht nur noch 30 Meter auseinander, wo früher 50, 60 Meter dazwischenlagen. So werden alle Spieler auf dieser kleinen Fläche viel stärker in alle Aktionen einbezogen und müssen sich viel schneller bewegen. Um diese Situation in den Griff zu bekommen, müssen sie aber auch schneller im Kopf sein und müssen mehr Entscheidungen in kürzester Zeit treffen, weil der Raum viel stärker verdichtet ist; die technischen Anforderungen sind folglich höher denn je, und die Spieler müssen mögliche Spielzüge viel mehr vorausdenken als je zuvor in der Geschichte des Fußballs.

Diese Arbeit ist die eigentliche Herausforderung für den Trainerstab. Die Vermittlung all dessen beginnt natürlich, lange bevor ein Spieler in den Profikader gelangt. So führt etwa die Anforderung des konsequenten, durchorganisierten Kurzpassspiels einerseits dazu, dass im Juniorentraining die Spieler laufschnell und passsicher gemacht werden. Andererseits hat es dadurch der geniale, aber auch für das eigene Team unberechenbare «klassische Straßenfußballer» schwerer als früher, weil er gewohnt ist, nicht in einem festgelegten Spielsystem zu agieren. Er kann von seinen Mitspielern, die innerhalb des Kurzpasssystems ausgebildet wurden und dementsprechend vom Trainer organisiert werden, nicht mehr in dem Maße freigestellt und in jene Position gebracht werden, die solch schillernde Gestalten früher auf dem Platz eingenommen haben. Heute muss ein Cheftrainer die ebenso vielfältigen wie schnellen Entwicklungsmöglichkeiten des Spiels auf engem Raum durchschauen und mit einer wirksamen Spielidee von Anfang bis Ende beherrschen und durchorganisieren. Die ebenso unkonventionellen wie genialen Spieler, die oft den Unterschied ausmachen, halten sich darin, soweit und solange sie noch irgendwie ins Spiel eingebunden werden können und nicht durch ihre Spielweise den Erfolg einer auf ein bestimmtes Spielsystem ausgerichteten Mannschaft gefährden.

Sieht man von diesen unübersehbaren Veränderungen des Spiels im Vergleich von Einst und Heute ab, so springt – als für jeden Fußballer segensreicher Fortschritt – die unvergleichlich bessere medizinische Betreuung der Aktiven ins Auge. Die Vereine wissen heute mehr denn je, dass die Spieler ihr eigentliches Kapital sind und was sie an ihnen haben – was sie für sie bezahlt haben und was sie gegebenenfalls wieder mit ihnen erlösen wollen: Wenn früher ein Kreuzbandriss nicht selten das Ende einer Karriere bedeutete, so erlaubt der medizinische Fortschritt unserer Tage, dass solch eine Verletzung in kürzester Zeit mit kleinstmöglichem Eingriff operiert wird und sich eine Therapie auf der Grundlage modernster orthopädischer und medizintechnischer Erkenntnisse anschließt. Sie geht nahtlos in eine klar vorausgeplante Rehabilitation über, so dass mit etwas Glück das Unheil innerhalb eines halben Jahres überwunden ist und der Spieler wieder voll einsatzfähig aufs Feld zurückkehrt.

Dazu aber, dass es insgesamt weniger zu Verletzungen kommt, hat die Verbesserung der Rahmenbedingungen beigetragen. Heute gibt es erstklassige, beheizbare Rasenplätze, die ganzjährig bespielt werden können, während früher die Spieler in den Wintermonaten ihre Gesundheit und ihre Karriere auf vereisten Äckern riskieren mussten. Die Schiedsrichter, die die Bespielbarkeit eines Platzes bestätigen mussten, würden heute Spiele unter Bedingungen, die noch vor ein paar Jahrzehnten zum Spieleralltag gehörten, gar nicht mehr anpfeifen, weil sie die Folgen für die Gesundheit der Spieler nicht verantworten könnten und wollten. Nicht alles war also früher besser.

15. Anpfiff zur zweiten Halbzeit

Das Fußballspiel – als hohe Kunst der Improvisation betrachtet

Was erwartet nun den jungen Profi, der in die erste Mannschaft gewechselt ist? Hoffentlich ein Trainer, der seinen Spielern Sicherheit zu vermitteln weiß! Das gelingt ihm, wenn er über eine Spielidee verfügt, für deren Durchsetzung jeder Spieler eine bestimmte Aufgabe zu erfüllen hat. Wenn in dieser Weise trainiert wird – die Anforderungen an jeden Spieler auf seiner Position auf immer höherem Niveau gestellt werden, die er in immer neuer Weise lösen, also kreativ werden muss –, entsteht insgesamt Ordnung: Jeder Spieler einer Mannschaft weiß, was er zu tun hat, auch wenn die Aktionen im Einzelnen immer anders ausfallen, weil Spielsituationen zwar stets ähnlich, doch nie eins zu eins gleich auftreten. Diese innere Ordnung jedes Einzelnen fügt sich zu einer Gesamtordnung. Innerhalb dieser Gesamtordnung gewinnt jeder Spieler Übersicht, weil er auch um die Positionen der anderen, ihre Aufgaben und ihre Spielweise weiß. Genau diese Übersicht gibt schließlich dem Einzelnen und dem Team Sicherheit.

Ein Trainer, der keine solche Spielidee hat, durch die er jedem Einzelnen und der gesamten Mannschaft Ordnung, Übersicht und damit Sicherheit vermitteln kann, wird scheitern, bzw. seine Erfolge werden immer auf Sand gebaut, immer von einem hohen Maß an Zufälligkeit bestimmt sein. Nur wer *Ordnung* schafft, vermittelt seinen Spielern die Möglichkeit, mit großer Sicherheit die richtigen Entscheidungen zu treffen. Das sollte die zentrale

Trainingsvorgabe sein, die ein guter Trainer konsequent verfolgt. Solch ein Trainer versteht es, seine Spielidee für die Spieler sichtbar zu machen und sie im Training darauf hin zu orientieren. Er wird dabei, wenn der Vergleich erlaubt ist, schon fast zum künstlerischen Leiter eines Ensembles von Virtuosen. Es ist wie bei einer Free-Jazz-Improvisation: Das Konzept wird vorgegeben, innerhalb dessen die Spieler – jeder auf seiner Position – ihre Lösungen anbieten können. Immer neu, immer anders, aber immer richtig. Das geschieht im Bruchteil von Sekunden. Niemand klebt mehr an seiner Position, sondern orientiert sich an der Idee, mit der er vertraut gemacht wurde, und weiß grundsätzlich, was er zu tun hat. So findet die Mannschaft ihre Sprache – auf dem Platz ist es die Sprache des Trainers, die er seine Spieler gelehrt hat.

Dieses Lehren erfolgt überaus intensiv, weil das Gelehrte im wahrsten Sinne des Wortes in Mark und Bein übergehen muss: Es führt zu keinem guten Ergebnis, Spieler wie Äffchen für bestimmte Kunststücke zu dressieren, die sie auf dem Feld dann wiederholen sollen. Das kann schon deswegen nicht funktionieren, weil sie, um das nur auswendig Gelernte abzurufen und auf dem Platz nachzubauen, sich – wie bei einer Lektion – des Großhirns bedienen müssen; das ist aber der langsamste Teil des menschlichen Gehirns. Erinnern Sie sich noch an Ihre ersten Fahrstunden, als Sie den Führerschein gemacht haben? Sie haben brav all das wiederholt, was Ihnen Ihr Fahrlehrer gesagt hat – und, Gott sei Dank, saß er dann während der Fahrstunden in der Stadt neben Ihnen und hat Schlimmeres verhindert. Das, was Sie damals gelernt haben, ist Ihnen heute längst in Fleisch und Blut übergegangen, sonst wären Sie ein Risiko für den gesamten Verkehr. Genauso müssen Sie sich das auf dem Fußballplatz vorstellen!

Sie können nicht jede Spielsituation im Spiel zergliedern und dann Stück für Stück wiederholen wie in einer Übungsstunde; und wenn Sie es versuchen sollten, entsteht ganz bestimmt nicht jene höchste Qualität, um die es im Spitzenfußball geht. Die entsteht nur, wenn Sie immer wieder auf höchstmöglichem Trainingsniveau mit Mustern von Spielsituationen vertraut gemacht werden, so dass Sie auf diese Weise einen großen Erfahrungsschatz anlegen und aus dem heraus Intuition entwickeln können. Mit dieser Intuition bieten Sie immer neue Lösungen an, um eine Situation zu meistern. Erfahrung, höchste Qualität und Intuition aber sind im Mittelhirn beheimatet, das um Welten schneller ist als das Großhirn. In diesem Bereich wächst also die Fähigkeit zur Improvisation. Sie müssen dann nicht mehr in jeder Situation neu denken, sondern agieren intuitiv vor dem Hintergrund Ihrer Erfahrungen schnell und genau dank der Vertrautheit mit den tausendfach studierten Mustern. Je öfter Sie in diese Situationen gebracht worden sind, umso tiefer dringen diese Fähigkeiten in Körper und Geist ein, sie werden zur zweiten Natur, zum natürlichen Rhythmus der Aktion. Dann erfolgt der letzte Schritt der Aneignung – gewissermaßen der Übergang ins Unbewusste –, wenn der Spieler so vertraut gemacht wurde mit dem Vorgang, dass er aus dem Rückenmark heraus agiert. Tatsächlich funktioniert der Reflex des Knies aus dem Rückenmark heraus – er ist so unsagbar schnell, dass man ihn nie mit dem Großhirn nachvollziehen könnte. Der herausragende, von einem guten Trainer angeleitete Spieler denkt gewissermaßen mit dem Rücken. Wer das beherrscht, dem erschließt sich das Spiel völlig neu – während gute Spieler sich dorthin orientieren, wo das Spiel stattfindet, orientieren sich erstklassige Spieler dorthin, wo das Spiel sein wird.

Aus all dem dürfte einerseits auch klar werden, weshalb es wichtig ist, hoch talentierte Spieler zwischen 18 und 23 in erstklassige Vereine zu bringen. Nur dort werden sie ihren Weg zum Spitzensportler nehmen können, weil ihnen höchstmögliche Trainingsintensität geboten und der Erwerb entsprechender Spielerfahrung ermöglicht wird.

Andererseits dürfte klar geworden sein, dass solch eine Vermittlungsleistung eines Trainers nie nur auf der Theorieebene erfolgen kann. Wer nicht über die entsprechende eigene Erfahrung verfügt, mag vielleicht eine Spielidee haben, aber er wird sie nie und nimmer vermitteln können, weil er die nötige Trainingsintensität nicht schaffen kann, da er selbst nie die Wettkampfsituation auf höchstem Niveau erlebt hat. Es reicht nicht aus, einem Spieler auf dem Laptop oder an einer Leinwand zu zeigen, was gut oder schlecht ist; daraus würde er keine eigene Erfahrung mitnehmen und folglich beim nächsten Mal auf dem Platz wiederum die Situation nicht lösen können. Bilder und Videos sind nett – aber morgen wieder vergessen; sie schaffen kaum etwas, was dem Aktiven einen Transfer ins Spiel ermöglicht, sie erhöhen also die Lernkurve nur ganz, ganz wenig. Es bleiben nur äußerliche Informationen ohne jeden emotionalen Erlebniswert; der aber ist zentral für die Verarbeitung konkreter Erfahrungen. Am Laptop geht niemandem eine Trainingseinheit in Fleisch und Blut über. Nur wo stets intensivste Praxis herrscht, stellt sich auch erlebte Emotion ein, die im Gehirn jene Verbindungen schafft, die zu einer unschätzbar wichtigen Erinnerungshilfe im Zugriff auf eigene Erfahrung werden. Auf diese Weise entsteht schließlich jene höchste Qualität, die mehr und mehr auch der Jungprofi auf den Platz bringen soll.

16. Spielaufbau – dritte Phase

Spieler und Spielintelligenz

Wie arbeitet ein guter Trainer mit seinen Spielern? Er verfügt in seinem strategischen Verständnis des Spiels und dank seiner Genauigkeit in der Trainingsarbeit über die Fähigkeit, das, was er als zwingend richtig für die Umsetzung seiner Spielidee erkannt hat, dadurch zu trainieren, dass er den Wettkampf im Training auf so hohem Niveau organisiert, dass seine Spieler gefordert sind, Kreativität bei der Lösung der gestellten Aufgaben zu zeigen. Er übt bestimmte Spielmuster so lange ein, bis die Spieler auf dem Feld die Situation erkennen und in der Lage sind, sie immer neu zu interpretieren. Diese Art des Trainings ist ein zentraler Teil des Fußballs auf Topniveau.

Nun ist aber die Fähigkeit von Fußballern, über ihre Leistung und das Geschehen auf dem Platz nachzudenken, nicht gleichbedeutend mit der Fähigkeit, das Ergebnis dieses Nachdenkens auch ausdrücken zu können. Diese Fähigkeit ist jedoch für Spieler, die am strategischen Spielaufbau beteiligt sind – nicht zuletzt für Abwehrspieler –, von hoher Bedeutung, und zwar sowohl im Austausch mit dem Trainer als auch mit seinen Mitspielern. Auf jeden Fall begünstigt diese Fähigkeit eines Fußballers seine strategische Trainierbarkeit. Auch unter diesem Gesichtspunkt sollte die Entwicklung des Nachwuchses ganzheitlich gefördert werden.

Es besteht eben ein großer Unterschied zwischen «Können» und «Wissen und Können»: Es gibt Spieler, die rein intuitiv auf eine gegebene Spielsituation richtig reagieren, wenn man mit ihnen das betreffende Muster oft genug und in verschiedenen Komplexitätsgraden geübt hat. Aber es gibt eben auch Spieler, die nicht nur über die Fähigkeit verfügen, je nach Spielsituation angemessen ihre im Training erarbeiteten Aktions- und Reaktionsmuster auszuführen, sondern auch in der Lage sind, ihre Aktionen im Rahmen der Gesamtstrategie des Trainers zu verstehen. Damit bringen sie ihren konkreten Anspielpartner, aber auch die Mannschaft insgesamt weiter. Sie sind deshalb auch besonders wertvolle Ansprechpartner für Trainer, die eine Spielidee haben und diese an ihre Mannschaft weitergeben wollen.

Wer in dieser Hinsicht wenig aufzuweisen hat, wird sich vielleicht dennoch aufgrund seiner Spielintelligenz auf dem Platz halten können. Dies gilt umso mehr, wenn er auf einen Trainer trifft, der erkennt, wo genau er diesen Spieler mit seinen Fähigkeiten bestmöglich zur Geltung bringen kann. (Der talentierte Spieler selbst erkennt diese Position etwa in einem Alter von fünfzehn, sechzehn Jahren.) Doch werden Spieler ohne entwickelte Fähigkeiten, sich über ihr eigenes Spiel und ihre Rolle im Spiel wirklich bewusst zu werden, sportlich meist nur ein begrenztes Niveau erreichen – es sei denn, sie verfügen über einen extremen Instinkt für ihre Position in der Mannschaft und auf dem Platz. Andernfalls aber sind sie für den absoluten Spitzensport nicht ausreichend trainierbar.

Die Rolle des Einzelnen in einer gut organisierten Mannschaft

Auch beispielsweise ein extrem talentierter Außenbahnspieler muss gelehrt werden, seine Qualität im richtigen Moment einzusetzen. Er ist dann ein Spieler, der in der Lage ist, mit hoher Geschwindigkeit auf höchstem technischem Niveau zu agieren und seine Mitspieler zu vernetzen. Aber er braucht einen Trainer, der

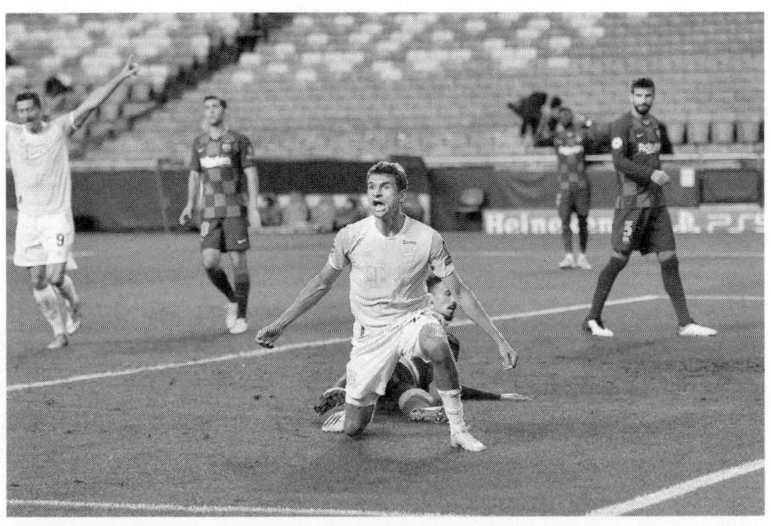

Abb. 10: Thomas Müller nach seinem Treffer zum 4:1 (31. Spielminute) für den FC Bayern München gegen den FC Barcelona im Viertelfinale der Champions League am 14. August 2020 in Lissabon (Endergebnis 8:2).

ihm so viel Struktur verleiht und ihn so in das Spiel einbaut, dass er selbst die Situationen erkennt, in denen er seine Fähigkeiten mannschaftsdienlich optimal einsetzen kann. Wenn das funktioniert und immer weiter verbessert wird, wird der Spieler auch nicht daran gemessen, was er im Übrigen nicht so gut beherrscht.

Er wird Sicherheit im Spiel gewinnen, kann in der jeweiligen Situation kraft seiner individuellen Qualität frei agieren und ist nicht gezwungen, stereotype und damit berechenbare Aktionen auszuführen. Eine hochorganisierte Mannschaft, wie sie ein guter Trainer zu entwickeln versteht, wird daher nicht zum beengenden Korsett für einen Spieler, sondern bietet ihm erst die Struktur, in der er seine individuelle Klasse voll zur Geltung bringen kann. Diese Sicherheit schafft den Rahmen für Kreativität – eine Fähigkeit, schwierige Situationen immer wieder neu mit Gewinn für die Mannschaft aufzulösen. Eine kreative Lösung zu finden bedeutet, einen Mitspieler mit der eigenen Aktion in die bestmögliche Position für dessen nächste Aktion zu bringen. In meiner eigenen aktiven Zeit habe ich mich immer bemüht, meine Mitspieler gut aussehen zu lassen. Wenn mir dies gelungen ist, war das mein eigener kreativer Beitrag zum Mannschaftsspiel.

Wenn es dem Trainer gelingt, seinen Spielern einen hohen Grad an Organisation zu vermitteln, dann bleibt es gar nicht aus, dass der Einzelne auch in verworrenen Spielsituationen die Bilder der erforderlichen Aktionsabläufe wiedererkennt und sie für das eigene Team zu gewinnbringenden Lösungen führt. Gerade wegen der unendlich großen Zahl an auftretenden Situationen hat natürlich im Spiel auf dem Platz auch niemals der Trainer, sondern immer nur der Spieler die Lösung für eine Situation. Doch wenn er mit der entsprechenden Spielintelligenz und Auffassungsgabe ausgestattet ist, wird er unter der Anleitung eines guten Trainers ein entscheidungsfähiger und selbstbewusster Spieler, der den damit verbundenen Herausforderungen gerecht wird. Er kennt seinen Platz in einer organisierten Mannschaft, weiß, auf welches Ziel hin sie der Trainer ausgerichtet hat, und sucht in diesem Sinne stets die mannschaftsdienliche Aktion.

Individualisten und überwölbende Spielidee

Auch wenn ein Trainer mit einer hochentwickelten Spielidee eine Mannschaft übernimmt, in der die Akteure auf den einzelnen Positionen wie hochspezialisierte Einheiten mit ihren Mitspielern auf anderen Positionen zusammenwirken sollen, ist damit nicht das Ende des Individualismus auf dem Platz erreicht. Es ist nicht die vollkommene Einförmigkeit, die das Spiel zugunsten einer Mannschaft entscheidet, sondern das überragende Talent. Solche Spieler sind das Salz in der Suppe, sie sind diejenigen, um die es geht. Der Fußball braucht weiterhin neben dem berechenbar zuverlässigen Mannschaftsspieler, der seine Aufgaben mit großer

Genauigkeit erfüllt, immer auch den ausgeprägten Individualisten, der auf ganz eigene Art seine Stärken und Talente einbringt und mit der Unberechenbarkeit den Gegner vor unlösbare Aufgaben stellt.

Das können mitunter Spieler sein, die für den eigenen Verein ziemlich anstrengend sind – vielleicht Disziplinprobleme an den Tag legen, wenn es um das Training geht, oder arrogant sind oder ein aufbrausendes Temperament haben. Aber gerade sie sind meist hundertprozentig ergebnisorientiert in ihrem Verhalten auf dem Platz und geben alles für den Erfolg. So sind sie bei aller Mühseligkeit der Zusammenarbeit im Einzelnen doch ungemein wertvoll und ein Gewinn für die Mannschaft, weil sie aufgrund ihrer Persönlichkeit auch in der Lage sind, Grenzen zu überschreiten und zu führen. Wer auf solche Individualisten – und seien sie noch so große Nervensägen – verzichtet, verzichtet nicht selten auf die Türme in der Schlacht.

Ein Spieler ist für eine Mannschaft immer genau so wertvoll, wie das Bedürfnis eines Teams nach genau diesem Spielertypen und diesem Spielelement ist, das er einzubringen vermag. Toni Kroos beispielsweise hat deswegen so herausragende Bedeutung bei Real Madrid erlangt, weil er die kongeniale Verbindung mit Carlos Casemiro und Luka Modrić darstellt und so im Verbund mit den drei Angreifern und der Abwehr genau das Moment liefert, das Real Madrid benötigte. Wenn ein Spieler so passgenau wirkt, ist es völlig unerheblich, was er im Übrigen für ein Charakter ist – selbst wenn er etwa (was NICHT auf Toni Kroos zutrifft!) ein völliger Egomane oder Narzisst und arrogant ohne Ende wäre: Das Entscheidende bliebe, dass er dieses Element einzubringen vermag.

Ein schönes Beispiel für die ganz besondere Qualität eines Spielers durfte ich jahrelang aus nächster Nähe an Arjen Robben studieren. Er verfügt über die Fähigkeit, seinen kreativen Beitrag in jedem Spiel abzuliefern. Auch wenn der Verlauf seiner torgefährlichen Aktionen grundsätzlich bekannt war, war er doch immer in der Lage, sie im Einzelfall so unberechenbar durchzuführen, dass sie nicht zu verhindern waren. Ähnliches gilt für Messi und galt für Maradona. Ein guter Trainer weiß um diese Qualität, und er erkennt, wie er sie in seinem System gewinnbringend einsetzen kann. Er vermittelt seinem Spieler die Sicherheit, dass er in seinem Spielaufbau im Hinblick auf diese seine besondere Qualität gemessen wird. Also wird er auch dafür sorgen, dass in dem Moment die Mitspieler vorhanden sind, um diese Aktion abzusichern. Dass dieses Zusammenwirken funktioniert, muss der Trainer durch die Anlage des Trainings und des Spiels wieder und wieder einstudieren – sonst scheitert der Einzelne trotz aller Qualität, und es scheitert auch die Mannschaft insgesamt. Geradezu tragisch ist es, wenn ein Spieler von überragender Qualität – wie es beispielsweise Thomas Müller eine Zeit lang hat erleben müssen – auf einer Position eingesetzt wird, auf der er seine Fähigkeiten nicht zur Geltung bringen kann. Solch einen Spieler in seinen Fähigkeiten zu erkennen, ihn mit den anderen zu kombinieren und daraus das Gesamtkunstwerk der eigenen Spielidee zu entwickeln, ist die eigentliche Meisterleistung eines Trainers.

An den genannten Beispielen wird deutlich, dass selbst ein überragendes System in all seiner Raffinesse auch weiterhin immer den besonderen Spieler und Individualisten braucht! Was haben Sergio Ramos Real, was Carles Puyol oder Sergio Busquets Barcelona gegeben? Ohne diese Spieler wären auch so große Vereine völlig anders, wären vielleicht zu ihrer Zeit nicht auf so lichten Höhen unterwegs gewesen. Das Gleiche gilt natürlich für die Mittelfeldspieler Xabi Alonso und Andrés Iniesta – aber sie haben letztlich erst in Zusammenarbeit mit Lionel Messi diese ganz überragende Stellung im Weltfußball erworben. Alle waren und sind sie überragende Einzelkönner. Und es war die hohe Kunst des Trainers, der sie gewissermaßen veredelte, indem er sie in der Verbindung ihrer individuellen Klasse zusammengeführt hat, so dass sie dann ihre Mannschaften haben prägen können. Er vermag, die individuell ausgebildete und ausgeprägte Qualität seiner Spieler in die von ihm vorgegebene Ordnung zu bringen, der seine Spielidee zugrunde liegt.

Sehr, sehr gute Trainer durchdringen mit solch einer Idee die gesamte Vereinsarbeit, die sich dann daran orientiert – auch in der Ausbildung des Nachwuchses. Wenn Trainer keine solche Idee haben, werden die meisten ihrer Spieler auf dem Platz scheitern, weil nur die wenigsten über die Fähigkeit verfügen, ihrerseits überwölbende Ideen zu entwickeln, wie sich ein erfolgreicher Spielaufbau vollziehen kann. Auch gut ausgebildete, kreative Spieler brauchen daher eine Struktur, die ihnen auf dem Platz Halt gibt; sonst ist es, als ob ein Künstler in den Sand malt anstatt auf eine Leinwand – ein Windstoß kommt, und die Ordnung ist dahin; da hilft dann auch kein individuelles Talent mehr. So sind die Idee und der Individualist gleichermaßen bewunderungswürdig, aber nur die Kombination von beiden durch einen großen Trainer bringt die Vollendung dessen hervor, was Fußball sein kann.

17. Zweiter Einwurf

Spielidee in Vollendung und sichere Struktur bei begrenzten Möglichkeiten

Man muss nicht das Pulver neu erfinden, um eine Mannschaft in der Bundesliga zu halten. Das gilt insbesondere für Mannschaften mit einem Kader, dessen spielerische Möglichkeiten begrenzt sind. Aber dann bedarf es eines klugen und erfahrenen Trainers, der genau erkennt, was seine Spieler können, und weiß, wie er sie einzusetzen und das Spiel entsprechend zu organisieren hat. Wer solch einer Truppe eine klare Struktur gibt, die er nicht von Spiel zu Spiel ändert, und auch nicht in Panik gerät, wenn ein Spielverlauf danebengeht, und dann dauernd eingreift und innerhalb des Spiels das System umstellt, der wird auch gegen Mannschaften bestehen, deren Kader deutlich teurer ist und möglicherweise spielerisch die besseren Möglichkeiten bietet.

Ein souveräner Trainer hat eine starke Wirkung; er prägt seine Mannschaft sowie die einzelnen Spieler. Wie gut ein souveräner Trainer arbeitet und seine Mannschaft im Griff hat, zeigt sich, wenn einer seiner Spieler zu einem anderen Club wechselt und damit in eine Mannschaft kommt, in der er sich nicht zurechtfindet, weil ihm dort die entsprechende Struktur fehlt, die ihm sein alter Trainer gegeben hat. Er wird dort nur an seiner individuellen Qualität gemessen und ist nicht in ein Mannschaftsspiel eingebettet, das seine Stärken nutzt. Mitunter gerät eine Mannschaft einfach deshalb in eine Krise, weil der Trainer keinen klaren Plan hat, wohin er mit seiner Mannschaft will. Solch ein Trainer wird nervös, wenn ein Spiel kippt oder hintereinander ein paar Spiele verloren gehen. Erfahrene Trainer können einer Mannschaft den Glauben an sich selbst zurückgeben, sie – wie durch eine gemeinsame Religion – stärken. Solche Teams finden immer sechs, sieben andere Mannschaften, die sie schlecht aussehen lassen, so dass sie – manchmal zur großen Überraschung sogenannter Fachleute – nicht nur den Klassenerhalt schaffen, sondern sogar die Saison im gesicherten Mittelfeld abschließen.

Felix Magath war ein exzellenter Fußballtrainer, der sehr genau Spieler nach ihren Fähigkeiten beurteilen konnte. Ob er eine Spielidee hatte, ist schwer zu sagen. Er hat jedenfalls größten Wert auf die körperliche Leistungsfähigkeit seiner Spieler gelegt, dabei aber auch den Eindruck erweckt, dass er durch die Härte seiner Trainingsmethoden nicht zuletzt Macht demonstrieren wollte, um auf diese Weise Kontrolle auszuüben. Ob es darüber hinaus Sinn hatte, Menschen immer wieder den Wallberg hinauflaufen zu lassen, vermag ich nicht zu beurteilen …

Doch jenseits dessen gab und gibt es Trainer, die eine wirkliche Spielidee haben. Sehr schön studieren lässt sich das beispielsweise an Arrigo Sacchi, der beim AC Mailand eine ungewöhnliche Verdichtung des Raumes und damit ein kaum zu überwindendes Verteidigungskonzept durchsetzte. Aus einer starken, auf Balleroberung angelegten Defensive wurde nach vorne gespielt – eine Spielidee, die das Feld gewissermaßen «kleiner machte». Und so hatte Milan plötzlich ein System, das das Team zeitweilig quasi unschlagbar machte und 1989 und 1990 zweimal den Europapokal der Landesmeister gewinnen ließ.

Den nächsten Schritt in der Entwicklung dieser Spielidee vollzog der Portugiese José Mourinho. Sein System beruht zunächst einmal auf einer destruktiven Spielweise. Das bedeutet aber keineswegs, dass er Mannschaften trainieren würde, die nicht über ausgeprägte individuelle spielerische Fähigkeiten verfügen. Mit ihnen erreicht er in seiner Konzentration auf die Automatisierung einer höchstmöglich organisierten Defensive eine Qualität, die es für den Gegner sehr, sehr schwer macht, ein Tor zu erzielen. Das Tor wird gewissermaßen vernagelt. So war es kaum noch möglich, gegen ihn eine Torchance zu kreieren, als er mit Porto 2004 und mit Inter Mailand 2010 (gegen Bayern München) die Champions League gewann. Er propagiert eine radikal konsequente Balleroberung, um dann mit zwei, drei Spielzügen die Aktion mit einem Torschuss zum Abschluss zu bringen.

In dieser Entwicklung des Fußballs erscheint als Antwort auf Mourinho Pep Guardiola mit dem FC Barcelona; seine Spielidee galt bislang als der Goldstandard: Eine Guardiola-Mannschaft ist extrem gut organisiert. Da sie bei ihren Aktionen, den Ball aus der eigenen Hälfte vor das gegnerische Tor zu tragen, mit einer hohen Wahrscheinlichkeit keinen Ballverlust verursacht, kann sie das Spiel praktisch komplett in der Hälfte des Gegners aufbauen; und selbst im Fall eines Ballverlustes versteht sie es, den Ball auch sofort wieder zurückzuerobern. Das bedeutet fast vollständige Überlegenheit und Kontrolle des Spiels, das mit einem Trommelfeuer von Angriffsaktionen einhergeht.

Guardiola beeinflusst eine Mannschaft so stark, dass schon allein die Spielabläufe dem Betrachter zeigen, dass er eine Guardiola-Mannschaft vor sich hat. Um diese Spielweise sicher und mit hohem Tempo zu praktizieren, benötigt Guardiola herausragende Individualisten auf jeder einzelnen Position dieses Systems. Man kann diese Spielertypen zuverlässig identifizieren. Sie sind technisch versiert, zeichnen sich durch hohe Spielintelligenz aus und zeigen große Variabilität, wenn sie auf engem Raum mit allen technischen Fertigkeiten agieren – und zwar gleichermaßen offensiv wie defensiv. Spieler wie Agüero, Bernardo Silva, Gündoğan, Xavi, Iniesta und Messi gehören zu dieser Gruppe von Ausnahmeathleten, die den Anforderungen der Spielweise Guardiolas gerecht werden, und ich darf für mich in Anspruch nehmen, dass es mir ebenfalls möglich war. Der vorläufige Höhepunkt der Spiel-

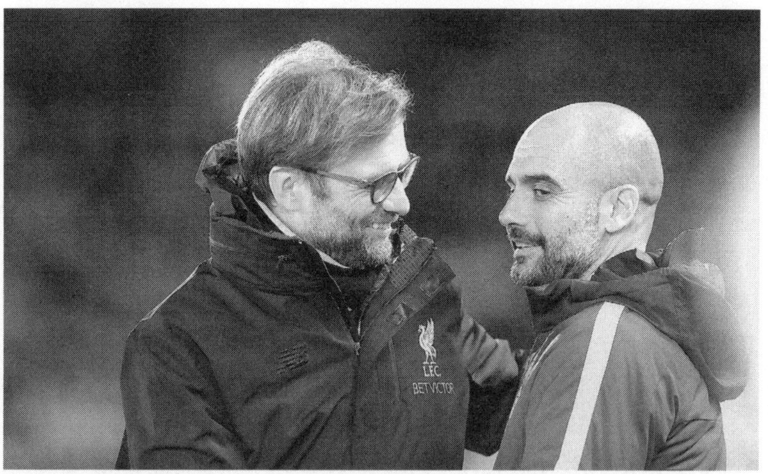

Abb. 11: Jürgen Klopp, Trainer des FC Liverpool, und Pep Guardiola, Trainer von Manchester City, am 31. Dezember 2016 vor Anpfiff des Premier-League-Matches an der Anfield Road.

idee Guardiolas hat sich 2011 im Champions-League-Finale zwischen Barcelona und Manchester United in Wembley gezeigt.

Guardiola versteht es, im Training so hochkomplexe Spielsituationen nachzubilden und seinen Spielern dafür Lösungsmöglichkeiten abzuverlangen, dass ein neuer Spielstandard entsteht und sich auch auf dem Feld selbst stets Neues, Unberechenbares entwickelt. Diese Strategie in Verbindung mit allerhöchster individueller Klasse der Spieler ist – anders etwa als eine Taktik, um einen bestimmten Spieler in den Griff zu bekommen – nicht zu kopieren. Sie hat im konkreten Fall dazu geführt, dass der Ball für den Gegner praktisch nicht mehr zu erreichen war – und Messi macht den Unterschied. Bei jedem noch so ausgeklügelten Spielsystem bringt die individuelle Qualität der Spieler den Erfolg. Das meiste in einer Mannschaft versammelte Talent gewinnt schließlich den Titel.

Völlig anders als eine Mannschaft von Guardiola spielt nun Liverpool unter Jürgen Klopp. Sein Team agiert viel freier, fast schon ein wenig anarchisch. Klopp lässt einen offensiven Fußball spielen, der natürlich ebenfalls wieder auf der hohen, individuellen Qualität seiner Spieler beruht, aber eben auch auf einer extremen Physis. Er führt seine Spieler, denen er innerhalb einer gewissen Organisation ihre Freiheit lässt, durch Freude, durch Motivation, durch Begeisterung für das eigene Ziel zum Erfolg. Aber das entscheidende Kriterium seiner Spielanlage ist Physis, Physis, Physis. Ein Musterbeispiel dafür scheint Virgil van Dijk – 1,93 Meter groß –, der Innenverteidiger spielt. Aber auch die Außenbahnen sind mit Spielern besetzt, die extrem schnell sind und mit hoher Begeisterung über das Spielfeld rennen und Initiative bringen. Liverpool unter Jürgen Klopp ist, wenn man so will, seinerseits wieder eine Antwort auf den extrem technischen und durchorganisierten auf Ballbesitz orientierten Fußball von Pep Guardiola – und auf seine körperorientierte Art auch fast schon wieder stilbildend. Es ist nur wenig zugespitzt zu behaupten, dass es das Markenzeichen von Jürgen Klopp ist, die Komplexität des Spiels durch die Konzentration auf die Physis, die schiere Power seiner körperlich starken und aufs Äußerste begeisterten Spieler zu kontrollieren. Er ist auf seine Art die Spitze dieser Entwicklung. Wenn man Liverpool gegen Man City spielen sieht, dann wird man gefühlt den Eindruck haben, dass Guardiolas Manchester irgendwie das Spiel dominiert. Aber wie durch einen Wellenbrecher verschafft sich Klopp mit Physis und Begeisterung die Initiative in diesem Spiel. So arbeitet er wieder an einer Vereinfachung, einer Reduktion der Komplexität des Fußballs und interpretiert damit das Spiel völlig anders als Guardiola, der auf die Beherrschung der Komplexität setzt.

Der italienische und der spanische Stil

Wenn wir von Trainerstilen sprechen, sollte auch von zwei Stilen gesprochen werden, die zumindest in den Anfängen typisch waren für bestimmte Länder – ich meine den italienischen und den spanischen Stil. Der italienische Stil ist in starkem Maße defensiv geprägt und verlangt einen hohen Organisationsgrad. Die Offensive steht demgegenüber weit zurück, so dass das ganze Spiel einer solchen Mannschaft eine destruktive Anmutung hat. Aber in den 80er und 90er Jahren wurde dieser Stil zu hoher Perfektion entwickelt, so dass es in den internationalen Wettbewerben eine Dominanz italienischer Mannschaften gab – darunter nicht zuletzt Juventus Turin und AC Mailand –, die von Trainern wie Giovanni Trappatoni, Arrigo Sacchi, Marcello Lippi und Fabio Capello geführt wurden. Doch diese Dominanz ging mit den Jahren verloren, weil man einer Mannschaft nur mit dieser defensiven, destruktiven Art keine Initiative, keine Ambitionen vermitteln kann. Sie widerspricht heute sowohl der Mentalität herausragender Spieler als auch der des Publikums, das sich nicht mehr mit einem professionell verteidigten 1:0 über 90 Minuten begnügen, sondern Spitzensport auch als Spitzenunterhaltung sehen will. Zudem wollen Spieler angreifen, wollen mehr Freiheit, wollen experimenteller sein und lassen sich nicht mehr so disziplinieren, wie das vielleicht früher möglich war. Sie verlangen nach einer Bühne, auf der sie konsequent ihre ausgeprägte Individualität und ihre hohe Qualität einbringen wollen. Diesem Denken und diesem Bedürfnis kommt der spanische Stil entgegen, als dessen typischer Vertreter noch einmal Pep Guardiola erwähnt sei. Auch der spanische Stil verlangt hohe spielerische Qualität und einen ausgeprägten Organisationsgrad. Aber er ist offensiv ausgerichtet und besticht durch hohe Individualität, durch technische Merkmale und durch Ballbesitzfußball, der aber konsequent offensiv vorgetragen wird.

Natürlich können nicht nur italienische Trainer den italienischen Stil vermitteln – ein Musterbeispiel dafür ist der Argentinier Diego Pablo Simeone, der bei italienischen und spanischen Clubs aktiv war, entsprechende Erfahrungen gesammelt hat und heute Atlético mit seinem hochperfektionierten defensiv angelegten Stil trainiert. Daher kann man wohl tatsächlich eher von einer italienischen Fußballphilosophie oder einer spanischen Fußballphilosophie sprechen. Dennoch fällt es – ganz grundsätzlich gemeint – auf, dass Trainer, die in den letzten Jahrzehnten international herausragende Mannschaften trainiert haben, sehr oft italienische, südamerikanische, spanische Trainer oder doch zumindest südamerikanisch bzw. spanisch geprägte Trainer waren. Das ist vielleicht auch ein Indiz dafür, dass so eine klare Philosophie dabei hilft, sehr gute Trainer auszubilden. Deutsche Trainer haben sich in den letzten zwanzig Jahren vergleichsweise selten international hervorgetan – Jupp Heynckes, Ottmar Hitzfeld und Jürgen Klopp erscheinen eher als Ausnahmen. Aber möglicherweise hat jetzt mit der neuen Trainergeneration auch auf diesem Gebiet wieder ein Umbruch begonnen. Dann enden vielleicht auch wieder die Zeiten, in denen ein Club wie Sevilla dreimal in Folge den Europapokal gewinnen konnte, während sich kein deutsches Team außer Bayern München international durchsetzen konnte. Das müsste eigentlich in einer Liga, die wirtschaftlich und spielerisch im internationalen Vergleich so potent ist wie die Bundesliga, öfter gelingen.

Die Grundlage dafür werden künftig die Kontinuität der Arbeit und das Vertrauen in die eigenen Trainer wie auch in die Spieler und den Spielernachwuchs bilden. Und deshalb möchte ich noch einmal auf den zuvor geäußerten Gedanken zurückkommen: Angesichts all der Vorzüge der Strukturen und der Ausbildungslage im deutschen Fußball wundere ich mich manchmal, weshalb so überproportional viele Spieler aus Österreich, der Schweiz, Tschechien, Dänemark, Schweden und anderen Ländern eingekauft werden, in denen mit Sicherheit nicht mehr Talente nachwachsen und in denen man sich weder auf demselben Niveau noch in derselben Konzentration wie hierzulande eine Topausbildung leisten kann. Dem einen oder anderen deutschen Verein würde ich daher wünschen, dass man im Management mehr Phantasie aufbringt, dass sich ein Spieler aus dem eigenen Nachwuchs besser entwickeln wird als einer, den man mit 25 aus einem Land holt, das in der Ausbildung nicht wirklich konkurrenzfähig ist. Wenn auf diesem Gebiet und bei den Arbeitsmöglichkeiten für die Trainer ein langer Atem herrscht, müssten auch wieder mehr internationale Titel zu gewinnen sein.

Die gegenwärtige Situation des Fußballs in Deutschland

Bevor wir uns der Lage im deutschen Fußball zuwenden, möchte ich vorausschicken, dass es an Talenten in Deutschland nie gefehlt hat – weder früher noch heute. Es gab und gibt in jeder Generation Spieler mit überragenden Fähigkeiten – Fritz Walter, Franz Beckenbauer, Lothar Matthäus, Manuel Neuer oder etwa Thomas Müller, um nur ganz wenige zu nennen. In unseren 56 Leistungszentren (Stand: Juli 2020) ist gegenwärtig viel Potential vorhanden, weil dort zahllose Jugendliche im Alter von 14 bis 19 mit hoher Intensität ausgebildet werden. Deutschland ist nicht nur das bevölkerungsreichste Land in der EU mit entsprechend viel Nachwuchspotential, sondern wir sind auch ein Einwanderungsland, dessen Potential sich durch den Zustrom neuer Talente immer weiter vergrößert. Zudem haben wir auch die beste Struktur, die man sich im Fußball im Hinblick auf die Ausbildung nur wünschen kann. Wir haben eine ausgezeichnete Wettkampforganisation, und die physischen Fähigkeiten deutscher Spieler sind überragend.

Nun geht es darum, all diese Vorzüge in die gegenwärtige Entwicklung einzubringen. Mir scheint, dass wir uns mit Blick auf die

Bundesliga gegenwärtig in einer Übergangsphase befinden. Die lange währende Dominanz des spanischen Fußballs, den nicht zuletzt Guardiola durch sein jahrelanges Engagement bei Barcelona und dann durch seine Arbeit beim FC Bayern München in Deutschland vermittelt hat – mit seiner Konzentration auf Ballbesitz und der spielerischen Beherrschung der Komplexität durch technisch herausragende Akteure –, hat hierzulande Wirkung gezeigt. Auch bei uns eröffnen nun viele Mannschaften das Spiel im besten Sinne spielerisch von hinten, um den Ball dann nach vorne zu tragen, um es ganz in die gegnerische Hälfte zu verlagern, d.h. also sofort draufzugehen bei Ballverlust. Man hat zwar sicher nie den Organisationsgrad erreicht, den Guardiola mit Barcelona entwickelt und den er beim FC Bayern eingeführt hatte, aber man hat es versucht. Was die gegenwärtige Situation jedoch kennzeichnet, ist, dass es daneben auch eine Tendenz gibt, sich dem Spiel von Liverpool anzupassen und wieder vermehrt auf physischen Fußball zu setzen. Ein schönes Beispiel dafür bietet Leipzig; aber es zeigen sich solche Ansätze auch beim eher spielerisch orientierten Dortmund, wo man nicht von ungefähr einen so physisch starken Stürmer wie Erling Haaland gekauft hat.

Es ist in so einer Übergangsphase, in der noch eine klare Festlegung fehlt, nicht weiter überraschend, dass sich die Anfälligkeit der Mannschaften zeigt, wenn es auf höchstes internationales Niveau geht. Man legt das Spiel eben nicht völlig spielerisch an, setzt aber auch nicht komplett auf die Physis – Letzteres, wie gesagt, noch am ehesten die Leipziger. Es wird sehr interessant sein zu verfolgen, wohin die generelle Entwicklung des deutschen Fußballs in dieser Auseinandersetzung um die Spielanlage gehen wird. Wenn ich diese komplexe Frage auf zwei Trainer runterbrechen sollte, wäre es eine Frage zwischen Guardiola-Fußball und Klopp-Fußball. Es ist nicht ausgemacht, was sich durchsetzen wird. Fest steht nur, dass man weiterhin für das eine wie für das andere System herausragende Individualisten braucht, die man von dem überzeugen kann, was man mit ihnen vorhat und wofür man sie auf ihren Positionen einsetzen will; sie müssen sich mit dem gewählten System wohlfühlen, sich damit identifizieren und das dann als ganze Mannschaft tragen. Wenn in diesem Punkt Unklarheit herrscht, wird es schwierig.

Mein Mannschaftskamerad Xabi Alonso hat die Lage bei seinem Abschied schön auf den Punkt gebracht: Gegenwärtig haben wir einen Mix von beidem – Spielanlage von hinten raus, vorne aggressives Sturmverhalten und Gegenpressing; aber da der Professionalisierungsgrad beider Spielanlagen noch nicht voll entwickelt ist, kommt es zu relativ vielen Ballverlusten in der Spielentwicklung nach vorne. Wenn dann noch die Mannschaftsteile etwas zu weit auseinanderstehen, kommt es infolgedessen immer wieder zu Gegentoren. Das ist ein Problem im deutschen Spiel, weil man dadurch in den Auseinandersetzungen mit internationalen Teams unterliegt, obwohl man an sich bessere Rahmenbedingungen hat und auch mehr Talent auf den Platz bringt. Mithin ist der Wirkungsgrad des deutschen Spiels im Vergleich mit internationalen Spitzenteams gegenwärtig nicht hoch genug, um sich regelmäßig durchzusetzen.

Vor diesem Hintergrund bin ich gespannt, für welchen Stil sich die Nationalmannschaft entscheiden wird – für absolut technischen Fußball oder eher physischen Fußball? Oder wird man es auch da mit einer Kombination aus beidem versuchen? Letztlich geht es immer nur um die Frage, welchen Grad an Exzellenz man auf die eine oder andere Weise erreicht, weil auf Weltniveau nur absolute Exzellenz Titel bringen kann. Dies gilt, sowohl was die internationalen Vergleiche der Vereinsmannschaften als auch was die Nationalmannschaften betrifft.

Was also könnte hilfreich sein auf dem Weg, auch in Deutschland ein System – für welches auch immer man sich entscheidet – durchzusetzen und zum Erfolg zu führen? Ein wichtiges Moment wird die Kontinuität in der Trainingsarbeit ausmachen. Ein System in eine Mannschaft einzubauen und es mit ihr zu erarbeiten, bis es tragfähig und erfolgversprechend wird, kann nicht von heute auf morgen geschehen. Dafür braucht der gesamte Verein einen langen Atem und Vertrauen in den Trainer. Dann erst wird sich eine klare Handschrift in der Spielanlage zeigen. Kein Trainer kann so etwas innerhalb von einem oder zwei Jahren einer Mannschaft vermitteln und sie auf absolutes Topniveau bringen. Guardiola und Klopp bieten schöne Beispiele dafür, was dabei herauskommen kann, wenn man auf langfristige Arbeit statt auf kurzfristigen Erfolg setzt. Dann wächst auch das Vertrauen der Spieler in den Trainer, der mit ihnen in der Weise und in Ruhe auf das Ziel hinarbeiten kann, das ihm vorschwebt.

Interessant ist unter diesem Gesichtspunkt, was Ralf Rangnick über verschiedene Ligen hinweg bei zwei unterschiedlichen Clubs (Hoffenheim und Leipzig) entwickelt und verbreitet hat – einen sehr physischen Fußball mit schnellem Umschaltspiel. Auf jeden Fall hat man ihm dafür die Zeit gegeben, etwas zu entwickeln. Die Zeit ermöglicht ihm, Kontrolle zu sichern und seine Vorstellungen mit einer Mannschaft umzusetzen. So etwas gelingt nicht innerhalb von nur einem oder zwei Jahren. Aber dadurch, dass er die Zeit hatte, ist er im Hinblick auf den Trainerberuf schon geradezu stilbildend geworden. Eine ganze Generation von Trainern hat er auf diese Weise beeinflusst – das ist natürlich eine Leistung. Titel sind allein damit freilich noch nicht gewonnen. Er bietet jedenfalls ein gutes Beispiel dafür, was mit kontinuierlicher Arbeit erreicht werden kann. Ein anderes Beispiel für Kontinuität ist der SC Freiburg. Dort sind durch die Möglichkeit, langfristig zu arbeiten, während der letzten zwanzig Jahre Strukturen gewachsen und während der letzten acht Jahre unter Christian Streich gefestigt worden, die in einer Mannschaft mit begrenzten Möglichkeiten Stabilität und Identität hervorgebracht haben, die zum langfristigen Erhalt der Spielklasse geführt haben.

Das Triple des FC Bayern München 2020

Wenn ich die Siegermannschaften von 2013 und 2020 in der Champions League betrachte, so sehe ich eine eindrucksvolle Mischung von Kontinuität und Wandel. Leistungsträger von 2013 – Manuel Neuer, David Alaba, Jérôme Boateng und Thomas Müller – bildeten auch 2020 das Gerüst, das der nachwachsenden Generation von Topspielern wie Joshua Kimmich, Leon Goretzka, Niklas Süle, Serge Gnabry, Alphonso Davies und Kingsley Coman Orientierung und Halt geboten und für Stabilität gesorgt hat. Drei Faktoren haben die Wiederholung des Erfolgs von 2013 begünstigt: 1) die hohe Identifikation der Spieler mit dem Verein, der seit Jahrzehnten seinen Werten treu geblieben ist, 2) die – soweit es viele deutsche Spieler in der aktuellen Bayernmannschaft betrifft – Fortführung und Intensivierung ihres Zusammenwirkens in der Nationalmannschaft und 3) der Trainer Hansi Flick, der es in kürzester Zeit verstanden hat, bewährte Komponenten mit neuen Elementen so zu verzahnen, dass die Mannschaft eine bewundernswerte Stabilität entwickelt hat, die man von ihr zu Beginn der Saison 2019/20 noch nicht erwarten konnte. Hansi Flick wusste diese beiden Welten zusammenzuführen und eine klare Hierarchie im Team herauszuarbeiten. Er war es auch, der Thomas Müller wieder das Vertrauen gab, das ihm geholfen hat, nicht nur seine Genialität auf dem Platz, sondern auch seine Führungsrolle in der Mannschaft auszuleben. Jérôme Boateng verlieh Flick wieder die erforderliche Reputation, so dass er seine Klasse und Erfahrung ausspielen konnte, die ihn schon vor Jahren nicht von ungefähr zum Weltmeister gemacht haben. David Alaba hat Flick in seinem Triple-Gerüst in eine Leader-Rolle gehoben, die er sich längst im Team verdient hatte. Mit Manuel Neuer hatte der Trainer zudem eine absolute Autorität in der Mannschaft, die auch im Finale vorangegangen ist. So wie seine Leistung jeden Gegner einschüchtert, so stabilisiert sie zugleich nachhaltig die eigene Mannschaft – beides zusammen bildete im Endspiel der Champions League die Grundlage des Erfolgs. Mit seinen Paraden hat Manuel Neuer deutlich gemacht, dass er unter den Torhütern auch im internationalen Maßstab einzigartig ist.

Das Finale hat gezeigt, dass sich eine neue Philosophie im europäischen Spitzenfußball durchzusetzen beginnt. Der Stil entwickelt sich weg vom komponierten Spiel, wie es Pep Guardiola fast bis zur Perfektion hat spielen lassen, weg vom Tiki-Taka. Gegenwärtig schlägt das Pendel in die andere Richtung aus. Es dominiert eher jener Fußball aus Leidenschaft, Begeisterung und starker Physis – natürlich ohne dabei auf die zwingend erforderliche Organisation des Spiels zu verzichten –, wie ihn Liverpool, Paris Saint-Germain und eben auch der FC Bayern vorleben. Mein Sohn hat mit mir das Spiel im Fernsehen verfolgt und dabei das Bayern-Trikot von Alphonso Davies getragen. Es ist kein Zufall, dass ausgerechnet der junge Kanadier seinen Durchbruch in dieser Triple-Saison erlebt hat. Er verkörpert wie kaum ein anderes Talent diesen unglaublich physischen und dynamischen Stil, der durch technische Stärke ergänzt wird. Es ist auch das Spiel von Kingsley Coman, der bezeichnenderweise das Siegtor in einem Endspiel erzielt hat, in dem die ganze Mannschaft permanent mit voller Energie von hinten nach vorn und von vorn nach hinten gearbeitet hat.

Der FC Bayern hat bei seinem Triple-Erfolg natürlich auch von seiner einzigartigen Marktsituation profitiert. Ihn zeichnen zwei Alleinstellungsmerkmale in der Bundesliga aus – seine unübersehbare sportliche Dominanz und die bereits erwähnte hohe Identifikation der Spieler mit diesem Club. So erscheint es nur folgerichtig, dass gerade die deutschen Toptalente regelmäßig versuchen, ihren nächsten großen Karriereschritt beim FC Bayern zu vollziehen. Der Wechsel von Leroy Sané nach München, der sich zwanglos in die Philosophie dieser Mannschaft einfügen wird, bestätigt diese Beobachtung.

Den Prozess, der sich in der Bayernmannschaft vollzogen hat, darf man als Wandel auf ganz hohem Niveau beschreiben. Das Resultat ist ein Team, das eine große Zukunft vor sich hat. Dass diese Perspektive möglich ist, hängt auch damit zusammen, dass der Verein seine annähernd monopolartige Stellung im deutschen Fußball und die damit einhergehende Finanzstärke – nicht zuletzt ein Resultat etwa von Titelprämien, Sponsoring, TV-Geldern, Startgeldern, Merchandising, Spielerverkäufen und vielem anderen mehr – konsequent nutzt, um mit den Topclubs dieser Welt zu konkurrieren, wenn es um die besten Talente auf dem Weltmarkt geht. Was sieben Jahre nach dem Champions-League-Sieg von 2013 beim FC Bayern München ins Werk gesetzt wurde, hat das Potential, auf Jahre hinaus stilbildend und prägend auf den internationalen Fußball zu wirken – so wie es in der Vergangenheit beim FC Barcelona, bei Real Madrid und Manchester United der Fall war.

18. Coachingzone 2

Trainer, Spieler und eigene Vermittlungsfähigkeit

Trainer, die junge Spieler in einen bestehenden Profikader integrieren, leisten bewundernswerte Führungsarbeit. Viele der jungen Spieler haben bestimmte Ideale vor ihrem geistigen Auge und versuchen, dementsprechend auf dem Platz zu agieren. Da kann man sich gut vorstellen, dass es nicht einfach ist, mit ihnen ein Team zu formieren, das funktioniert. Solch eine Situation erfordert die ganze Autorität des Trainers. Es gibt jedoch auch Trainer, die nur mit ganz jungen Spielern arbeiten wollen – Spielern, die gewissermaßen mit «leerer Festplatte» zu ihnen kommen und ganz und gar von ihnen geprägt werden; in dieser Fixierung auf ihren neuen Trainer sind sie in der Regel auch besonders belastbar. Aber ob das allein erfolgversprechend ist, möchte ich bezweifeln. Wenn ein Trainer selbst auf hohem Niveau als Spieler Wettkampferfahrung gesammelt hat, wird er in der Lage sein, seine Idee vom Spiel – sofern er über eine solche Idee verfügt – weiterzugeben, und zwar auch an erfahrene Topspieler, die bereits anderswo Erfahrungen gesammelt haben. Er wird nicht darauf angewiesen sein, dass seine Spieler ausschließlich und ganz allein von ihm geprägt werden. Wem hingegen diese Wettkampferfahrung auf Topniveau abgeht, der wird wohl ein Theoretiker bleiben und es nicht leicht haben, ein Spitzentrainer zu werden.

Es wird sich zeigen, was Ausbildungsakademien bringen, in deren Lehrgängen die Trainerausbildung in Händen von Fachpersonal liegt, das nicht selbst Fußball auf höchstem Niveau gespielt hat. Kann jemand im Mannschaftstraining den Reiz der richtigen Anforderung setzen, *der nicht aus eigener Erfahrung weiß*, wo das Problem liegt und wie die Lösung aussehen kann? Es ist extrem schwierig, elf Mann zu koordinieren und immer wieder in wettkampfähnliche Situationen zu bringen, in denen dann wirklich ein Lerneffekt eintritt. Gute Trainer müssen ein gewisses Maß an eigener Erfahrung einbringen. Sie wissen, wie sich die Abläufe auf dem Platz vollziehen und was das Spiel in welcher Situation erfordert; sie erkennen, wo die Schwächen ihrer Mannschaft liegen, die bearbeitet werden müssen. Sie richten in der Art von Steuerungsmodellen ihre eigene und die Arbeit ihres gesamten Trainerstabs an diesen Erfordernissen aus, und dieser Trainerstab weiß dann, was und wie trainiert werden muss.

Um gleich den Fehler des Umkehrschlusses zurückzuweisen: Natürlich heißt das nicht, dass jemand, der ein Topspieler war, automatisch auch ein Toptrainer wird! Wenn ehemalige Spitzenspieler nicht angemessen ausgebildet wurden und ihnen Struktur, Ordnung und Disziplin abgehen, werden sie selbst auch keine Mannschaft erfolgreich anleiten können. Es fallen einem, auch ohne hier Namen zu nennen, genügend Beispiele ein, die daran gescheitert sind. Im Zweifelsfall führen sie eine schillernde Existenz in den unteren Spielklassen, wo sie von altem Ruhm zehren: «Es ist nachvollziehbar, dass die meisten Spieler nach der Karriere im Fußball als Trainer oder Sportdirektor weiterarbeiten wollen. Dies ist allerdings aufgrund der begrenzten Zahl der Arbeitsplätze nicht möglich. Zudem sind auch für diese Positionen grundsätzlich entsprechende Qualifikationen erforderlich.»[1]

Big Data im Fußball – oder die Grenzen des Nutzens von technischem Fortschritt in unserem Sport

Erinnern Sie sich noch an den Stürmer Aílton? Ein toller Knipser mit unglaublichem Torinstinkt, der Werder Bremen so manches Spiel gewonnen hat. Gelegentlich hat man sich jedoch angesichts seiner barocken Formen über dessen Leistungsfähigkeit gewundert. Auch der unvergleichliche Gerd Müller, der Brasilianer Ronaldo oder Paul Gascoigne waren nicht die Allerschlankesten. Aber wenn jemand die Tore macht, hat man es als Übungsleiter nicht leicht, ihn in dieser Hinsicht zu bekehren – was lästig werden kann, weil die Zuschauer ebenfalls die Leibesfülle eines Spielers sehen und entsprechend kommentieren, wenn's mal nicht so gut läuft ...

Ein guter Trainer weiß, wo seine eigenen Grenzen verlaufen und auf welchem Gebiet er sich Hilfe holen muss. In diesem Zusammenhang kann die wissenschaftliche Auswertung von Spieldaten und die Messung von Leistungsdaten der Spieler Bedeutung erlangen. Aber die daraus zu gewinnenden Erkenntnisse werden nur von Nutzen sein, wenn der Trainer in der Lage ist, ein Spiel zu lesen, Stärken und Schwächen seiner Mannschaft zu erkennen und die sich daraus ergebenden Notwendigkeiten zu benennen. Statistiken, für sich genommen, bringen weder dem Trainer einen echten Erkenntnisgewinn, noch führen sie in der Mannschaft zu einem Fortschritt, wenn dem Übungsleiter der eigene Erfahrungshintergrund fehlt, vor dem er sie auswerten und beurteilen kann. Sie sind dann gerade mal gut genug, um damit Sportsendungen zu untermalen und Zuschauer zu unterhalten. Spiele und erst recht Meisterschaften werden damit nicht gewonnen.

Gerade junge Trainer ohne eigene Erfahrungen auf höchstem Niveau tun sich mit der gewinnbringenden Auswertung solcher Daten schwer. Welche Erkenntnis vermitteln beispielsweise abstrakte Daten zum körperlichen Leistungszustand eines Abwehrspielers, der leider auf dem Platz in den relevanten Zweikampfsituationen versagt? Anders sieht die Sache aus, wenn es um die Rehabilitation eines verletzten Spielers geht; dann bekommen Daten durchaus einen guten Sinn. Doch lässt sich daran weder der spielerische Entwicklungsstand eines Fußballers noch der Entwicklungsstand einer Mannschaft ablesen; beides ist nur anhand des realen Spielgeschehens möglich.

Dafür bedarf es vor allem der Erfahrung. Sie ist unverzichtbar, um zu erkennen, welche Prozesse sich in einer Mannschaft vollziehen und wie und wo man verstärkend oder korrigierend eingreifen muss. Mit der Erfahrung wächst die entsprechende Kompetenz – aber es wächst eben auch die Persönlichkeit, die Entscheidungen treffen und durchsetzen kann. Ottmar Hitzfeld beispielsweise hat kein Detailtraining gemacht im Hinblick darauf, was ein bestimmter Spieler zu üben und zu lernen hatte, aber er war kraft seiner Autorität – nicht zuletzt kraft seiner menschlichen Qualitäten – ein ausgezeichneter Moderator und Motivator. Wenn man so will: Er war ein Meister der Manipulation, der ein aus ganz eigenwilligen Charakteren bestehendes Team wie ein Dompteur geführt hat. Er beherrschte die Sprache des Milieus der Spielergeneration, mit der er arbeitete, verfügte damit über eine genaue Ansprache und hat den Alpha-Spielern seiner Mannschaft wie Effenberg und Kahn eine bestimmte Rolle gegeben; damit hat die Mannschaft funktioniert. Er selbst besaß die Fähigkeit zur Führung, hat Konflikte und Konfliktherde erkannt und eingehend analysiert. Auf diese Weise konnte er stets die Kontrolle bewahren und seine Spieler, aber auch seine Mitarbeiter in geeigneter Weise ansprechen und auf ein gemeinsames Ziel ausrichten. Das wäre ihm aber nicht möglich gewesen, wenn er selbst nicht in seiner aktiven Zeit auf relevantem Niveau gespielt hätte.

Letzteres gilt in vergleichbarer Weise auch für Mourinho, der zudem jahrelang Co-Trainer bei Topteams (Porto und Barcelona) gewesen ist. Er hat es verstanden, eine Mannschaft aus einer extrem stark organisierten Abwehr heraus zum Erfolg zu führen, indem er einen hocheffizienten Konterstil geprägt hat. Manch einem scheint sein Stil nachgerade zerstörerisch, aber wenn ein Trainer wie Mourinho ihn kultiviert und zudem mit psychologischen Mitteln eine Mannschaft zu motivieren weiß, dann gelingt es eben auch, ein Team zu Titeln zu führen.

Von zentraler Bedeutung ist, dass jemand eine zündende Idee hat, ein Alleinstellungsmerkmal, mit dem er seine Spieler begeistert und in ihnen den Glauben wachsen lässt, sie könnten Großes erreichen. Solch ein System, das ein Trainer seinem Team auf diese begeisternde Weise einimpft, kann ganz unterschiedlich im Vergleich zu anderen Spielsystemen sein, die ebenfalls erfolgreich sind; wichtig ist nur, dass es nicht vom Gegner ausgerechnet und im Spiel widerlegt wird – wie es beispielsweise Louis van Gaal widerfahren ist. Hinzu aber kommt, dass alle großen Trainer wie Hitzfeld, Guardiola oder Mourinho einen unbestechlichen Blick für die Qualität von Spielern haben. Diesen Blick erwirbt man sich jedoch nur mit eigener Erfahrung: Man muss entweder bereits als Aktiver von Spielern auf höchstem Niveau umgeben gewesen sein, oder man muss über einen längeren Zeitraum hinweg Spieler, die auf allerhöchstem Niveau spielen, trainiert haben, um herausragende Qualität zu erkennen.

Unerfahrene Trainer laufen Gefahr, sich blenden zu lassen und auf eine Form von Modernität zu setzen, die wenig mit der Spielwirklichkeit zu tun hat: Wer Statistiken betrachtet, ohne dass er stets, was er sieht, in Beziehung zur Wirklichkeit seiner Mannschaft setzen kann, wird nicht die für das Spiel relevanten Fragen stellen, nicht die richtigen Analysen vornehmen und folglich auch nicht die richtigen Antworten bekommen. Nur an einem Wert herumzuschrauben – beispielsweise an dem oft beanstandeten Laktatwert eines Spielers –, bis der statistisch so gut wie möglich ist, bringt herzlich wenig. So wenig wie es bringt, eine Doktorschmiede einzurichten, um Toptrainer hervorzubringen. Man braucht stattdessen eben doch eine echte Trainerschmiede …

Wenn ein erfahrener Trainer eingreift, geht es ihm stets um den konkreten Entwicklungsstand und die reale Leistungsfähigkeit des Einzelspielers und seiner Mannschaft. Mit Blick auf den einzelnen Spieler geht es immer darum, was für einen Wert der Betreffende für das Spiel seiner Mannschaft hat. Sich auf technische Hilfsmittel zu verlassen, kann den Blick für die Notwendigkeiten verstellen und geradezu hinderlich sein für Trainerentscheidungen; diese müssen nach wie vor von eigener Erfahrung und eigener Anschauung dessen geleitet sein, was auf dem Platz geschieht. Mit anderen Worten: Es kommt letztlich immer auf den Cheftrainer an, der das Spiel lesen kann. Für die Detailarbeit sucht er sich Leute, die dort die Mannschaft verbessern, wo er sich Verbesserungen wünscht. Das kann er nicht alles selbst machen – und er weiß auch, dass er mit seiner Tätigkeit nicht alle Arbeitsbereiche abdecken kann. Seine Mitarbeiter können durchaus wissenschaftliche Hilfsmittel einsetzen, wenn sie wissen, für welchen Aspekt der vom Cheftrainer angestrebten Verbesserung sie diese brauchen! Sie werden hingegen mit noch so viel Technik samt ihrem Cheftrainer scheitern, wenn oben die Sachkenntnis fehlt, um das eigentliche Aufgabenfeld, die eigentliche Themenstellung der Trainingsarbeit zu beschreiben, die erforderlich ist, um über das Detail das Spiel der Mannschaft als Ganzes zu verbessern.

Cheftrainer, Trainerstab und Trainingsintensität

Aus meiner Sicht wäre es wünschenswert, wenn ein Cheftrainer die Richtlinien der Trainingsarbeit in allen Bereichen vorgibt – und zwar bis zu den Junioren, indem er gemeinsam mit der Leitung eines Leistungszentrums die Ziele der zu leistenden Arbeit beschreibt und sie ausformuliert, die dann das Team umsetzen muss. So wissen alle Beteiligten, an wen sie sich zu wenden haben, weil die Rollen der Ansprechpartner klar definiert sind. Auf diese Weise entsteht präzise Führung von der U15 bis in den Profikader.

Jedes Mitglied eines Trainerstabs weiß, welches sein Sachgebiet und was seine Aufgabe ist. Diese Aufgaben bestimmen sich danach, wie viel ein Cheftrainer delegiert. Trainer wie beispielsweise Alex Ferguson und Ottmar Hitzfeld haben sich in hohem Maße über ihre Rolle auf dem Platz definiert; sie griffen also nicht in das Detailtraining ein, sondern setzten voraus, nachdem sie ihre Erwartungen an den jeweiligen Mannschaftsteil beschrieben hatten, dass ihnen von ihrem Stab angemessen zugearbeitet wurde. War das nicht der Fall, wurde der betreffende Übungsleiter ausgetauscht.

Cheftrainer, die so arbeiten, wirken gewissermaßen aus der Vogelperspektive – sie sehen die Entwicklung auf dem Platz und gleichen sie mit ihren Zielvorstellungen ab: Wie agiert die Mannschaft, wenn sie in Ballbesitz ist, wie nach einem Ballverlust? Werden im Training meine Themenschwerpunkte so bearbeitet, wie ich mir das vorstelle: Standardsituationen, Spiel gegen den Ball, Spiel mit dem Ball, Defensivverhalten, Offensivverhalten, werden meine taktischen Vorgaben umgesetzt? Erreicht die Mannschaft im Training eine hohe Intensität – wird also die Wettkampfsituation selbst auf höchstmöglichem Niveau im Training erreicht? Zeigt sich dabei, dass jeder Spieler in der Mannschaft weiß, was zu tun ist und wie die Mannschaft als Ganze in unterschiedlichen Spielsituationen zu arbeiten hat? Unter diesen Fragestellungen beobachtet und kontrolliert der Cheftrainer das Training – im Bewusstsein, dass im Training maximal 60 Prozent der Wettkampfintensität erreicht werden können.

Trainerstäbe sollten die einzelnen Mannschaftsteile möglichst konkret gemäß den Positionen und ihren Funktionen trainieren.

Den Trainerstab bildet ein Team von acht bis zehn Spezialisten, ohne die es heute kaum noch möglich wäre, differenziert zu arbeiten und auf dem gegenwärtigen Höchstleistungsniveau erfolgreich zu sein. Das Training sollte immer weiter auf eine zunehmende Genauigkeit hin im taktischen Bereich und auf eine immer weiter verbesserte Detailarbeit mit einzelnen Mannschaftsteilen und einzelnen Spielerpositionen entwickelt werden. Jeder Spieler sollte im Training mit höchsten Anforderungen konfrontiert werden, die ihn zwingen, unter vollem Einsatz seiner Technik immer neue kreative Lösungen für die jeweilige Spielsituation hervorzubringen.

Zwar kam es auch im Laufe der letzten Jahrzehnte zu einer Steigerung der Athletik – Krafttraining, Muskelaufbau, Schnelligkeit, Kondition –, aber dieser Aspekt sollte, wenn man von dem Bereich der Rehabilitation verletzter Spieler absieht, nicht überbewertet werden. Die gesteigerte Athletik ist gewissermaßen nur eine Folge der insgesamt gewachsenen Leistungsanforderungen an die Teams, die bis zu zehn Trainingseinheiten pro Woche und zusätzliche Spieltage absolvieren.

Klopp, Löw, Rehhagel, Guardiola und die Beherrschung des Fußballs als komplexes System

Kein Trainer ist wie der andere – jeder Trainer will einzigartig sein. Doch selbst wenn ein junger Trainer ein Vorbild noch so sehr bewundert und studiert, wird er sich ihm doch nicht anverwandeln können, weil er nicht sein Denken beherrscht und nicht über seine Persönlichkeit verfügt. Wenn ich an dieser Stelle Jürgen Klopp als Beispiel wähle, so deshalb, weil er mir besonders vor Augen steht. Denn ich musste mich gleich in meinen ersten beiden Spielzeiten als Mannschaftskapitän des FC Bayern (2010/11 ab Januar und 2011/12) mit ihm und Borussia Dortmund ganz besonders auseinandersetzen. Er führte damals zweimal hintereinander seinen Verein zur Meisterschaft, und 2012 gelang ihm mit einem 5:2 gegen uns auch noch der Pokalsieg – und damit das erste Double der Dortmunder Vereinsgeschichte. In den darauffolgenden Spielzeiten wurde er mit Dortmund jeweils hinter uns Zweiter und verlor 2013 gegen uns das Champions-League-Finale und in der folgenden Saison auch das Pokalfinale. Das Duell zwischen Bayern und Dortmund in diesen Jahren hat Jürgen Klopp als Trainerpersönlichkeit ganz besonders mitgeprägt. Er ist ein unglaublicher, auf seine Art wirklich einzigartiger Trainer. Seine Spielidee ergibt sich aus dem Bewusstsein, dass nicht alle seiner Spieler absolute Weltklasse sind. Aber er vermag ihnen ein Ziel zu geben und das Vertrauen, dass sie zum Erfolg kommen, wenn sie bedingungslos wie Gladiatoren zu Werke gehen. Das Besondere an Klopp ist seine ungeheure Fähigkeit zur Motivation. Er brüllt, seine Spieler brüllen, die Spieler auf der Ersatzbank brüllen – sie alle feiern sich selbst. Er versteht es, die Jungs dadurch auf Kurs zu bringen, dass er seine Idee geradezu körperlich vorlebt und unübersehbar zum Ausdruck bringt. So wie er sich seinen Spielern zuwendet, ist das sehr direkt, sehr glaubhaft. Er verfügt über eine enorme Fähigkeit, auf ganz unterschiedliche Persönlichkeiten ganz unterschiedlich, aber immer ganz unmittelbar einzugehen. Damit schafft er sich einen Zugang zum Bewusstsein jedes einzelnen Spielers – und über jeden Einzelnen zur Mannschaft insgesamt; auf diese Weise gelingt es ihm, auch jene mitzunehmen, die nicht auf allerhöchstem technischem Niveau unterwegs sind.

Bei Jürgen Klopp ließ sich eine interessante Entwicklung verfolgen, was den Zugriff auf seine Mannschaft betraf, als er Borussia Dortmund übernahm. Er führte die Mannschaft vom 6. Tabellenplatz in der Saison 2008/09 bis zur zweimaligen Meisterschaft (2010/11 und 2011/12) und zum Pokalsieg über den FC Bayern München im Jahr 2012. Die Jahre des Vereins seit 2003 waren wenig ermutigend verlaufen, so dass man von Jürgen Klopp viel erwartete. Er traf damals auf eine Mannschaft, die nicht schlecht war, aber die er durchpusten musste – einige Spieler mussten verkauft werden –, bis er ein junges Team hatte, auf das er, nachdem er die Kontrolle gewonnen hatte, seinen gewaltigen, stark emotional geprägten Einfluss ausüben konnte. Dann hat er sich als ein Trainer von ungeheurer persönlicher Ausstrahlung bewiesen, der seine Spieler, die ihm bedingungslos zu folgen bereit sind, zu Höchstleistungen aufpeitschen kann. Gerade mit dem Pokalsieg von 2012 über den FC Bayern hat er unter Beweis gestellt, dass man mit Mentalität Qualität schlagen kann. Ich bin nach wie vor davon überzeugt, dass wir bei der 2:5-Niederlage spielerisch nicht unterlegen waren; aber Jürgen Klopp hat es eben verstanden, seine Mannschaft so zu begeistern, dass er sie damit zum Sieg geführt hat. Das war eine große Trainerleistung, die damals wie heute allen Respekt verdient.

Nicht weniger bewundernswert als seine Titel aus der Zeit bei Dortmund ist die Tatsache, dass er damals eine tolle Kontinuität in die Arbeit beim BVB gebracht hat, die den Verein eben nicht von ungefähr noch zweimal auf den zweiten Platz hinter dem FC Bayern und auch in das Champions-League-Finale von London im Jahr 2013 geführt hat.

Was Jürgen Klopp danach auf seine unnachahmliche Weise auch in Liverpool in Gang gesetzt hat, ist ein richtiger Prozess in der Mannschaft, und er selbst ist der immer vorwärtstreibende Teil dieses Prozesses. Das Ergebnis dieses Prozesses ist, dass die Mannschaft eine Einheit geworden ist. Dahinter muss man jetzt nicht unbedingt ein ganz besonders tiefes Verständnis für die spieltechnischen und strategischen Geheimnisse unseres Sports suchen – das ist auch gar nicht erforderlich. Wenn die Impulse so funktionieren wie gerade beschrieben, dann genügen auch mal dieses bedingungslose Draufgehen in jeder Situation und die damit verbundene gewaltige Emotion, die alle mitreißt.[2] Wichtig ist nur, dass es diesem Trainer mit unübersehbarer Durchschlagskraft gelingt, auf diese Weise das Beste aus seiner Mannschaft herauszuholen.

Mehr noch als das Duell mit Jürgen Klopp und dem BVB hat mich die Zusammenarbeit mit Jogi Löw in der Nationalmannschaft beschäftigt und mir immer wieder Anlass gegeben, über diesen Trainer nachzudenken. Das ist leicht zu verstehen, weil ich ihn im Zusammenhang mit dem prägenden Erlebnis der Weltmeisterschaft 2006 in Deutschland kennengelernt habe und dann bis 2014 unter seiner Leitung eine Reihe großer Turniere spielen durfte. Jogi Löw ist ein völlig anderes Temperament als Jürgen Klopp, aber auch er hat als Spieler auf relevantem Niveau Erfahrungen gesammelt. Zudem verfügte er bereits über viel Erfahrung als Trainer mit Stationen in Deutschland, Österreich, der Schweiz und der Türkei, als er in den Jahren 2004 bis 2006 Co-Trainer der Nationalmannschaft wurde. Der nächste Schritt war, dass er sein Amt als verantwortlicher Nationaltrainer antrat, wo er sein ganzes Wissen eingebracht hat.

Mit uns konnte der Bundestrainer sehr gut arbeiten. Er hatte eine Mannschaft im Umbruch übernommen – eine Situation, die immer wieder vorkommt, wenn eine neue Generation nachrückt. Aber es ist eine Kunst, diesen Moment zu erkennen und den Wandel einzuleiten. Beim FC Bayern hatte sich damals ein außergewöhnlich hochtalentierter Spielerstamm entwickelt und durchgesetzt, der schließlich 2013 die Champions League gewinnen sollte. Ein guter Trainer erkennt natürlich einen solchen parallel zu seiner eigenen Tätigkeit verlaufenden Prozess, und er versteht es, dessen Übertragung vom Verein in die Nationalmannschaft einzuleiten und zu steuern. Zu seinen Tugenden gehört, dass er ermöglicht und geschehen lässt, was sich auf guten Wegen befindet, ohne künstlich einzugreifen. So hat Jogi Löw in der Nationalmannschaft von 2006 bis 2014 kontinuierlich den Weg freigemacht für die nachrückenden Führungsspieler – Schweinsteiger,

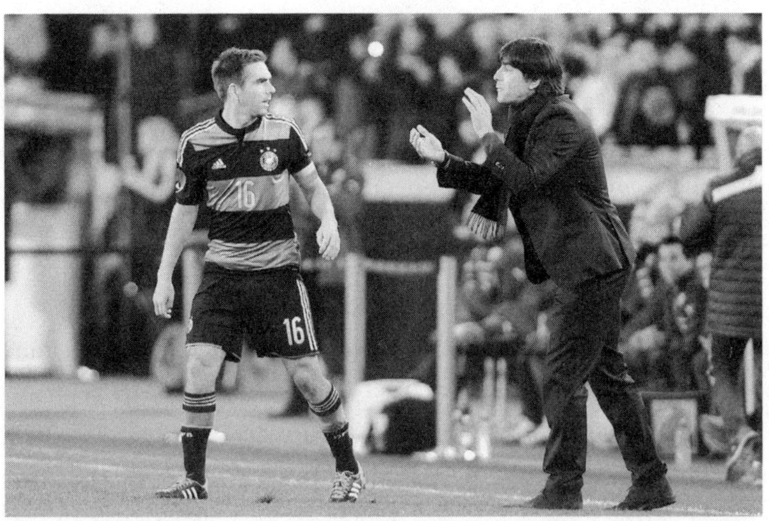

Abb. 12: Bundestrainer Jogi Löw und Philipp Lahm als Kapitän der deutschen Nationalmannschaft tauschen sich während des Länderspiels Deutschland gegen Chile (5. März 2014) am Spielfeldrand aus.

Müller, Neuer, Kroos, Boateng und meine Wenigkeit –, die dann Verantwortung übernommen haben. Das Ergebnis all dessen war, dass im Endspiel 2014 sechs Spieler aus dem Bayern-Kader in der Startaufstellung der Siegermannschaft im Maracanã standen und der siebte der Siegtorschütze Mario Götze war, seit der Saison 2013/14 Stürmer beim FC Bayern.

Mein erstes großes Turnier war die Europameisterschaft 2004 in Portugal, bei der Deutschland glanzlos in der Vorrunde ausgeschieden ist. Doch wenn wir über Trainerpersönlichkeiten und ihre Besonderheiten reflektieren, so lohnt es sich, auch im Hinblick auf diesen Wettbewerb über einen ganz bestimmten Trainer nachzudenken – nämlich über Otto Rehhagel. Er ist natürlich ein völlig anderer Charakter als Jogi Löw. Aber auch er hat es als kluger Trainer – zur Verblüffung so ziemlich der gesamten Fußballwelt – verstanden, die Nationalmannschaft Griechenlands im Jahr 2004 unglaublich zielorientiert und erfolgreich durch das Turnier zu führen. Er hat seine Mannschaft mit ihren spielerisch begrenzten Möglichkeiten ein aus der Mode gekommenes System mit Libero spielen lassen. Das war nicht unbedingt schön anzusehen und wirkte eher destruktiv als kreativ. Aber Rehhagel hat auf diese Weise die dem Fußball eigene Komplexität so weit verringert, dass er seinen Spielern das Vertrauen vermittelt hat, dass sie damit grundsätzlich jeden Gegner dermaßen aus dem Konzept bringen können, dass er irgendwann Fehler macht und sie selbst zu ein, zwei Chancen im Spiel kommen. Seine Spieler haben ihn verstanden und haben ihm geglaubt. Der Sieg der Europameisterschaft, errungen gegen weit spielstärkere Mannschaften, war ein echtes Husarenstück, dessen Regisseur allen Respekt verdient.

Die Unterschiede könnten größer nicht sein, wenn man sich neben «König Otto» Pep Guardiola denkt. Er setzt – genau umgekehrt – nicht auf die Verringerung, sondern auf die Beherrschung der Komplexität. Er verfügt über ein tiefes Spielverständnis und strebt nach der vollständigen Kontrolle des Spielfelds. Er erarbeitet mit jedem Spieler, was auf seiner Position geschehen muss, was erlaubt ist, was nicht und welches Risiko eingegangen werden darf. Jede Position wird dauernd studiert, eingeübt und korrigiert. Daraus entsteht eine enorme Genauigkeit, die der Kreativität eines jeden Spielers entgegenkommt und dem Spiel insgesamt eine neue Qualität verleiht. Dieses Positionsspiel wird intensiv trainiert, so dass die Mannschaft in einer Weise auf dem Spielfeld organisiert ist, dass sie auch im Falle eines Ballverlusts weiß, dass und wie sie sofort wieder angreifen muss, um die Kontrolle über das Spielfeld zurückzugewinnen. Er fordert immer wieder und mit letzter Konsequenz die Einhaltung der Strukturen ein, die er vorgibt. So nimmt Guardiola intensiven Einfluss auf seine Spieler und hat sich dadurch die volle Entscheidungskontrolle über das Spielgeschehen gesichert. Er sitzt gewissermaßen ständig im Kopf seiner Spieler. Er setzt damit aber auch, um seine Spielidee zu vermitteln, auf die Arbeit mit der Intelligenz und dem Verständnis eines Spielers für seine Position und seine Rolle im Spiel. Im Ergebnis ist das ein unglaublich anspruchsvoller Versuch, ein komplexes System zu beherrschen – und damit ist das System Guardiola auch weder zu kopieren noch nachzuahmen. Das wäre so ähnlich, als wollte man versuchen, der Genialität eines Magnus Carlsen auf dem Schachbrett nachzueifern. Auch Schach ist so komplex, dass es nur von einem wirklich großen Meister durchdrungen und beherrscht werden kann. Guardiola ist auf dem Fußballfeld dazu in der Lage, weil er in Barcelona als Spieler eine Ausbildung auf – auch in globalem Maßstab – höchstmöglichem Niveau erhalten und stets an einem vertieften Verständnis des Spiels gearbeitet hat. Er ist ein schönes Beispiel dafür, dass ein Ganzes unendlich viel mehr ist als die Summe seiner Teile – das macht ihn und sein System, seine Spielidee unnachahmlich.

Kommunikationsprobleme zwischen Mannschaft und Trainer

Während Nachwuchsspieler im Leistungszentrum aufgrund ihrer Rollensituation kaum Ansprüche an den Trainer stellen können, sondern vielmehr alles daransetzen, dem gerecht zu werden, was von ihnen verlangt wird – selbst wenn sie auf Positionen eingesetzt werden, wo definitiv nicht ihre Stärken liegen –, ist es einem arrivierten Spieler in einem Profikader möglich, eine vom Trainer abweichende Auffassung einzubringen. Zunächst aber wird auch ein reifer Spieler versuchen, die Vorgaben des Trainers im Rahmen der ihm möglichen Interpretationsvielfalt auf dem Platz zu erfüllen. Nur selten wird es zu einer offenen Zurückweisung seiner Gedanken, also zur Opposition gegen den Trainer, kommen.

Wenn meine Wahrnehmung nicht täuscht, so haben sich die Beziehungsmuster und der Austausch zwischen Trainern und Kadern ein wenig gelockert. Die Trainer versuchen etwas mehr, ihre Mannschaft mitzunehmen, indem sie sie an ihren entscheidenden Überlegungen teilhaben lassen, doch bleibt es meiner Auffassung nach immer noch dabei, dass die Spieler das umzusetzen versuchen, was der Trainer anordnet. Wer gegen dieses Prinzip handelt, muss mit Ausgrenzung rechnen, es sei denn, die Stellung des Betreffenden in der Mannschaft wäre ganz besonders gefestigt und seine Bedeutung für das Funktionieren des Teams überragend hoch. Doch wenn solch ein überragender Spieler mit einer ganz starken Position in der Mannschaft sich nicht das Bewusstsein dafür bewahrt, dass auch er Führung und Lenkung, Ordnung und Orientierung durch den Trainer braucht, kann er selbst zum Problem werden und den Erfolg gefährden. Es ist fatal, wenn ein Trainer einem Spieler wegen dessen starker Position Einfluss auf das Spielsystem und die Mannschaftsaufstellung zugesteht. Wenn der Trainer nicht in der Lage ist, auch ihm seinen Platz im Kollektiv zuzuweisen und mit den richtigen Worten zu verstehen zu geben, dass auch seine Zeit der Höchstleistung begrenzt ist, dann droht ein Topspieler irgendwann an sich selbst zu scheitern. Ein geradezu tragisches Beispiel dafür ist für mich die Entwicklung von Lionel Messi, der sich in seiner Rolle für den FC Barcelona verselbständigt hat. Er hatte bereits seinen Leistungshöhepunkt überschritten, als sein Einfluss in der Mannschaft immer noch wuchs – die Spannung zwischen Anspruch und Wirklichkeit dieses ganz großen Fußballers, die nicht erst beim 2:8 gegen den FC Bayern erkennbar wurde, hat sein Trainer Quique Setién nicht beherrschen und auch nicht ausgleichen können.

Doch abgesehen von solch einem Extremfall wird selbst ein starker und anerkannter Spieler in einer Mannschaft so lange wie nur möglich warten, bis er offen zum Ausdruck bringt, dass man auf dem Weg, den der Trainer geht, nicht zum Erfolg kommen wird. Wenn aber die Situation entsprechend verfahren ist, müssen Spieler, die für sich in Anspruch nehmen, Führungsspieler zu sein,

Verantwortung übernehmen und die Probleme offen ansprechen. Solch eine Situation ist außerordentlich sensibel, selbst wenn der Mannschaftskapitän – also ein Spieler mit besonders hohem Ansehen – diesen Schritt wagt und die Richtigkeit der Anordnungen des Übungsleiters in Frage stellt. Der Trainer wird schwer daran zu tragen haben; schließlich ist er überzeugt von seiner Spielidee, die er durchkreuzt sieht. Letztlich stehen Trainer und Spieler vor einer Sachfrage, die aus der Rollenverteilung heraus zu einer Machtfrage wird und dann in der Regel auch auf diese Weise entschieden wird. Mit anderen Worten: Es geht bei der Auflösung solcher Probleme nur selten darum, was tatsächlich auf dem Platz geschieht und was an Veränderungen eigentlich gefragt wäre. So wird aus der Sachfrage eine Machtfrage und aus der Machtfrage eine Personalfrage.

Trainerwechsel – Hoffnung, Macht und Möglichkeiten

Es ist nun einmal so, dass Trainer in Vereinen kommen und gehen, aber die Vereine selbst bleiben. Doch was ist im Verein auf Dauer angelegt? Beim FC Bayern München brauchte man jahrzehntelang Trainer, die dafür sorgten, dass am Wochenende erfolgreich Fußball gespielt wurde. Die Vereinsführung jedoch hat bestimmt, wie die Mannschaft aussehen sollte. In diesem Zusammenhang konnte der Trainer Empfehlungen geben, aber die Richtung der Entwicklung bestimmten jene, die aus der Vogelperspektive über einen langen Zeitraum hinweg das Team beobachteten und eingegriffen haben, wenn sie den Eindruck gewannen, dass etwas in die falsche Richtung ging. Das führte zu einem verhältnismäßig häufigen Wechsel auf den Trainerposten – 13 innerhalb von 15 Jahren. Ein Verein braucht Strukturen, die es aushalten, wenn das Personal wechselt. Solche Strukturen zu schaffen und innerhalb dieser Strukturen den immer wieder notwendig werdenden

Wechsel des Personals einzuleiten und durchzuführen, ist eine Aufgabe, die ein guter Sportdirektor erfüllen sollte.

Die Vereinsführung wechselt in der Regel dann den Trainer, wenn eine Mannschaft nicht die Erwartungen des Vereins und der Fans erfüllt – also beispielsweise nicht den Tabellenplatz erreicht, den man erwartet, zumindest aber erhofft hat. Vielleicht droht gar der Abstieg. Auch wenn ein Trainerwechsel in solch einer «Krise» immer das Mittel der Wahl zu sein scheint, ist er nicht selten purer Aktionismus. Wirklich klare Vorstellungen – außer «dass alles besser wird» – verbinden sich selten mit solch einer Personalie.

Grundsätzlich sind die Spieler von Jugend auf an diese Situation gewöhnt, denn im Jugendfußball – sozusagen in der Ausbildungsphase – haben die Teams ohnehin jedes Jahr einen neuen Trainer. Sie bringen also eine gewisse Anpassungsfähigkeit mit. Aber natürlich nehmen sie wahr, ob jemand kommt, der kompetent ist und ihnen etwas vermitteln, etwas beibringen kann, das sie individuell besser macht. Doch der neue Trainer der ersten Mannschaft wird gerade angesichts einer schwierigen Tabellensituation nicht viel Zeit haben, mit einzelnen Spielern etwas Neues zu erarbeiten; ins Detail zu gehen, macht in dieser Lage wenig Sinn, wenn der Arbeitsauftrag vorrangig lautet, dass die Mannschaft weniger Spiele verliert, nicht aber, dass sich ihr Spiel strukturell verbessert.

Ob ein Club einen guten Trainer hat, ist die eine Frage – die Frage, ob und wie lange er sich halten kann, eine ganz andere. Sie beantwortet sich nicht zuletzt aus den Machtverhältnissen im Team, aber auch in der Vereinsstruktur. Nimmt man etwa Louis van Gaal, der als Trainer sowohl von Ajax Amsterdam als auch vom FC Barcelona jeweils mehrmals Landesmeister, darüber hinaus UEFA-Pokalsieger, Champions-League-Sieger, Weltpokalgewinner und UEFA-Supercup-Sieger geworden war, so ist er in München 2011 letztlich an der Unvereinbarkeit seines Führungsstils mit den Vorstellungen der Vereinsführung gescheitert. Er hatte in der Spielzeit 2009/10 unserer Mannschaft eine Ordnung und Struktur gegeben, die sich zumindest zeitweilig als effektiv und erfolgreich erwiesen hatten. In dieser Saison gelang ihm das Double, und er konnte uns sogar ins Champions-League-Finale 2010 führen, wo wir allerdings 0:2 gegen Inter Mailand unter José Mourinho verloren. Doch van Gaals robustes, mitunter autoritäres Auftreten entsprach nicht der internen Kommunikationskultur des Vereins. Wer vor so einem spannungsgeladenen Hintergrund gegen alle Widerstände unflexibel auf seiner Methode beharrt, kann sich nur halten, wenn er damit herausragende Erfolge erzielt. Diese blieben bei Louis van Gaal jedoch bereits im zweiten Jahr seiner Tätigkeit als Cheftrainer aus, und deshalb führte die Kombination aus Misserfolg und fehlendem Rückhalt in der Vereinsführung zur Auflösung der Zusammenarbeit.

Machtverhältnisse muss ein Trainer rasch klären, wenn er kommt. Als Pep Guardiola zum FC Bayern kam, nachdem der Verein gerade die Champions League 2013 gewonnen hatte, stand in unserer Mannschaft Mario Mandžukić, der zu diesem Triumph vieles und nicht zuletzt ein Tor im Endspiel beigesteuert hatte. Guardiola sah keine Möglichkeit, diesen Spieler, dessen Klasse und Verdienste unbestreitbar waren und bis heute sind, in sein System einzubauen. Aber Mario war nicht der Typ, der sich auf die Bank setzt. So etwas geht schon allein aus dem Grund nicht, weil ein Spieler auf diesem Niveau einfach abbaut, wenn er nicht ständig spielt. Zugleich verfügen solche Spieler über ein untrügliches Sensorium und erfassen binnen weniger Wochen, ob ein Trainer mit ihnen plant oder nicht. Und wenn sie zu dem Ergebnis kommen, dass unter ihm ihre Zeit abgelaufen ist, haben sie nicht viele Möglichkeiten – und der Trainer auch nicht. Niemand, der Strukturen verändern will, kann sich auf einen Machtkampf mit einem Spieler einlassen. Jeder Spieler in so einer Situation würde beginnen, Allianzen zu schmieden – Allianzen, die umso gefährlicher sind, wenn sie einer von den Etablierten schmiedet und diese über die Mannschaft hinaus bis in den ganzen Verein und bis in die Geschäftsstelle reichen. Wenn die Interessen nicht vereinbar sind, wenn die Spielansätze nicht zueinanderpassen, kann es nur einen geben – nur einen, der das Sagen hat, und nur einen, der bleibt. Was nicht bereinigt und ausgeglichen werden kann, muss auf diesem sportlichen Niveau rasch aufgelöst werden – im Interesse beider Seiten.

Guardiola kam damals in ein Team, in dem er keine Mehrheit hatte. Das war eine schwierige Situation, weil er ja das Spiel nicht einfach irgendwie laufen lassen konnte, sondern – als ein in seiner Spielauffassung nachgerade «ideologischer Trainer» – in hohem Maße darauf Einfluss nehmen wollte. Er war in seinen Überzeugungen so versiert, dass er jede Diskussion im Detail natürlich gewonnen hat. Aber erst als die Mannschaft gesehen hat, dass das, was er verfolgt, auch einen sportlichen und ergebnistechnischen Mehrwert für sie brachte, hat er die Mehrheit für sich gewonnen. Dazu gehörte allerdings auch, dass er sich seinerseits an die Realitäten insofern anpasste, als er Robben und Ribéry auf den Außenbahnen, also auf ihren angestammten Positionen, einsetzte. Darin lagen nun einmal ihre herausragende Stärke und Gefährlichkeit; als exzellenter Trainer hat Guardiola sie auch nicht von dort abgezogen, weil das die beiden Spieler und zugleich das Team geschwächt hätte. Vielmehr hat er sein System modifiziert, ohne dass die Spielanlage insgesamt Schaden genommen hätte. Die Lösung war, dass er die Außenverteidiger nach innen gezogen hat – Alaba und mich. So gibt es manchmal nicht nur den richtigen Trainer für den richtigen Verein, sondern auch den richtigen Trainer für die richtigen Spieler – und umgekehrt.

19. Foul und Verletzung

Foul

Regeln geben mir Orientierung – im Alltag, aber natürlich auch auf dem Fußballplatz. Da ich körperlich nun nicht gerade ein Hüne bin, hätte ich bei einem Kontaktsport, wie ihn der Fußball darstellt, kaum eine Chance gehabt, wenn es keine Regeln gegeben hätte; jedenfalls hätte ich nicht wirklich meinen Beitrag zum Spiel der Mannschaft leisten können. Wäre alles erlaubt gewesen, hätte ich keine Chance gehabt, wäre ich aufgrund meiner körperlichen Voraussetzungen, meiner Anlagen einfach unterlegen geblieben. Mit diesem Erfahrungshintergrund finde ich es gut, dass es Regeln gibt und dass jemand da ist, der sie durchsetzt.

Vielleicht war es ja gerade dieses Erleben, wie mir Regeln im Sport meine Chancen gesichert haben, dass ich dann auch einen Blick dafür entwickelt habe, dass man gut durchs Leben kommt, wenn man sich an Regeln hält. Es hat mir Sicherheit und Klarheit gegeben zu wissen, was erlaubt und was nicht erlaubt ist. Nach dieser Methode erzogen worden zu sein und auch selbst zu erziehen, schafft Grenzen und errichtet Leitplanken, an denen man sich orientiert. Regeln müssen eingehalten werden, damit das gesellschaftliche Miteinander funktioniert. So entsteht ein Rahmen, in dem man sich gemäß seiner Möglichkeiten einbringen kann – das eigene Talent, die eigenen Fähigkeiten. Erst wenn dieser Rahmen gegeben ist, macht es Spaß, sich mit anderen zu messen. Dann bekommt es einen Sinn, Ambition zu entwickeln und sich Ziele zu setzen, wenn man weiß, dass es Menschen gibt, die darauf achten, dass die Regeln eingehalten werden. Nur so entsteht ein echter Wettkampf – und so habe ich auch immer den Fußball verstanden.

Für mich war das wunderbar, weil ich talentiert war. Ich hatte ein Feld für mich gefunden, einen Sport, an dem ich teilnehmen und teilhaben konnte, wo ich Einfluss nehmen und erfolgreich wirken konnte. Ohne all das Regelwerk und die allgemein anerkannte Notwendigkeit, es zu beachten, hätte ich mich nicht im Leben verwirklichen können, so wie es meinen Anlagen entsprochen hat. Im Ergebnis verdanke ich den Regeln der schönsten Nebensache der Welt, dass ich seit Jahren und bis heute in Dankbarkeit ein privilegiertes Leben führen darf.

Das ändert natürlich nichts daran, dass der Fußball eine Kontaktsportart, ja, in gewisser Hinsicht auch eine Kampfsportart ist, in die man seinen Körper einbringen muss. Wer groß und stark ist, hat, sagen wir, einen Startvorteil – da wäre ich nun nicht gerade die Idealbesetzung, und das musste ich anerkennen. Aber wenn man über die eine Befähigung nicht verfügt, dann muss man eben die andere einsetzen, die einem gegeben ist. Trotzdem kommt es zu Grenzüberschreitungen, und zwar insbesondere dann, wenn jemand seine Persönlichkeit, seinen Charakter nicht immer im Griff hat. Das ist die eine Ursache, weshalb es zu Fouls kommt. Alltäglicher sind die Situationen, in denen jemand einfach einer Situation auf dem Feld technisch nicht gewachsen ist. Wenn jemand nicht die Fähigkeit besitzt, eine Aktion regelgerecht und mithin fair zu verteidigen, was immer wieder vorkommt, dann weiß er sich oft nicht anders zu helfen und begeht ein Foul.

Man muss für sich selbst ein Gefühl dafür entwickeln, was für einen richtig und was falsch ist – was entspricht der eigenen Persönlichkeit. Die einen vertreten – im Sport wie im Alltag – gern und schnell den Standpunkt, dass der Zweck die Mittel heilige, was nichts anderes bedeutet, als dass jedes Mittel recht ist, um Erfolg zu haben. Da frage ich mich schon, weshalb so jemand eigentlich Sport betreibt. Umgekehrt wird ein Schuh daraus: Das Mittel heiligt den Zweck. Das bedeutet, man muss die eigene Kunst so weit entwickeln und immer weiter verbessern, dass man erst durch ihren fortwährenden Einsatz auf höchstem Niveau das schafft, was Fußball eigentlich sein kann – ein absolut faszinierender Sport, der an Ästhetik, Schnelligkeit und Körperbeherrschung, an Athletik, Eleganz und Präzision aller Bewegungsabläufe kaum zu übertreffen ist. Es versteht sich von selbst, dass man, um dieses Ziel zu erreichen, seine individuellen Qualitäten und Fähigkeiten selbstverständlich so einsetzt, dass es mit dem Regelwerk kompatibel ist. Wer das Foul als Mittel der Wahl von vornherein für sich bejaht und immer parat hat, hat ja überhaupt keinen Grund, danach zu streben, sich zu den höchsten Höhen dessen, was Fußball sein kann, zu entwickeln und dafür jede Disziplin und allen Trainingseifer zur sportlichen Vervollkommnung aufzuwenden.

Gerade weil ich kein Riese bin, mir aber dennoch dieses sportliche Ziel gesetzt habe, hatte ich eine ganz starke Motivation, ein paar exzellente Moves und Verteidigungsstrategien zu entwickeln. Dazu gehörten eine Bewegung wie ein Kreisel, mit der ich den Ball sehr gut abschirmen konnte, aber auch eine spezielle Grätsche, bei der ich gewissermaßen mit der Ferse meinen angreifenden Gegnern regelgerecht den Ball geklaut habe – das hat auch in ein paar ziemlich brenzligen Situationen gut geklappt, und es hat mir richtig Spaß gemacht. Wenn ich mal ein sogenanntes taktisches Foul begangen habe, wenn mich ein Angreifer auf dem falschen Fuß erwischt hat und ich gesehen habe, dass diese Situation für mich nicht nur nicht mehr anders aufzulösen war, sondern es in der Folge zu einem gegnerischen Tor oder zumindest zu einer Torvorbereitung gekommen wäre, so habe ich das nie als besonders glorreich empfunden. Das Gleiche galt, wenn ich mal meinen Körper dazwischengestellt habe, so dass es für den Gegner unmöglich war weiterzuspielen – dann hat es eben einen Freistoß gegeben. Wie gesagt: Fußball ist nun mal ein Kontaktsport, bei dem man seinen Körper einsetzen muss, und wie die Situation dann vom Schiedsrichter beurteilt wird, wird immer auch eine Interpretationssache bleiben. Aber wo immer eine technische Lösungsmöglichkeit vorhanden war, habe ich diese gesucht und nicht das Foul als erstes Mittel der Wahl genutzt; genau diese Behutsamkeit in der Wahl meiner Mittel hat dazu geführt, dass ich nie eine rote und auch nie eine gelb-rote Karte bekommen habe.

Es versteht sich von selbst, dass ich jedes absichtliche Foulspiel, das darauf zielt, einen Gegenspieler zu verletzen, von Grund auf ablehne – von Aktionen, in denen man seine Aggressivität am Gegner mit einem rüden Foul ausagiert, gar nicht zu reden. Der Grund, weshalb ich in diesem Punkt so rigoros bin, ist, dass ich mich hier geradezu in meiner Weltanschauung herausgefordert fühle. Wer so eine Grenzüberschreitung begeht, der versündigt sich letztlich an der Gesellschaft. Er hat weder begriffen, was Regeln sind, noch, was Regeln bedeuten – und er hat keine Ahnung, was es heißt, ein Vorbild zu sein auf dem Fußballplatz. Hier können die Größen dieses Sports der Gesellschaft viel geben, weil dieses Spiel so populär ist: Alle schauen zu, die Bilder verbreiten sich über alle Medien und eben auch weltweit im Netz. Es ist also ein in hohem Maße öffentlicher Sport, und dieser Sport offenbart den Charakter und die Persönlichkeit eines Spielers. Man kann über alles diskutieren und streiten – ob man Fan einer Mannschaft ist, ob man die Vereinsführung gut findet, ob man mit der sportlichen Leistung zufrieden ist –, aber man kann nie darüber streiten, ob jemand unsportlich und unfair agiert und foult: Das ist unübersehbar. Wer das Foul grundsätzlich zum Mittel der Wahl erklärt und mithin unter jeder Bedingung den Erfolg wählt, der vertritt auch ein Abbild des gesellschaftlichen Miteinanders, das ich aus voller Überzeugung ablehne. Das ist ein völlig falsch verstandenes Führungsverhalten innerhalb einer Mannschaft. Ebenso wie es ein völlig falsch verstandener Ehrgeiz ist, der eben nicht mehr auf die Verbesserung der eigenen Fähigkeiten, sondern auf die Beschädigung des anderen zielt. Darüber müsste eigentlich eine gesellschaftliche Auseinandersetzung geführt werden. Jemand, der so agiert, ist kein Held und kann ganz sicher kein Idol sein, sondern er ist ein entgleister Zeitgenosse, der seine öffentliche Aufgabe nicht begreift. Am Ende feiert er vielleicht einen Erfolg, aber es ist ein Erfolg, der so nie hätte zustande kommen dürfen. So jemand kann auch nie zum Mann des Spiels gewählt werden. Diese Dinge müssen nicht nur sportlich, sondern auch gesellschaftlich eingeordnet werden. Sportler, Funktionäre und Institutionen nehmen Schaden und verlieren Autorität, wenn so etwas passiert, und sie zeigen, dass sie nicht in der Lage sind, ihr Geschäft sauber zu halten.

Arbeitsbelastung, Verletzung und Bewältigung

Einen sehr guten Spieler in einer Topmannschaft, die auch an internationalen Wettbewerben teilnimmt, erwarten im Laufe einer Saison Meisterschaftsspiele, Pokalspiele, Freundschaftsspiele, Champions-League- oder Europa-League-Spiele und Spiele in der Nationalmannschaft. Die Zahl seiner Einsätze kann dabei auf über 70 je Spielzeit steigen.[1] Doch ist der Spielrhythmus Samstag – Mittwoch – Samstag mit einer durchschnittlichen Regenerationszeit von 48 Stunden zwischen zwei Spielen zu bewältigen.[2] Der Spieler muss sich selbst gegenüber aber ehrlich sein, ob er fit und einsatzfähig ist. Das ist mithin letztlich eine Frage der Selbstverantwortung.

Ganz abgesehen von der Frage der Arbeitsbelastung kann es jedoch aus unterschiedlichen Gründen vorkommen, dass sich ein Spieler verletzt. Daher ist es eine wichtige Frage, wie man damit umgeht, wenn es einen trifft. Für die Bewältigung von Verletzungen ist in hohem Maße die innere Einstellung des Spielers zum

Verletzungsgeschehen selbst, aber auch zum Heilungsprozess von Bedeutung. Wer mit der inneren Überzeugung an die Situation herangeht, dass er selbst nicht allein an der Verletzung schuld ist, ja, dass der Unfall unvermeidlich war, dass er zudem sehr viel zum Genesungsprozess beitragen und sein Netzwerk aktivieren kann, das ihm in dieser Lage hilft, ihn stützt und trägt, wird viel besser mit dem Geschehen zurechtkommen als jemand, der eine andere, düstere Perspektive darauf entwickelt.

Es gibt inzwischen Untersuchungen zu dieser Frage, die belegen, dass Menschen, die in der beschriebenen Weise eine Einstellung zu ihrer Verletzung gewinnen, die Situation deutlich besser bewältigen – bis hin zu einer messbar kürzeren Aufenthaltsdauer im Krankenhaus. Mit anderen Worten: Es ist für den Heilungsprozess enorm wichtig, dass man sich ganz genau bewusst macht, was geschehen ist und wie die Lage aussieht, in der man sich befindet. Der Spieler benötigt jederzeit völlige Klarheit über seine Situation: Was ist passiert? Wie sieht mein Ziel aus? Wer kann mir helfen auf dem Weg dorthin? Auf wessen Rat kann ich vertrauen? Wo werde ich bestmöglich medizinisch betreut? Aus dieser Klarheit bezieht der Verletzte Sicherheit, innere Stärke und letztlich nachhaltige Gesundung. Man bleibt auf diese Weise auch in der Situation als Verletzter immer noch aktiv und wird nicht zum Objekt des Geschehens. Man hat die Lage weiterhin selbst in der Hand. Daraus entsteht ein Optimismus, der positiv die Fähigkeit beeinflusst, mit der Verletzung zurechtzukommen, sie zu bewältigen und wieder gesund zu werden. Das heißt, wenn der Betroffene diese innere Einstellung erlangt, kann das positive Auswirkungen bis in sein Immunsystem hinein haben. Ihm gelingt ein besserer Umgang mit Stressfaktoren, denen man als Fußballprofi in so einer Lage besonders ausgesetzt ist, weil daran die eigene Karriere – die eigene sportliche und damit die berufliche Zukunft – hängt.

Wenn es darauf ankommt, zeigt sich, dass es einzig gute Leistungen und ein guter Vertrag sind, die die Position eines Spielers in einer Mannschaft bestimmen. Niemals ist diese Position unangefochten; sie wird immer wieder in Frage gestellt und muss immer aufs Neue behauptet werden. Der Abstieg des einen – und wenn er auch durch einen Sportunfall verursacht sein mag – wird den Aufstieg eines anderen bedeuten.

Ich habe selbst erlebt, dass man als Profi nicht davor gefeit ist, in solch eine Lage zu kommen. Mit 21 Jahren erlitt ich 2005 zuerst rechts einen Mittelfußbruch und dann, kaum dass der ausgeheilt war, einen Kreuzbandriss im rechten Knie. Damals war ich bereits ein etablierter Spieler, war als Nationalspieler für den Confed Cup 2005 «gesetzt». Mein Talent stand außer Frage, ich hatte alle Fähigkeiten, mich international auf hohem Niveau zu präsentieren, mich hundertprozentig einzubringen und mich fußballerisch in einer guten Zukunft zu verwirklichen – und mit einem Mal war alles in Frage gestellt. So eine Verletzung kann einen Spieler komplett aus der Bahn werfen. Er weiß nicht, ob er sich noch einmal auf dieses Topniveau herankämpfen und zurückkommen kann. Die Tatsache, dass auf meiner Position beim FCB mit Bixente Lizarazu ein Verteidiger von Weltklasseformat zur Verfügung stand, den Uli Hoeneß überredet hatte, wegen meiner Verletzung noch ein Jahr dranzuhängen – was aus Vereinssicht völlig nachvollziehbar war –, machte die Situation nicht einfacher für mich.

Es war unglaublich wichtig, dass ich mich auf meinen Arbeitgeber verlassen und er eine exzellente Betreuung bieten konnte, und zwar in Gestalt von Dr. Müller-Wohlfahrt, der sowohl für den FCB wie für die Nationalmannschaft zuständig war. Wenn sich Laien am Spielfeldrand oder vor dem Bildschirm fragen, worin denn wohl die Bedeutung eines Arztes wie etwa Dr. Müller-Wohlfahrt besteht, so sei gesagt, dass es die immense Glaubwürdigkeit eines Mediziners ist, der nicht nur diagnosetechnisch exzellent ist – und exzellent ausgestattet ist –, sondern auch über eine in

Jahrzehnten gesammelte Erfahrung verfügt, die es ihm erlaubt, klare Vorgaben für den Aufbau eines Therapieprogramms bis hin zur Wiedereingliederung eines Spielers in die Mannschaft zu machen. Für den Spieler trägt dies maßgeblich dazu bei, dass er immer Klarheit über seinen Ist-Zustand und den Soll-Zustand behält – und über den Weg von dem einen in den anderen Zustand. Er vermeidet damit das Gefühl, ausgeliefert zu sein – also ein demoralisierendes Ohnmachtsgefühl, das der Heilung abträglich wäre. So wird der Spieler durch ein gutes therapeutisches Umfeld auch innerlich stabilisiert.

Ich wurde nach Vail im US-Bundesstaat Colorado geflogen, wo mich Dr. Steadman operierte, und bereits einen Tag später waren die Physiotherapeuten da und haben das Knie bewegt. Ich hatte in Deutschland wie in den USA volles Vertrauen in die Personen und die Institutionen, in denen man sich um mich bemühte. Aber für mich war in dieser Situation auch ganz besonders mein persönliches Umfeld wichtig, mit dem ich mich beraten konnte. So war es mir möglich, meine Lage klar einzuschätzen unter den Gesichtspunkten: Was ist meine Konkurrenzsituation, wie viel Zeit soll ich mir für die Regeneration geben, wie viel Abstand brauche ich, wie lange wird es brauchen, bis ich wieder voll hergestellt bin und auf dem Platz stehen kann? Sechs Monate waren realistisch, und ich musste mir klar darüber werden, was das für mich bedeutete: Wer waren meine Ansprechpartner im Verein, wer sind im Bereich der medizinischen Betreuung meine Ansprechpartner, wer hilft mir in meinem eigenen engeren Umfeld, wie fühle ich mich, wie sicher bin ich? Es war ein Segen, dass die erforderliche Rehabilitationsstruktur vorhanden war, so dass ich in dieser Hinsicht sehr zuversichtlich war, dass man medizinisch die körperliche Fitness wieder würde herstellen können. Diese Menschen arbeiteten selbständig und unabhängig und konnten in allem, was sie taten, frei und einzig zum Wohl des Patienten entscheiden, ohne auf die Belange Dritter Rücksicht zu nehmen.

Es war kaum zu fassen, dass ich mich, als ich tatsächlich durch dieses Tal der Tränen hindurch war, auch noch in einem völlig belanglosen Spiel am Ellenbogen verletzte. Das war unmittelbar vor der WM – im Mai 2006 – ganz besonders bitter. Ein Kader hat 23 Plätze, und da gab es auch noch andere Spieler, die auf der Position des linken Verteidigers eingesetzt werden konnten. Zwar war ich die Nummer 1 für diesen Platz im Team, aber natürlich nur, wenn ich gesund war. So ging es wieder darum, eine Strategie zu entwickeln, damit ich meinen Platz behaupte. Das bedeutete, dass ich neuerlich eine Strategie brauchte, wie ich mit einem Handicap – diesmal mit meinem Arm in einer Schiene – umgehen sollte. Zunächst musste ich mir selbst darüber klar werden, wie stark ich gehandicapt war und dass ich trotz des Problems würde auf Topniveau spielen können. Natürlich würde das nur gelingen, wenn ich mein Spiel an die neue Lage anpasste, denn ich konnte ja fürs Erste meinen Arm nicht so robust wie vorher einsetzen, um in Zweikämpfen zu bestehen. Im Hinblick auf die Trainingsarbeit zur Vorbereitung des Turniers musste ich zudem darauf achten, dass ich sofort wieder mit auf dem Platz stehen konnte. Denn natürlich gab es in der Trainingsarbeit Felder, auf denen ich mich auch mit der Beeinträchtigung einbringen konnte. Dies galt etwa für Themen wie Taktik, Standardsituationen, strategisches Vorgehen der Mannschaft. Indem ich im Training präsent blieb, konnten meine Mitspieler sehen, dass ich weiter zur Verfügung stand und auch den Wettkampf mit dem Handicap nicht scheute. Darüber hinaus musste ich mit meinem Umfeld eine Linie festlegen, wie ich die Verletzung gegenüber Dritten einordnen sollte. Denn in dieser Situation war es ja nicht nur von Bedeutung, wie ich selbst über die Verletzung dachte, sondern genauso, dass ich sie auch im Umgang mit den Reportern als beherrschbar und letztlich nicht entscheidend für meinen Einsatz vermitteln konnte. In solch einer Situation braucht ein verletzter Spieler also eine klare und durchdachte Strategie, wie er im Umgang mit der Mannschaft und dem Trainer, aber auch mit den Medien auftreten will. Dabei sind ganz grundsätzliche Entscheidungen gefordert, die ein Profi treffen muss, wenn er auch diesen speziellen Anforderungen gewachsen sein will.

20. Spielaufbau – vierte Phase

Führungsspieler

Spieler über ihre individuelle Klasse hinaus anzuleiten und sie zu einem Team zu formen, kann nicht nur von außen geschehen. Dazu bedarf es auch sogenannter Führungsspieler, die aus ihrer Stellung in der Mannschaft wiederum in die Mannschaft zurückwirken. Sie müssen eine professionelle Haltung und die entsprechende Persönlichkeit mitbringen – eine Prägung, die aus der Familie kommt und sich im glücklichsten Fall mit jener anderer Spieler in ihrer Mannschaft deckt, wie dies bei Schweinsteiger, Neuer, Müller und auch bei mir gegeben war. Diese Spieler stehen für Haltung, Einsatz und gemeinsame Werte. Sie haben ein Auftreten, dessen Wirkung – gerade wenn sie zusammenstehen – sich niemand in einer Mannschaft entziehen kann. So entsteht Sport auf höchstem Niveau, der dann auch bis zum Sieg in der Champions League oder bis ins WM-Finale führen kann. Aber dazu braucht es eine Gruppe von Gleichgesinnten, die die Mannschaft formt und steuert; so eine Führungstruppe, die gewissermaßen den Markenkern bildet, ist allein durch Zukäufe von Individualisten und Topstars nicht zu ersetzen. Dass solch eine Gruppe ein Gefühl dafür hat, wie sie ihre Mitspieler anzusprechen hat und wie sie mit ihnen umgeht, ist eine wesentliche Voraussetzung für Spitzenleistungen aller Teams auf allen Gebieten – sie scheint mir für Führungsspieler wirklich unabdingbar.

Ein Führungsspieler braucht, um diese Rolle einzunehmen, eine bestimmte Persönlichkeit. Dazu gehört auch der Wunsch,

Macht auszuüben und Verantwortung wahrzunehmen. Wenn es darum geht, Verantwortung zu übernehmen, sein Umfeld zu gestalten und die entsprechenden Vorstellungen umzusetzen, wird es nicht ohne den Willen zur Macht gehen. Aber darin erschöpft sich die Persönlichkeit des Führungsspielers nicht. Er muss seinen Mitspielern, die er dazu bringen will, entsprechend seinen Vorstellungen zu handeln, auch Wertschätzung entgegenbringen. Einfach nur autoritär aufzutreten, wie man es in früheren Jahrzehnten in erfolgreichen deutschen Mannschaften kannte und wie es bestimmte Spieler taten, die diese Einstellung verkörperten, war nie mein Weg. Wer heute ein Führungsspieler sein will, zeigt vielmehr dauernde Präsenz auf höchstem Niveau im Training. Hinzu kommen Leistungsstabilität auf dem Platz, Kompetenz in der Wahrnehmung der Spielposition und Disziplin, ohne nachzulassen.

Es gab Führungsspieler, die andere Mittel einsetzten, um ihre Position zu untermauern und zu verteidigen. Da wurde der potentielle Konkurrent um die eigene Position auf dem Platz von dem Moment an bekämpft, da er das Flugzeug verlassen und an seiner neuen Wirkungsstätte angekommen war. Das Ziel war klar: den anderen um jeden Preis zu schwächen. Dieses Prinzip gehört zu den Strategien, die mitunter für unbeteiligte Dritte so aussehen, als wollte der Führungsspieler einem neuen Mann helfen. Er «hilft» ihm, indem er ihn permanent auf Defizite aufmerksam macht. In Wahrheit schwächt er ihn damit natürlich von Anfang an. So kann das Spiel unter Profis auch laufen.

Wer wissen will, wie es um die Position eines Spielers *in* der Mannschaft und *zu* einer Mannschaft bestellt ist, sollte immer gut zuhören, wie der Betreffende zum Spielgeschehen im Nachhinein Stellung bezieht. Er wird in der Regel seine persönliche Sichtweise darlegen und sein eigenes Spielerlebnis beschreiben. Aus dem Geist der Konkurrenzsituation geschieht es jedoch immer wieder, dass einzelne Spieler ihre eigene Agenda verfolgen, die nur ein Thema kennt – selbst möglichst gut dazustehen, egal, wie das Spiel gelaufen ist und wie die eigene Rolle darin war. Das ist nicht die Haltung eines echten Führungsspielers.

Es sind die krisenhaften Situationen, in denen man erkennen kann, wie es um das Innenleben einer Mannschaft bestellt ist. Wenn ein Team vor einem großen Ziel scheitert, dann zerlegt es sich entweder selbst bei der Suche nach einem Sündenbock. Das bedeutet, dass in der Mannschaft kein professionelles Wir-Gefühl lebt. Oder die Spieler erkennen, dass es zwar jetzt im Moment noch nicht gereicht hat, den Erfolg zu erringen, man ihn aber mit dem vorhandenen Potential erreichen *kann*. In dem Fall ist es möglich, dass ein Team sich neu sortiert – so wie es damals der FC Bayern München erlebt hat, als wir das «Finale dahoam» unglücklich verloren hatten. Wir haben in dieser Situation keinen verschossenen Elfmeter diskutiert, sondern das Team hat sich neu geordnet. Es hat viel Kraft gekostet, die Spannung und den Willen nochmals ein ganzes Jahr hochzuhalten und sich auf dieses Ziel hin zu konzentrieren. Aber wir waren damals eine Mannschaft, die sich auch selbst als Team definiert hat. Wären wir abermals gescheitert, so hätte es womöglich keinen dritten Anlauf gegeben.

So aber hat sich in der Mannschaft ein Phänomen des Gruppendenkens durchgesetzt, und daraus ist jene Einstellung erwachsen, mit der wir beim nächsten Mal unschlagbar waren. Dafür war es maßgeblich, dass die Führungsspieler die Richtlinien für diese Entwicklung vorgegeben haben. Dieser Haltung haben sich die anderen angeschlossen, und es war jedem klar, «wenn wir gewinnen, dann gehöre ich mit hoher Wahrscheinlichkeit dazu» – never change a winning team. Das ist damals für jeden Einzelnen von uns, aber auch für uns alle gemeinsam zu einem ganz starken Antrieb geworden, der die Leistung von uns allen gesteigert hat – wenn man so will, war das eine Art von psychologischem Kapital für die ganze Gruppe. Es bestand daraus, dass wir uns gesagt haben: Wir bleiben optimistisch, denn wir haben den Erfolg selbst

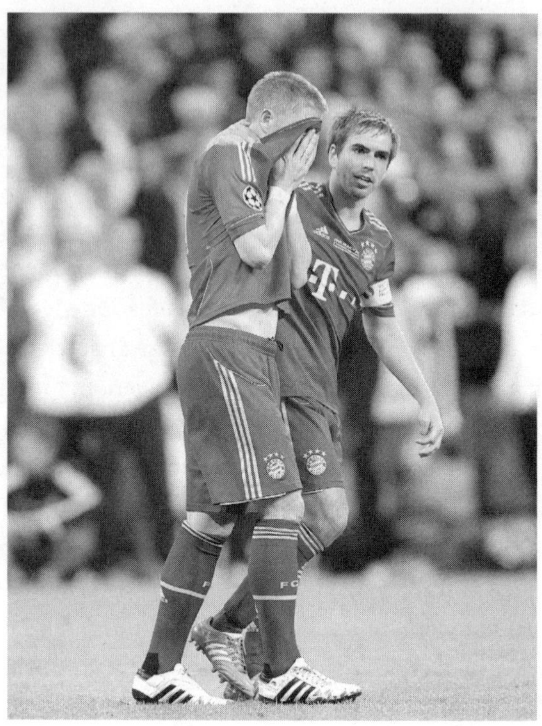

Abb. 13 a: Als der FC Bayern München in der Champions League im «Finale dahoam» (19. Mai 2012) gegen den FC Chelsea 3:4 nach Elfmeterschießen unterliegt, tröstet Philipp Lahm Bastian Schweinsteiger; er hatte nur den Pfosten getroffen, und Didier Drogba konnte mit dem nächsten und entscheidenden Elfer Manuel Neuer überwinden.

in der Hand. Die erlittene Niederlage fassen wir als Herausforderung auf – wir geben die Hoffnung nicht auf, sondern wir kämpfen uns zusammen zurück und setzen uns durch bis an die Spitze. Man könnte sagen, diese Situation war nicht unähnlich der einer schweren Verletzung, die man als Spieler erfahren und die man dann überwunden hat.

Jede Trainer- und Spielergeneration findet ihre eigene Form der Führung. Wir haben damals unsere gefunden. Aber doch geht es nie ohne diejenigen, die kraft ihres Einsatzes, ihrer spiele-

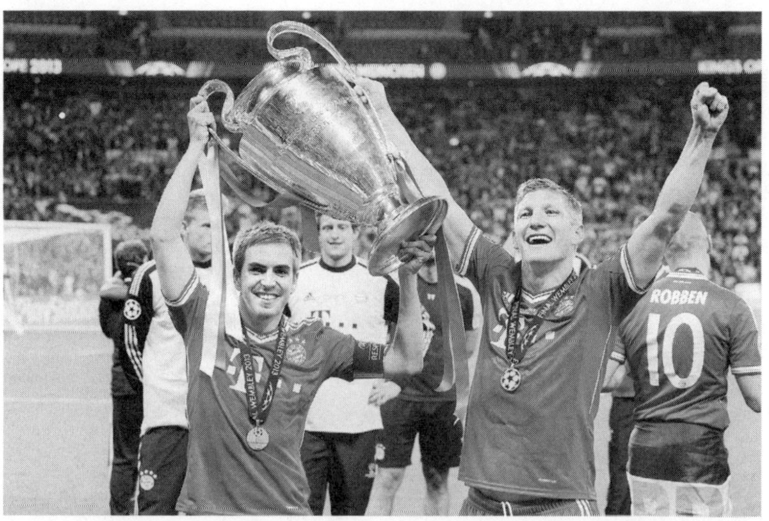

Abb. 13 b: Ein Jahr später halten Philipp Lahm und Bastian Schweinsteiger gemeinsam die Trophäe in Händen, nachdem am 25. Mai 2013 der FCB mit 2:1 Borussia Dortmund im Finale im Wembley-Stadion in London besiegt hat.

rischen Fähigkeiten und ihrer Bereitschaft, Verantwortung zu übernehmen, die Mitspieler auf dem Platz organisieren. Ein Führungsspieler muss auch nicht jeden Einzelnen im Team selbst ansprechen – dafür hat er andere Leistungsträger an seiner Seite, von denen er weiß, dass sie den richtigen Draht zu dem Betreffenden haben, der angeleitet und geführt werden soll.

Führung zeigt sich bis heute immer in den für eine Mannschaft schwierigen Momenten – im Falle eines Rückstandes oder einer länger anhaltenden Schwächephase. Ein schönes Beispiel für das, was ich meine, hat Manuel Neuer im Herbst 2019 geliefert, als der FC Bayern gegen Union Berlin zwar knapp führte, aber eine eher mäßige Vorstellung ablieferte. Da hat der Mannschaftskapitän in der 51. Minute seinen Mitspielern mit einer heftigen Ansprache klargemacht, weshalb sie auf dem Platz stehen und was sie zu erledigen haben. Dieser Auftritt war bühnenreif

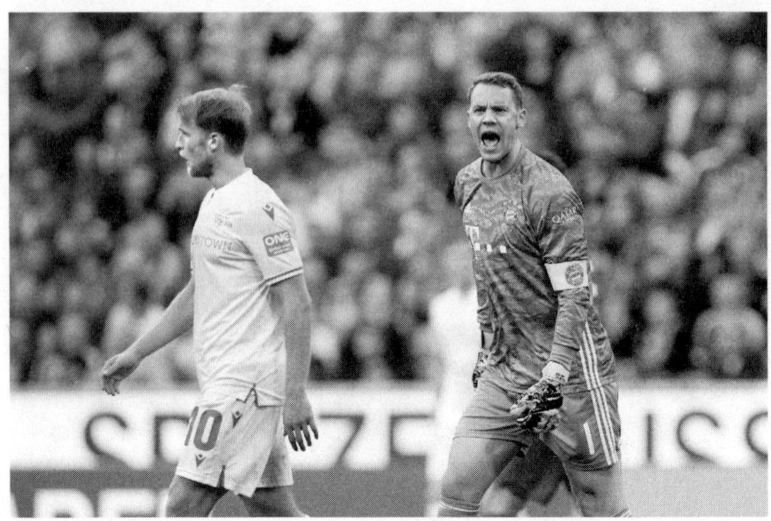

Abb. 14: Manuel Neuer weist als Mannschaftskapitän seine Mitspieler zurecht, als sie im Spiel gegen den 1. FC Union Berlin (26. Oktober 2019) Ordnung, Einsatz und Kampfgeist vermissen lassen; das Spiel endete 2:1 für den FCB.

und hat die Fans beider Mannschaften (!) veranlasst zu applaudieren. Wichtiger aber war, dass Neuer damit seine Mitspieler erreicht und in der richtigen Weise wieder auf Vordermann gebracht hat. Zu solch einem kraftvollen Auftritt muss ein Führungsspieler in Spannungsphasen in der Lage sein, selbst wenn er in guten Zeiten seine Führung eher niederschwellig praktiziert.

Mannschaftskapitän

Ich denke, die meisten Profis in einer Spitzenmannschaft sind der Überzeugung, dass sie das Zeug haben, einmal Kapitän zu sein oder doch werden zu können. Grundsätzlich steht jeder Trainer, der einen Kapitän ernennt, vor einer heiklen Aufgabe. Völlig misslingen wird sie ihm, wenn er jemanden auswählt, der wegen seiner mangelnden Leistungsfähigkeit gar nicht in der Lage ist oder als

Persönlichkeit gar nicht über die charakterliche Autorität verfügt, eine Mannschaft zu führen. In jedem Fall muss ein Kandidat für dieses Amt volle Akzeptanz beim Team genießen. Das wird nur der Fall sein, wenn er auch die soziale Fähigkeit besitzt, innerhalb der Mannschaft bei Konflikten zu moderieren. Dass jemand über diese Vorzüge zu einem bestimmten Zeitpunkt verfügt, besagt nicht, dass er sie nicht auch verlieren kann. Solche Abnutzungserscheinungen werden an der Reaktion der Gruppe spürbar, die ein feines Sensorium für derartige Prozesse hat.

In jedem Verein stellt sich die Herausforderung anders, wenn es um die Ernennung eines neuen Kapitäns geht – oder um die Bestätigung eines Kapitäns im Amt, auf den ein neuer Trainer trifft. Vielleicht wird er in dieser Situation den Konflikt mit einem Spitzenspieler in seinem Team scheuen, vielleicht ist er auch unsicher, wie die Mannschaft reagiert, wenn er einen neuen Mann aus der Gruppe heraushebt. Sollte der Trainer ein hochentwickeltes Spielsystem vertreten und in eine Mannschaft einzubetten und mit ihr zu verwirklichen suchen, braucht er aber auf jeden Fall einen Kapitän, der diesem Spielsystem förderlich sein wird. Wobei manch ein Trainer wie etwa Pep Guardiola ein so ausgefeiltes System vertritt, dass der Kapitän darin an sich gar keine so große Bedeutung mehr hat. Dabei geht es mehr darum, dass seine Taktik und Strategie auf dem Gedanken einer «geteilten Führung» beruht. Ein Kapitän, der sich in dieses System eindenken kann und dementsprechend seine Mitspieler einzubinden und einzusetzen weiß, kann jedoch dazu beitragen, auch in diesem exzellenten System die Mannschaft noch zu einer Leistungssteigerung zu führen.

Während also ein Trainer wie Guardiola in der Anlage seines Spiels ganz sicher nicht mehr den autoritären Führungsspieler auf dem Platz braucht, kann es gerade in einer Mannschaft mit begrenzten spielerischen Mitteln der Fall sein, dass sie einen Anführer vom alten Schlag benötigt, um sie auf dem Platz zusammenzuhalten und nach vorn zu bringen, wenn sie ums sportliche Überleben kämpft. Es gibt also in der Frage der richtigen Kapitänswahl keine ein für alle Mal gültigen Antworten; sie richten sich vielmehr immer danach, was die konkrete Mannschaft braucht, die ein Trainer in einer ganz bestimmten Entwicklungssituation übernimmt, und wohin er sie führen will.

So wie ein Kapitän ins Innere einer Mannschaft wirkt, so steht er regelmäßig vor der Situation, sie auch nach außen zu vertreten. Nimmt ein Mannschaftskapitän etwa gegenüber den Medien Stellung, so muss er tatsächlich immer für die Mannschaft sprechen und mit seiner Stimme die Richtung angeben, in die ein Sieg oder eine Niederlage auch von den übrigen Spielern seines Teams interpretiert wird. Das bedeutet, dass ein Mannschaftskapitän sich stets seiner Rolle bewusst sein muss, wenn er den Rahmen für die weitere Deutung vorgibt. Wenn das funktioniert, hat die Mannschaft einen Sprecher, der das Thema setzt und die Haltung an den Tag legt, die dann zur Haltung der Mannschaft wird.

Spannend wird es, wenn – je nachdem, wie die Konkurrenzsituation in einer Mannschaft aussieht – in Stellungnahmen nach dem Spiel auf einmal Stimmen laut werden, die andere Themen setzen, als der Kapitän sie vorgegeben hat. Das lässt darauf schließen, dass ein Kampf um die Führungsposition entbrannt ist. Ein kluger Kapitän wird voraussehen, dass solch eine Situation auftreten kann, und im Rahmen des in einer Mannschaft bestehenden Rollenverhältnisses einen anderen Spieler, dem er vertrauen kann, zum Co-Kapitän machen. Das macht es einem Rebellen viel schwieriger, die Position des anderen zu unterlaufen, weil er es dann automatisch mit zwei Gegnern zu tun bekommt. Viel hängt also von der Intelligenz des Kapitäns ab, der gar nicht autoritär aufzutreten braucht, wenn er es versteht, seine Rolle zwar mit einiger Vorsicht, aber eben doch partnerschaftlich zu gestalten.

Richtig schlimm wird es für eine Mannschaft, wenn sie gar keine wirklichen Führungsspieler besitzt, so dass der, dem man das Amt des Kapitäns umgehängt hat wie einen zu großen Mantel, nach innen wie nach außen doch nur seine eigenen Interessen vertritt.

21. Auswechslung

Ersatzspieler

Selbst jemand, der viermal Welttorhüter und zweimal Triple-Sieger ist wie Manuel Neuer und eine ganze Torhütergeneration prägt, kommt irgendwann einmal in eine Konkurrenzsituation. An diesem Beispiel offenbart sich sinnfällig der Interessenkonflikt zwischen einem Verein und seinen Profis. Die Ambitionen eines Spitzenvereins müssen immer darauf angelegt sein, eine Struktur im Kader zu haben, die über den Tag hinaus, und zwar möglichst langfristig, den Erfolg der Mannschaft sichert. Seine Interessen hängen also nicht an einzelnen Spielern, sondern sie reichen immer über das gegenwärtig aktive Personal hinaus. Die Interessen des Profis sind hingegen stets höchstpersönlich und immer auf seine eigenen Belange ausgerichtet. Sie lassen sich dahingehend zusammenfassen: Er will spielen, und zwar in jedem Spiel, und zwar von Beginn an. Er will auch nicht, wenn Not am Mann ist, seine Minuten bekommen. Er will ganz sicher nicht Ersatzspieler sein.

In der Gruppe der Spitzenprofis wissen die Spieler spätestens nach zwei, drei Monaten, ob sie ein Spieler sind, der dauerhaft etwas zur Verbesserung der Mannschaft beitragen kann, und ob der Trainer (noch) mit ihnen rechnet. Ebenso begreifen sie schnell – jedenfalls meist früher als später –, dass für sie womöglich kein Platz in der Startaufstellung sein wird und dass damit ihre Perspektive heißt, kein Stammspieler zu sein. In dieser Lage bringen nur ganz wenige noch die Kraft auf, ihre Motivation hochzuhalten und diszipliniert weiterzuarbeiten und für eine Chance zu arbeiten, die sehr vage ist. Die meisten Spieler werden in so einer Situation schwächer – und irgendwann geht man doch.

Ab und zu erhält einer in dieser Lage noch einmal die Chance, zu einem anderen Verein zu wechseln, dann aber meistens zu einem schwächeren Club. Die wenigsten schaffen noch einmal ein Comeback auf gleichem Niveau. Wer einmal gewogen und für zu leicht befunden wird, hat es sehr schwer, noch einmal ein Leistungsträger auf Topniveau zu werden. Wem diese Aussichten drohen, der muss ganz schnell wieder das Heft des Handelns in die Hand bekommen, bevor andere handeln. Sonst wird im Handumdrehen selbst aus einem Adler eine *lame duck* – einer, der es nicht geschafft hat, die Konkurrenz im eigenen Haus für sich zu entscheiden.

Selten sind solche Ersatzspieler, die tatsächlich immer wieder zu Einsätzen kommen und auch noch die Möglichkeit haben, im Verhältnis zum eigentlichen Stammspieler Akzente zu setzen. So jemand kann sich mit seiner Rolle arrangieren oder tatsächlich zu einem guten Verein wechseln mit Aussicht, dort noch einmal durchzustarten.

Ganz ungewöhnlich ist es schließlich, dass man in einem Club tatsächlich nicht weiß, wer auf einer bestimmten Position eigentlich die Nummer 1 bzw. die Nummer 2 ist, weil beide Spieler ihre Rolle völlig unterschiedlich interpretieren, aber ganz und gar ihrer Aufgabe auf diesem Posten gerecht werden. Es behauptet sich in solch einer Lage der, der von der Mannschaft akzeptiert wird. Der andere wird gehen, weil man ihm bedeutet, dass er längerfristig keine Zukunft hat, außer auf der Bank zu sitzen. Doch weil man sich in der Topleistungsklasse nicht halten kann, wenn man nicht dauernd spielt, und dementsprechend sehr schnell abbaut, wird solch ein Spieler schon aus Eigeninteresse bald gehen. Das ist auch im Interesse des Vereins, weil frustrierte Spieler auf der Bank den Mannschaftsgeist ungünstig beeinflussen können.

Trainer und Vereinsfunktionäre sind gut beraten, Spielern in dieser Lage – Perspektive *Ersatzbank* – gewissermaßen eine prozedurale Fairness angedeihen zu lassen: Da der Spieler selbst ja der Auffassung ist, dass ihm Unrecht geschieht, indem man ihn nicht spielen lässt, muss man ihm offen darlegen, dass man ihn im Hinblick auf seine Leistungen nicht auf demselben Niveau wahrnimmt wie die, die spielen, aber dass man mit ihm daran arbeiten wird, dass er sich dennoch in der Zeit, die er bei dem Verein verbringt, verbessern wird. Das kommt seiner aktuellen Mannschaft zugute, aber auch dem nächsten Team, bei dem er unter Vertrag geht. Dass solch ein Umgang gelingt – gewissermaßen eine integrierte Ausgliederung –, gehört zur sozialen Kunstfertigkeit eines Vereins. Sie basiert darauf, dem Spieler auf der Bank Wertschätzung entgegenzubringen und ihm eine Entwicklungsperspektive zu eröffnen.

Während dies eine Handlungsoption im Umgang mit Spielern ist, die keine allzu großen Ansprüche stellen bzw., wenn sie sie stellen, sie nicht durchsetzen können, stellt sich die Lage im Umgang mit Spitzenspielern anders dar. Diese Art von Aussortieren geschieht eher nonverbal als ausdrücklich; aber ein Trainer kann es sich in dieser Lage nicht leisten, Schwäche zu zeigen, sonst scheitert er auf der ganzen Linie. Es ist letztlich eine Frage der Macht, und die kann sich kein Trainer nehmen lassen. Er hat eine Spielidee und muss wissen, wie und mit wem er sie realisieren kann. In solch einer Situation muss auch der Kapitän den Trainer nach Kräften unterstützen – schon aus Gründen der Mannschaftsharmonie, denn je länger der Konflikt dauert, umso mehr wird das Team geschwächt.

Bindung und Professionalität

Wenn auch die Verbindung zwischen Spieler und Verein auf allen Medien publikumswirksam dargestellt wird, muss man sich doch über den geschäftlichen Charakter dieser Beziehung im Klaren sein. Man kann von einem Spieler, der bei zunehmendem Alter oder nachlassender Leistungsfähigkeit ausgemustert und abgegeben wird, nur ein professionell vernünftiges Maß an Vereinsbindung erwarten. Ein Spieler sollte davon ausgehen, dass er in regelmäßigen Abständen einen anderen Arbeitgeber hat. Bis zu diesem Zeitpunkt wird er sportlich den vollen Einsatz bringen, weil er weiß, dass er nur auf diese Weise weiter im Geschäft bleiben kann. Die Zeit seiner Fähigkeit zur Höchstleistung ist in der Regel auf zehn bis – günstigstenfalls – fünfzehn Jahre begrenzt. In dieser Zeit muss er im Hochleistungssport die wirtschaftlichen Grundlagen für den Rest seines Lebens erarbeitet haben.

Was man vernünftigerweise an Haltung in der Zeit der Zusammenarbeit erwarten darf, ist volle Leistungsbereitschaft, ein sorgsamer Umgang mit dem eigenen Körper, Fairness, Regeltreue und ein angemessenes Verhalten in der Öffentlichkeit; dazu gehört unter anderem, dass der Spieler keine Skandale verursacht, weil er sonst auch den Verein, also das Unternehmen, für das er arbeitet, schädigen würde. Dieses Verhalten, das man in jeder Phase der Zusammenarbeit, auch bei der Rückstufung zum Ersatzspieler und gegebenenfalls bis zum Ende des Vertrags und der eigenen Laufbahn zeigen muss, nennt man Professionalität.

22. Rote Karte

Rassismus und Gewalt im Fußball

Als seit dem späten 15. Jahrhundert europäische Mächte zunächst mit einzelnen Schiffen und dann mit ganzen Flotten in andere Weltteile aufbrachen, um – zunehmend besser organisiert – von dort wertvolle Güter wie beispielsweise Edelmetalle, Gewürze und bald auch Sklaven nach Europa und in die europäischen Kolonien zu bringen, waren diese Unternehmungen von Anfang an mit Gewalt und Unterdrückung verbunden. Man konnte sein eigenes Handeln vor sich selbst und in der Heimat umso leichter rechtfertigen, wenn man die Völker, die man beraubte und versklavte, als unzivilisiert – gemessen an der eigenen Zivilisation – und damit als minderwertig betrachtete und herabwürdigte. Die Unterscheidung zwischen «Wir» und «die anderen» spitzte sich im 19. Jahrhundert weiter zu, als das Bewusstsein immer wichtiger wurde, zu einem ganz bestimmten Staat, zu einer ganz bestimmten Nation zu gehören. Wohin diese Entwicklung in Deutschland geführt hat, wurde in der Zeit des Nationalsozialismus (1933–1945) deutlich, als sich Rassismus und Nationalismus verbanden und in Völkermord und Weltkrieg mündeten. Im Jahr 1950 hat die UNESCO eine Stellungnahme abgegeben, dass es weder wissenschaftlich noch politisch zu vertreten sei, dass es Rassen gebe. Diese Position ist in der sogenannten *Jenaer Erklärung*,[1] die Spitzenforscher auf dem Feld der Zoologie und Anthropologie veröffentlicht haben, im Jahr 2019 wissenschaftlich noch einmal untermauert worden.[2] Das Gerede von Rassen ist damit als reine Ideologie entlarvt, die ausschließlich dazu dient, Menschen zu entrechten, zu unterdrücken und auszubeuten.

Doch trotz der Übereinstimmung von Wissenschaft, Menschenrechtsorganisationen und weiten Teilen der Gesellschaft begegnen wir auch heute noch im Alltag immer wieder der Vorstellung von «Rassen» und von dem unterschiedlichen Wert von Menschen aus verschiedenen Weltteilen, aus unterschiedlichen Kulturen und von unterschiedlicher Hautfarbe. Aus solchen Vorstellungen entstehen Vorurteile über Menschen mit anderem kulturellem Hintergrund, denen dann nachgesagt wird, sie seien rückständig, unzivilisiert, faul, dumm.[3]

Doch auch wenn Rassismus jeder wissenschaftlichen Grundlage entbehrt, ist er ein wirksames und schreckliches Gift. Rassisten nehmen sich das Recht heraus, Menschen, die einen anderen kulturellen Hintergrund haben als sie selbst, zu beleidigen, zu misshandeln und sie gar zu ermorden. Wir begegnen dem Rassismus an vielen Orten unserer Gesellschaft – auch im Fußballstadion. Doch ist Rassismus natürlich kein Phänomen, dem man nur im deutschen Fußball begegnet. Beim Ligaspiel zwischen Vitória Guimarães und dem FC Porto wurde Moussa Marega vom FC Porto mit Affenlauten beleidigt, nachdem er für seinen Club das entscheidende Tor geschossen hatte. Seine Vorfahren stammen aus Frankreich und Mali. Sogar der Staatspräsident von Portugal schaltete sich ein und verurteilte den Vorfall scharf; der portugiesische Ministerpräsident nannte ihn «inakzeptabel» und «ein Verbrechen». Dem ist nichts hinzuzufügen.

Im westfälischen Münster kam es nur wenige Tage später zu einer ähnlichen Situation, als der Würzburger Leroy Kwadwo von einem Zuschauer rassistisch beleidigt wurde. Doch womit der Rassist nicht gerechnet hatte, war, dass sich die Münsteraner Fans wirkungsvoll von ihm distanzierten, so dass der Täter kurz darauf festgenommen und wegen Volksverhetzung angeklagt wurde; deutschlandweit wurde er mit einem dreijährigen Stadionverbot belegt. Dieses ermutigende Beispiel zeigt, dass es möglich ist, in angemessener Weise auf rassistische Übergriffe von den Rängen zu reagieren. Feigheit und Rassismus gehen Hand in Hand. Die Täter vertrauen darauf, dass sie kaum zu identifizieren und für ihr Tun haftbar zu machen sind, wenn sie ihre Taten aus einer größeren Gruppe heraus begehen. Diesen Schutz sollten die echten Fußballfans ihnen nehmen und sie so ausgrenzen, wie diese ihrerseits versuchen, andere Menschen auszugrenzen. Die Fans sollten sich bewusst sein, wie mächtig sie sind, weil die Welt auf allen Medien Fußball sehen will. Das ist ja auch der Grund, weshalb auch Rassisten in die Stadien gehen, um ihre dumpfen Botschaften rauszuschreien – sie gehen dorthin, um gesehen und gehört zu werden. Doch die Fans sollten ihren Sport nicht von solchen Menschen missbrauchen lassen. Sie können ein Beispiel geben und Vorbilder sein, wie es beispielsweise in Münster geschehen ist.

Wenn die Fans die Täter nicht isolieren, so ist es für die Offiziellen nicht einfach, gegen solche Auswüchse vorzugehen, weil man sonst leicht die Fans in ihrer Gesamtheit treffen würde. Fans aber bilden die emotionale Basis des Fußballs, und sie haben große Bedeutung für die Unterstützung einer Mannschaft. Die Fans machen das Spiel zum großen emotionalen Erlebnis. Damit erst erhält der Fußball seine Authentizität und wird zum Ereignis für zahllose Menschen, die dieses Gefühl teilen. Das Ausmaß, in dem der Fußball auf die Fans und die Fanatmosphäre angewiesen ist, wird bei den sogenannten Geisterspielen immer besonders deutlich – jenen Spielen, bei denen eine Mannschaft unter Ausschluss ihres heimischen Publikums antreten muss, wie wir es gerade in der Corona-Krise erleben mussten. Dieser Sport ist nur glaubwürdig, wenn im Stadion gewissermaßen Volksfestatmosphäre herrscht. Nur dann gelingt auch eine überzeugende Vermittlung durch die Medien. Alle Beteiligten sind sich dessen bewusst, und auch das lässt die Offiziellen zögern, harte Sanktionen zu verhängen.

Es gibt natürlich Handlungsmöglichkeiten, wenn die Versuche, diesen Auswüchsen im Gespräch beizukommen, scheitern sollten. So gibt es etwa für die Schiedsrichter hierzulande eine Handreichung des DFB mit dem Titel *Tor. Integration A–Z.*[4] Darin heißt es unter anderem:

«Die FIFA hat ihre Disziplinarregeln gegenüber Diskriminierungen und rassistischem Verhalten von Spieler/innen, Offiziellen oder Zuschauer/innen noch einmal verschärft. Artikel 58 des Disziplinarreglements droht Spieler/innen mit mindestens fünf Spielen Sperre, Geldstrafen und Stadionverbot. Vereine und Verbände müssen mit dem Ausschluss der Öffentlichkeit, Punktabzug oder Wettbewerbsausschluss rechnen. Die Schiedsrichter/innen haben bei rassistischen Vorfällen außerhalb des Spielfeldes mehrere Optionen. Sie reichen von der Veranlassung einer Lautsprecherdurchsage über eine Spielunterbrechung bis zum Spielabbruch. Zuschauer/innen, die gegen diese FIFA-Bestimmungen verstoßen, werden mit mindestens zwei Jahren Stadionverbot belegt.»

Ebenso wichtig ist es, dass sich die Offiziellen, Funktionäre und Entscheidungsträger überall, wo Fußball gespielt wird, bewusst sind, wie sie sich mit ihren Äußerungen im Spannungsfeld des Rassismus positionieren![5] Wenn sich ein Fan oder ein Spieler danebenbenimmt, so ist das schlimm genug. Aber jene, die das Spiel und die Vereine organisieren und ihre Worte zu wählen wissen, haben wegen ihres Ansehens in der Öffentlichkeit noch einmal eine ganz besondere Vorbildfunktion.

Tatsächlich leisten Fußballvereine einen erheblichen Beitrag zum Miteinander, zur Integration, zur Entwicklung von Jugendlichen mit ganz unterschiedlichem kulturellem und gesellschaftlichem Hintergrund. Diese Leistung findet tagtäglich auf der Ebene der Vereinsarbeit in den unteren Spielklassen und den Juniorenligen statt – und zwar allenthalben und deutschlandweit. Wo jeder jeden kennt, ist die soziale Kontrolle größer; dort ist das Vorbild nicht entrückt, sondern unmittelbar vor Ort. Dort erfolgt die Ansprache, wenn sich einer danebenbenimmt, ganz direkt und situationsbezogen, was eine starke Wirkung hat. Ehrenamtliche und Trainer sind Tag für Tag Kindern, Jugendlichen und Heranwachsenden konkrete Vorbilder, wenn es um den Umgang mit anderen geht – egal, aus welchem Kulturkreis einer stammt. Diese Menschen sind sich ihrer Verantwortung auch durch die dauernde Nähe zu den jungen Sportlern bewusst. Sie bilden eben nicht nur den Nachwuchs am Ball aus, sondern sind durch ihre Arbeit auch nachhaltig auf dem Gebiet der Rassismusprävention tätig. Dafür gebührt ihnen unsere Unterstützung und unser Beifall.

Dass schließlich die Aktiven in der 1. bis zur 3. Liga sich ihrer Verantwortung in der Frage des Rassismus bewusst sind, sollte eine Selbstverständlichkeit sein. Sie arbeiten Tag für Tag mit Menschen aus aller Welt zusammen und machen ununterbrochen die Erfahrung, dass nur die gemeinsame Anstrengung auf das gemeinsame Ziel hin zum Erfolg führt. Sie sind sichtbar in allen Medien. So können sie mit ihrem Leben und ihrem Spiel in der kleinen Gemeinschaft der Profifußballer ein Vorbild für Millionen in einem Land und für Milliarden auf der ganzen Welt sein, dass die Menschen aus allen Kulturen gemeinsam zum Erfolg kommen, wenn es um die Bewältigung der großen Herausforderungen geht, vor denen die Menschheit steht. Das ist die gesellschaftliche Verantwortung, in der unser Sport und alle, die daran teilhaben, stehen, und wir alle sollten durch unser Auftreten im Alltag und bei den großen sportlichen Ereignissen – nicht zuletzt bei internationalen Turnieren – immer wieder zeigen, dass wir uns dieser Verantwortung bewusst sind und alles daransetzen, ihr gerecht zu werden.

Widersprechen – aber richtig

Sport auf der einen und Rassismus und alle sonstigen Formen der Diskriminierung auf der anderen Seite sind miteinander unvereinbar. Wer im Sport tätig ist, sollte sich fragen, ob es einen für ihn oder für sie passenden Weg gibt, gegen solche Missstände einzutreten.

Als erfolgreicher Fußballspieler weiß ich, dass man allzu leicht von der Öffentlichkeit in einer Quasi-Heldenrolle gesehen wird. Aber ich sehe mich in erster Linie als Bürger in einer Gesellschaft und erkenne als solcher natürlich auch bedenkliche Entwicklungen. Wenn es nun einmal zur Rolle des Profisportlers gehört, als öffentliche Person in besonderer Weise im Rampenlicht zu stehen, dann stehe ich auch in einer besonderen Verantwortung. Dies trifft im Allgemeinen für jeden Fußballprofi – vor allem in der Zeit zwischen 20 und 35 – zu. Er muss dann lernen, mit dieser Popularität umzugehen, und dazu gehört es, seine Popularität bewusst und zielgenau einsetzen. Für mich bedeutet das abzuwägen, ob ich mich zu einem Thema zu Wort melde oder auch nicht. Gerade wegen der großen Anhängerschaft müssen die Aussagen, wenn man Stellung nimmt, präzise sein – das gehört zum Verantwortungsbewusstsein dazu. Das bedeutet auch, dass man, wenn man sich äußert, es nicht deswegen tut, weil man weiß, dass es gerade gut ankommt, was man sagt. Dafür sind Themen wie Rassismus zu ernst.

Heute erkenne ich, dass meine verschiedenen Rollen zu verschmelzen beginnen – als Bürger, als ehemals populärer Fußballspieler und jetzt im Übergang zu einer neuen Stellung, und zwar als Geschäftsführer der Euro GmbH. Damit setzt sich für mich ein Lernprozess fort, der in der Zeit vor der Fußballweltmeisterschaft 2010 in Südafrika begonnen hat. Als ich im Vorfeld der WM 2010 nach Südafrika gereist bin und die krassen Gegensätze zwischen Arm und Reich gesehen habe, wurde mir bewusst, dass ich als Profi, der dankbar dafür ist, ein privilegiertes Leben führen zu dürfen, aufgefordert bin, Verantwortung zu übernehmen. Das hieß für mich damals konkret, etwas zurückzugeben bzw. etwas von dem weiterzugeben, was es mir ermöglicht hat, meinen Weg zu gehen. Es wurde mir nach und nach bewusst, dass mich dieses Thema auch über meine aktive Karriere hinaus noch beschäftigen würde. Jetzt, da ich Managementaufgaben übernehme, bin ich froh über das, was ich im Fußball gelernt habe. Es ermöglicht mir, den Gedanken, der mich seit damals beschäftigt, weiterzuentwickeln, weiterzuverfolgen und weiter in die Tat umzusetzen. Das heißt konkret, Menschen Teilhabe zu ermöglichen, die keine so guten Bedingungen hatten wie ich, ihren Weg ins Leben zu nehmen.

Mit dem Weg, den ich eingeschlagen habe, sind Risiken verbunden – ich kann damit auch scheitern. Aber ich will meinen Werten und Zielen auch in der Verantwortung für die EURO 2024 gerecht werden, denn ich weiß, dass sich für dieses Turnier jeder Einsatz lohnt. Ich sehe mich dabei in der Rolle eines Vermittlers zwischen Fußballprofitum und Organisation des Sports. Dabei wird es mir helfen, dass ich selbst lange Profi war, aber durch meine unternehmerische Tätigkeit und meine Arbeit für den DFB seit Jahren auch Erfahrung im Organisationsbereich habe erwerben können. Diesmal werden jedoch noch andere Interessengruppen hinzukommen – beispielsweise die Fans und die Medien –, die gleichermaßen das Recht haben, angemessen berücksichtigt zu werden; auch ihre Anliegen habe ich im Laufe meiner aktiven Zeit bei vielen Gelegenheiten kennengelernt. Um zwischen den vielen Positionen zu vermitteln und auszugleichen, ist es unverzichtbar, dass ich mir in diesem Spannungsfeld selbst treu bleibe und meine Integrität, die ich mir als Spieler erworben habe, und meine Unabhängigkeit bewahre, wenn Erwartungen an mich herangetragen werden. Niemand soll mich für sich vereinnahmen, niemand mich auf welche Weise auch immer korrumpieren können! Wenn mir das gelingen sollte, dann auf der Grundlage meiner persönlichen Werthaltungen: Fairness, Regeltreue, Achtung vor meinen Mitmenschen. Das sind die Leitsterne, auf die ich mich verlasse und an denen ich mich seit Langem orientiere, nicht zuletzt auch in meiner Stiftungsarbeit für Kinder und Jugendliche in Südafrika und in Deutschland. Und es versteht sich von selbst, dass mit diesen Werten, mit denen ich meine Aufgaben bei der Organisation der EURO 2024 angehen und allen Beteiligten versuchen will, gerecht zu werden, jegliche Diskriminierung völlig unvereinbar ist. So werde ich Ausgrenzung, Benachteiligung, Herabwürdigung von Menschen wegen ihrer religiösen, politischen, kulturellen Orientierung oder wegen ihrer Herkunft, ihrer Hautfarbe oder sexuellen Neigungen entgegentreten.

In dieser für mich selbstverständlichen Haltung, die ich mit Célia Šašić teile, die mit mir für die EURO 2024 zusammenarbeiten wird – eine Haltung, die ich im Übrigen auch im Grundgesetz als unveränderbare Basis unseres Staates und unserer Gesellschaft wiederfinde[6] –, werde ich übrigens eine Position weiterentwickeln, die ich schon vor 13 Jahren eingenommen habe, als ich dem Schwulenmagazin *FRONT* ein entsprechendes Interview gegeben habe und gegen die Diskriminierung von Homosexuellen eingetreten bin. Heute sage ich: Für jeden Lebenszusammenhang, selbstverständlich auch in Fußballstadien und selbstverständlich auch für die EURO 2024, gilt: Diskriminierung – durch wen auch immer, weshalb auch immer und gegen wen auch immer sie sich richtet – ist ein absolutes No-Go!

Ein No-Go – um auch in dieser Hinsicht eine klare Ansage zu machen – sind ebenso Diskriminierungen, die keinen rassistischen Hintergrund haben. Dies gilt auch für die unverantwortlichen Auftritte in Stadien gegenüber Dietmar Hopp. Wie auch immer man zu seiner Rolle im Fußball steht – einen Menschen im Fadenkreuz darzustellen, geht unter keinen Umständen. Das ist durch nichts zu rechtfertigen. Wir wissen gerade in Deutschland ganz genau, wohin das führen kann – und wir wissen auch, dass es Menschen gibt, die sich durch solche Bilder anstacheln lassen, am Ende tatsächlich mit Gewalt gegen andere vorzugehen. Niemand, der sich an so einer Aktion beteiligt, kann sich dann davonstehlen und sagen, das habe er gar nicht so gemeint, gar nicht so gewollt und gar nicht kommen sehen. Wer das tut, steht in der Mitverantwortung und am Ende auch in der Mitschuld für die Folgen.

Die Zivilgesellschaft, zu der auch alle Fans gehören, ist aufgefordert, sich von jenen klar zu distanzieren, die in Wort und Tat Hexenjagden auf einen Menschen anzetteln und ihn durch herabsetzende Äußerungen in seiner Menschenwürde beeinträchtigen. Wo so gehandelt wird, braucht auch niemand über Kollektivstrafen nachzudenken. Wie das vermieden werden kann – um noch einmal dieses Beispiel hervorzuheben –, haben die Zuschauer im Drittligaspiel Münster gegen Würzburg vorbildlich gezeigt. Das Verhalten der Fans dort war die Champions League an Verantwortung und Anstand.

23. Publikumsgespräche

In der Fankurve

Die Welt des Fußballs – und insbesondere des europäischen Fußballs – hat sich im Laufe der letzten dreißig Jahre stark verändert; dies gilt spätestens, seit die UEFA das Format der Champions League entwickelt hat, die sich seit der ersten Spielzeit 1992/93 bei den Fans wachsender Beliebtheit erfreut. Und man darf hinzufügen: bei den Fans in aller Welt – denn die Entwicklung der digitalen Medien hat der Champions League eine internationale Popularisierung weit über die Grenzen Europas hinaus beschert, die ohne diese technische Revolution gar nicht denkbar wäre. Die Auswirkungen dieser Veränderungen haben den ganzen Sport erfasst – nicht nur die Fans in anderen Erdteilen sehen inzwischen mit großer Selbstverständlichkeit europäischen Fußball, sondern auch die begnadetsten Fußballer aus aller Welt kommen mit der gleichen Selbstverständlichkeit nach Europa, um hier optimale Karrieremöglichkeiten zu suchen und zu nutzen. Doch ebenso lockt der globalisierte Fußball finanzkräftige Investoren wie etwa Roman Abramowitsch, den Eigentümer des FC Chelsea, oder die Katar Sports Investment, der Paris Saint-Germain gehört, oder Scheich Mansour Bin Zayed Al Nahyan, den Hauptanteilseigner von Manchester City. Die Globalisierung des Fußballs ist also in vollem Gange, und ich kann verstehen, wenn sich bei manchen Fans neben der Begeisterung über hochklassige Spiele mit Topathleten auf Weltniveau auch Unsicherheit einstellt, wohin diese Entwicklung führen wird. Weil ich in ein paar Jahren dazu beitragen soll, eines der großen Turniere – die EURO 2024 – zu organisieren, muss ich mich auch selbst mit diesem Phänomen auseinandersetzen.

Europa ist zu einer Art Silicon Valley des Fußballs geworden. Nur heißen unsere Marken nicht Google, Facebook, Instagram, WhatsApp, Apple oder Twitter, sondern sie heißen beispielsweise Real Madrid, Barcelona, Juventus Turin, Bayern München, Chelsea, Arsenal, Man City, Manchester United oder Paris Saint-Germain. In gewisser Weise sind diese Vereine mit medialen Plattformen vergleichbar. Auch sie sind heute alle digitalisiert, sind alle global erreichbar und haben eine globale Community. Sie funktionieren auch in wirtschaftlicher Hinsicht vergleichbar gut wie die digitalen Plattformen: Ihre weltweite Verbreitung nimmt zu, und sie sind inzwischen so etwas wie Weltmarktführer im Fußball. Weltweite Erreichbarkeit, weltweit interessanteste Wettbewerbe, weltweit größte wirtschaftliche Erfolge führen auch zur weltweit größten Attraktivität des europäischen Spielermarkts und damit letztlich auch zur höchsten Qualität des Fußballs. Diese Spirale dreht sich noch, und es geht noch weiter – denn es ist ja gar nicht mehr nötig, dass der Fan wie früher einst ins Stadion gehen muss, um dem Spielgeschehen nahe zu sein. Er bekommt das Geschehen in Echtzeit und digitaler Topqualität im Nahen und Mittleren Osten, in Afrika, China, Südamerika und, wenn er will, auch noch irgendwo im australischen Niemandsland zu sehen.

Die Attraktivität des europäischen Fußballs wird weiterhin internationale Investoren anlocken, ob sie aus China oder Russland oder woher auch immer stammen, denn dieses Geschäft verspricht zweistellige Zuwachsraten und erscheint mithin als ein sehr dynamischer Markt. TV-Rechte und andere Formen digitaler Vermarktung machen die Plattform Markenfußball darüber hinaus interessant für die Giganten des digitalen Geschäfts wie AMAZON, Google oder Facebook. Wer Rechte erwirbt, Fußball der Topmarken weltweit digital zu vermarkten, darf damit rechnen, dass ihm über diese Kanäle stattliche Einnahmen zufließen.

Treten wir für einen Moment von diesem großen Bild zurück und fragen uns: Wo ist hier eigentlich – um ganz willkürlich ein paar Clubs herauszugreifen – der Platz für Meppen, Bochum, Paderborn? Und wo geht die Reise für all die anderen Clubs hin, die mit den ihnen zur Verfügung stehenden Kräften redlich um ihren sportlichen Erfolg ringen, aber auch um ihre wirtschaftliche Zukunft? Gibt es eigentlich noch einmal eine Chance, dass sie teilhaben an diesem Fußballsport der Weltmarken, oder ist das völlig aussichtslos, weil die Spitzenclubs einfach unvergleichlich viel mehr Kapital zur Verfügung haben als alle anderen Vereine, die nicht auf diesem sportlichen und damit auch nicht auf diesem finanziellen Niveau der Champions-League-Teilnehmer unterwegs sind? Welche Auswirkung hat aber diese Perspektive dann auf die Akteure, die in der 2. und 3. Liga spielen?

Wir wissen nicht, was in 15 oder 20 Jahren sein wird, doch im Moment scheint mir der Prozess, der in Gang gekommen ist, unumkehrbar. Andererseits ist der weltweite Bedarf offenbar groß, und der Markt scheint noch nicht gesättigt. Vielleicht sind also auch noch ganz andere Fußballformate denkbar, auf die bislang noch niemand gekommen ist, so dass der Kreis derer, die ihre Scheibe vom Kuchen abbekommen, größer werden könnte, als wir gegenwärtig absehen.

Die Topmarken des Fußballs expandieren derzeit über die ganze Welt. Vereine wie Manchester City gründen in entlegenen Regionen Ableger, aber nicht vorrangig, um etwa in Afrika oder Asien neue Talente zu finden, sondern um auch dort vor Ort sichtbar zu sein und Interesse zu wecken – ähnlich wie Facebook sich zunächst über Amerika ausgebreitet hat und dann weltweit aktiv geworden ist.

So wie die UEFA Champions League ein neues Fußballformat war, so hat sie die Wettbewerbsformen verändert. Natürlich ist das nicht ohne Auswirkungen auf alle Mitwirkenden, nicht zuletzt auf die Spieler, geblieben. Sie verdienen viel und werden noch mehr verdienen, und sie werden sich professionell verhalten, um ihren Marktwert und ihre Einkommensmöglichkeiten weiter zu steigern. Kapital – auch Geld, das gegebenenfalls an Akteure in unteren Spielklassen verteilt werden kann – ist jedenfalls nicht das Problem im Fußball der großen Marken, der Global Player.

Niemand weiß also, wie die Zukunft aussehen wird, aber es spricht einiges dafür, dass es einen europäischen Wettbewerb geben wird, in dem nur die 15 bis 20 Topvereine vertreten sind, die man jetzt bereits regelmäßig unter den letzten 16 oder 18 Teilnehmern der Champions League findet. Manche dieser Vereine werden Investoren haben, die den jeweiligen Club vorrangig als Wirtschaftsgut betrachten. Jemand wird das Portfolio dieser Vereine managen und ein anderer die sportliche Seite – also der Trainer, der die Idee umsetzt, die den Verein sportlich interessant hält. Da genügend Geld von außen kommt, wird es daran nicht fehlen, wenn man für den Topsport weltweit die besten Spieler einkauft. So bleibt nicht nur der *Geschäftsbetrieb*, sondern wirklich auch der *Sport* extrem interessant; es wird ein Ligabetrieb entstehen, der noch über das bekannte Maß hinaus weltweit begeisterte Anhänger findet, die sich über diese Topmarken bzw. Plattformen global vernetzen. Sie finden das fußballerische Geschehen spektakulär, der Wettbewerb ist hochattraktiv, und die Menschen haben als Stadionbesucher oder über die sozialen Netzwerke Anteil daran und sind über diese Wege miteinander verbunden.

Die Institutionen FIFA, UEFA, DFB und DFL werden jeder für sich und miteinander eine Position dazu erarbeiten, wie sie sich zu diesen neuen Realitäten stellen. Denn das wird die Zukunft des professionellen Fußballs sein. Es ist völlig klar, dass das für den DFB eine Herausforderung darstellt. Doch bereits in den 50er Jahren stand der DFB einmal vor einer vergleichbar bedeutenden Weichenstellung, als es darum ging anzuerkennen, dass die Entwicklung des Fußballs in Westdeutschland längst unaufhaltsam zum Profisport tendierte, aber der Verband offiziell noch am überkommenen Ideal des Amateursports festhielt, obwohl allen Beteiligten klar war, dass die Vereine längst in verdeckter bzw. in mehr oder weniger offener Form ihre Spieler entlohnten. Die Einkünfte der Spieler wurden verschleiert. In der DDR tat man sich übrigens ebenso schwer damit, fand aber dort einerseits finanzielle und anderseits propagandistische Lösungen, um in der Öffentlichkeit an der Idee des Amateurfußballers im damaligen Spitzensport festhalten zu können.[1] Doch die Professionalisierung der Sportler wie der Vereine war nicht mehr aufzuhalten. Letztlich ging es darum sicherzustellen, dass die Profiabteilungen die Amateurabteilungen der Vereine unterstützten, weil sonst die Gemeinnützigkeit und damit die steuerlichen Vorteile verloren gegangen wären. Dies wurde erreicht, und damit war «einem Grundanliegen des DFB gedient, nämlich die Einheit des deutschen Fußballs unter seinem Dach zu zementieren».[2] Im Juli 1962 fand man dann in der Delegiertenversammlung in Dortmund trotz aller Gegensätze zwischen Anhängern des Amateurgeistes, der bis in die Kaiserzeit zurückreichte, und den Anhängern des Lizenzspielertums zu einer Einigung, die zur Voraussetzung der Einführung der Bundesliga ein Jahr später wurde.[3] Doch angesichts der wachsenden wirtschaftlichen Stärke des deutschen Vereinsfußballs und parallel zum steigenden Interesse der Öffentlichkeit und der Medien an der Bundesliga wuchs bis zum Ende der 90er Jahre die Erkenntnis, dass die Proficlubs auch in Deutschland eine eigene Organisation benötigten.[4] Damals folgte am 30. September 2000 bei einem außerordentlichen DFB-Bundestag in Mainz der nächste große Schritt, als die Delegierten die Gründung der DFL beschlossen, was wiederum einen neuen Professionalisierungsschub bedeutete und die Voraussetzungen für die Selbständigkeit des Profifußballs im weiteren Zusammenspiel mit dem DFB schuf.[5] «Zu den wichtigsten Aufgaben der DFL gehören neben der Durchführung des Spielbetriebs die Lizenzierung der 36 Proficlubs und der nicht minder wichtige Geschäftsbereich der Vermarktung sowie die Weiterentwicklung der Marke Bundesliga, wozu auch die ständige Entwicklung und Vermarktung von eigenen Produkten gehört. (...) Das besondere Augenmerk der DFL Deutsche Fußball Liga GmbH als Tochter des Ligaverbandes richtet sich zudem auf den Ausgleich der unterschiedlichen Interessen aller 36 Mitgliedsclubs. Das heißt, gerechte Ergebnisse im Verteilungskampf zwischen vor allem auch finanziell unterschiedlich ausgestatteten Vereinen im deutschen Profifußball zu erreichen.»[6]

Der Interessenausgleich innerhalb des Profibetriebs, aber auch mit Blick auf die Amateurligen, die zur Geschichte des organisierten Fußballs in Deutschland gehören, ist demnach keine neue Aufgabe, sondern sie stellt sich nur mit der Entwicklung dieses Sports immer wieder neu. Auch heute sind wir wieder an einem Punkt angelangt, an dem es darum geht, angemessene Lösungen für alle Beteiligten hierzulande – Vereine, Verbände und Fans – zu finden. Es muss aber eine Lösung sein, die auch die Interessen der internationalen Partner wie der UEFA berücksichtigt – und in deren Gefolge auch die Interessen der Sponsoren, Rechtekäufer und -verkäufer und der Werbeträger.

Was für den Vereinsfußball gilt, gilt auch für die Großturniere der Nationalmannschaften, die seit der Europameisterschaft 2004 in Portugal zu einem Milliardengeschäft für die UEFA geworden sind und bleiben werden. Bei all diesen Großveranstaltungen des Fußballs stellt sich die zentrale Frage: Wie gelingt es, die Menschen mitzunehmen? Das Scheitern von Olympia-Bewerbungen einzelner Städte am Widerstand der eigenen Bevölkerung hat nun oft genug gezeigt, dass auch eine noch so attraktive Veranstaltung nicht länger als Selbstverständlichkeit und als Selbstläufer betrachtet werden kann. Funktionäre und Verbände sollten sich daher frühzeitig damit auseinandersetzen, welche Themen die Gesellschaft beschäftigen, die man für ein internationales Turnier begeistern will: Das Spektrum reicht von den Ängsten vor der

Globalisierung, der Unsicherheit gegenüber der Digitalisierung und der Macht der Internetkonzerne weiter über die Sorgen, im Milliardengeschäft des Sports als Fan überhaupt keine Rolle mehr zu spielen, bis hin zu den Bedenken im Hinblick auf ungünstige Klimabilanzen von Großveranstaltungen.

Dazu gehört auch ganz zentral die Aufgabe, dass wir die Menschen, die sich ehrenamtlich im Sport engagieren, nach ihren Wünschen und Hoffnungen fragen und versuchen, sie einzubinden und ihnen gerecht zu werden. Werden wir noch als glaubwürdig im Hinblick auf Werte wahrgenommen, die wir mit den Fans jenseits der Begeisterung für tollen Fußball teilen wollen und unbedingt weiterhin teilen sollten? Es ist berechtigt, dass wir nach unseren Werten gefragt werden, die über die reine Durchführung eines Großereignisses hinausgehen und die wir vermitteln wollen. Auch in dieser Hinsicht ist jeder Funktionär und ebenso jeder Topfußballer aus jeder Nation und aus jedem Verein gefragt und gefordert, sich seiner Verantwortung und seiner Rolle als Vorbild bewusst zu sein. Wenn wir *daran* arbeiten, schaffen und erhalten wir jene Substanz und jene Glaubwürdigkeit, die der Fußball auch im globalen Geschäft der Topmarken nie verlieren darf, damit wir alle zusammen ein Fest wie eine Europameisterschaft feiern können.

Um in einem naheliegenden Punkt ganz konkret zu werden: Ich finde es beispielsweise unausgewogen, wenn aus der Umverteilung der Fernsehgelder für einen Verein aus der 3. Liga nur knapp 1,3 Millionen Euro übrigbleiben.[7] Ein Erstligist und auch ein Zweitligist können mit ihren Einnahmen die Teilnahme am Ligabetrieb aufrechterhalten. Die 18 Zweitligamannschaften erhalten immerhin zusammen noch 186 Millionen Euro; das ist angesichts der Summe, die den Topclubs der Liga zufließt, nicht riesig viel, macht aber immer noch rund zehn Millionen für jeden Verein.[8] Doch wir haben *54* Profivereine, weil auch die Drittligisten zu den Berufssportlern dazugehören. Aber wie soll ein Drittligist seine Spieler angemessen bezahlen, die aufgrund ihrer Vollzeitbeanspruchung durch den Sport ja nichts mehr nebenher hinzuverdienen können? Ein Drittligist muss genau wie die Mannschaften der 1. und 2. Liga deutschlandweit reisen und hat insgesamt hohe Kosten. Er erzielt aber sehr viel weniger Werbeeinnahmen und bekommt viel weniger Sponsorengelder als ein Erstligist und auch noch als ein Zweitligist; dementsprechend schwer tut er sich mit den ihm zufließenden, bescheidenen Einnahmen aus TV-Geldern, zentraler Vermarktung und Nachwuchsförderung. Hier tun sich geradezu zwangsläufig Gefahren auf mit Blick auf die Spielergehälter in dieser Liga, die insbesondere im Hinblick auf die wirtschaftliche Absicherung der Lebensphase nach der aktiven Zeit nicht ausreichen. Die DFL organisiert den Ligabetrieb für die 1. und 2. Bundesliga und verteilt die Einnahmen; die 3. Liga hat man bewusst nicht in die DFL mit hineingenommen – für sie ist der DFB zuständig. Also kann es angesichts der wirtschaftlich prekären Lage der Drittligaclubs und ihrer Spieler nicht darum gehen, pauschal Solidarität der Erst- und Zweiligamannschaften zu fordern, sondern hier muss ganz konkret ein organisatorisches Problem von der DFL und dem DFB gelöst und eine Reform erarbeitet werden. Auch Drittligavereine haben Leistungszentren, aus denen Spieler hervorgehen, die irgendwann in einem Alter zwischen 21 und 24 den Sprung in die 1. und 2. Liga schaffen wollen, um sich dort eine wirtschaftlich tragfähige Existenz aufzubauen; sie treibt vielleicht oft mehr die Hoffnung als das Talent. Aber wenn ich 56 Leistungszentren schaffe und einen Profibetrieb für drei Ligen aufrechterhalte, dann sollte auch eine vernünftige Bezahlung für jene Spieler gewährleistet sein, die es nicht auf die Sonnendecks im Fußballbetrieb schaffen. Darum sollte es beispielsweise auch eine Gehaltsuntergrenze geben, die mit Blick auf die späteren Jahre eines Spielers zumindest die *Möglichkeit* sozialer Sicherheit schafft. Es kann nicht sein, dass Spieler in der 3. Liga auflaufen und als Profis gerade einmal 1200,– Euro plus Punktzulage verdienen. Nach meinem Dafürhalten kann man die Drittligavereine in der gegenwärtig vorhandenen Struktur nicht alleinlassen mit der Frage, wie sie sich und ihre Spieler finanzieren sollen.

Das Gleiche gilt für die Notwendigkeit, die Strukturen im Amateurverband zu stärken. Dafür sollten Programme aufgelegt und Projekte gestartet werden. Auf diese Weise würde der soziale Frieden gefördert, anstatt durch ein merkliches Ungleichgewicht der Mittel einerseits und der für die Gesellschaft bedeutenden Aufgaben der Amateurvereine andererseits beeinträchtigt zu werden. Wir müssen beständig daran arbeiten, diese beiden Welten zueinander in Beziehung zu setzen und sie so weit wie möglich miteinander in Ausgleich zu bringen. Beide Seiten müssen begreifen, dass es darum geht, die Existenz des anderen zu würdigen – nicht nur in Worten, sondern auch durch konkrete Taten. Dann sollte es gelingen, die Polarisierung zu überwinden.

Was mit Blick auf die nationalen Aspekte gilt, gilt im übertragenen Sinne auch für die internationalen: Es ist ein lohnendes Ziel, allen Beteiligten zu vermitteln, wie großartig es ist, dass weltweit Menschen im Fußball nach denselben Regeln spielen. Das ist im Kern ein ganz und gar vorbildliches Modell für alle Menschen. Es spielt überhaupt keine Rolle, ob jemand bei Manchester City oder bei Bayern München spielt oder bei den Boca Juniors – alle befolgen dieselben Regeln. Es ist ein gutes Ziel, dieses zugrunde liegende Verständnis in die Zivilgesellschaft zu übertragen. Und es scheint gar nicht so unrealistisch, das auch zu erreichen, weil sich gerade die nachwachsenden Generationen ohnehin zunehmend multikulturell orientieren. Warum also nicht den Fußball als ein Gesellschaftsmodell begreifen, das nach den Geboten der Fairness und gemeinsamen Regeln allen und jedem Einzelnen ihr Auskommen und ihren sozialen Frieden sichern kann? Dann kann immer noch jeder seine Identität wahren, und jeder bereichert den Sport und die Gemeinschaft völlig unabhängig davon, ob er als Isländer sein Team anfeuert und seinem Leben nachgeht oder als Bayer sein «Mia san mia» lebt. Dasselbe Regelwerk, das die gleichen Chancen sichert, ist eine Zukunftsvision, die der Fußball nahelegt – ein Modell, das die Integration zwischen den Menschen verschiedener Nationalitäten, aber auch innerhalb einer Nation ermöglicht und fördert, wenn wir sie ernst nehmen und glaubwürdig und solidarisch mit ihnen leben: gleichgültig, welche Voraussetzungen jemand mitbringt – wirtschaftlich, körperlich, weltanschaulich! Das wäre meine Vision von gemeinsamer Verantwortung für eine in den Augen der Gesellschaft wirklich gelingende Europameisterschaft, zu der alle willkommen sind. In diese Richtung sollten wir denken und die notwendigen Gespräche mit allen Beteiligten in Gang bringen: Wie sieht unsere Idee aus? Wie soll DAS SPIEL in näherer Zukunft aussehen, und was soll es, was kann es für die Menschen hierzulande, aber auch in Europa und darüber hinaus bedeuten?

Auf den Tribünenplätzen

Am 21. Mai 1904 wurde in Paris die FIFA (*Fédération Internationale de Football Association*) gegründet. Anfangs gehörten ihr sechs nationale Fußballverbände an – die Schweiz, die Niederlande, Frankreich, Belgien, Spanien und Dänemark.[9] Der DFB folgte noch im selben Jahr. Heute sind in der FIFA 211 Länderverbände organisiert; die Liste reicht von Afghanistan bis Zypern, als Letzte traten 2016 Gibraltar und Kosovo bei.

Von Anfang an legte die FIFA unter anderem fest, dass die in ihrer Organisation vertretenen Verbände sich ausschließlich untereinander anerkannten, sie ihre Spiele nach den Regeln der Football Association Ltd. austragen würden und dass die FIFA allein das Recht habe, internationale Fußballwettbewerbe auszutragen.[10] Trotz dieser ehrgeizigen Formulierung wird damals kaum jemand daran gedacht haben, dass dieser Verband einmal zu einem solchen Global Player werden würde, als den wir ihn heute kennen.

Im Jahr 1924 wurde erstmals ein olympisches Fußballturnier durchgeführt, dessen Organisation in den Händen der FIFA lag. Aber da schon damals nationale Fußballverbände zum Profisport übergingen, kritisierte der französische Fußballfunktionär Henri Delaunay, dass bei olympischen Wettkämpfen nicht die besten Spieler eines jeden Landes auflaufen könnten.[11] In der Konsequenz wurde 1930 die erste reine Fußballweltmeisterschaft in Uruguay ausgetragen. Damals traten die besten Spieler aus 13 Nationen gegeneinander an, doch ein echtes Weltturnier war das noch nicht, da keine Mannschaften aus Asien, Afrika oder gar Ozeanien aufliefen. Selbst bei der Weltmeisterschaft 1966 in England hatte man Afrika und Asien insgesamt nur einen Startplatz für die Endrunde der letzten 16 zugestanden, was zu einem Boykott jener 15 afrikanischen Verbände führte, die sich für die Vorausscheidung angemeldet hatten. Die entscheidende Wende brachte der Brasilianer João Havelange, der 1974 den amtierenden FIFA-Präsidenten Sir Stanley Rous ablöste. Während seines Wahlkampfs um das Präsidentenamt war er durch 86 Länder getourt und konnte durch seine Förderungszusagen die wichtigen Stimmen der afrikanischen und asiatischen Verbände gewinnen. Ein Ergebnis seines Engagements war, dass 1982 das Teilnehmerfeld der Endrunde von 16 auf 24 erhöht wurde, wobei zwei Startplätze an Nord-, Mittelamerika und die Karibik gingen, zwei an Afrika und je einer an Asien und Ozeanien. Zum wirklichen Weltturnier wurde die WM 1998, als 32 Mannschaften antraten, davon fünf aus Afrika, vier aus Asien und drei aus Nord-, Mittelamerika und der Karibik.[12]

Um einen solchen Wettbewerb zu organisieren, hat die FIFA im Laufe der mehr als 100 Jahre seit ihrer Gründung eine Struktur hervorgebracht, zu der unter anderem der sogenannte FIFA-Kongress gehört, ferner zahlreiche Kommissionen sowie der FIFA-Rat, dem der Präsident vorsitzt. Zu den vielfältigen Aufgaben des Kongresses gehört es nicht zuletzt, auf vier Jahre den Präsidenten zu wählen. Der Präsident kann zweimal wiedergewählt werden. Jeder Nationalverband hat in diesem Kongress eine Stimme; dabei spielt es keine Rolle, wie viele Mitglieder dieser Verband hat – Deutschland hat beispielsweise mit seinen sieben Millionen Mitgliedern genauso nur eine Stimme wie der Verband von San Marino. Das Tagesgeschäft zwischen zwei Ratssitzungen erledigt der Ratsausschuss, der sich aus dem FIFA-Präsidenten sowie aus je einem Mitglied aus jeder der sechs Konföderationen zusammensetzt.[13]

Die FIFA selbst ist nach wie vor als Verein organisiert, dessen Sitz in Zürich liegt. Dort arbeiten über 300 Mitarbeiterinnen und Mitarbeiter im Generalsekretariat und kümmern sich von dort aus weltweit um Bereiche wie Finanzen, Geschäft, Kommunikation, soziales Engagement – etwa die Unterstützung von UNICEF, UNESCO, SOS-Kinderdörfern oder die Förderung des Behindertenfußballs – und nicht zuletzt um die Organisation der Fußballwettbewerbe.[14] Zu diesen Wettbewerben gehören unter anderem die Fußballweltmeisterschaft der Männer und Frauen, der Confed Cup, die Weltmeisterschaft der Juniorenteams, die Club-WM, die Hallen-WM und die Beachsoccer-WM, aber auch das olympische Fußballturnier. Zu den Einnahmequellen der FIFA gehören neben den Beiträgen der Mitglieder (USD 1000,–) vor allem die Erträge aus der Durchführung der Turniere, die weltweite Vermarktung der medialen Rechte aller Art, aber auch die Gelder aus Sponsorenverträgen wie beispielsweise mit dem Sportausrüster adidas oder mit Coca-Cola.[15] Die Einnahmen werden zum größten Teil an die Mitgliederverbände ausgeschüttet. Für das Jahr 2018, in dem in Russland die FIFA-WM ausgetragen wurde, legte die FIFA ihre Bilanz vor,[16] die ein «Spitzenergebnis für die Periode 2015–2018» ausweist. «Die FIFA hat einen Rekordertrag von USD 6421 Millionen erzielt. USD 5357 Millionen oder 83 % davon stammen von der FIFA Fußballweltmeisterschaft Russland 2018™, die die ertragreichste WM aller Zeiten war.»[17] «Mehr als 81 % der Investitionen, d. h. USD 4360 Millionen, sind dank der erheblichen Erhöhung der Entwicklungsgelder für FIFA-Mitgliedsverbände und Beiträgen an alle Teilnehmer der FIFA Fußballweltmeisterschaft Russland 2018™ der gesamten Fußballgemeinschaft zugutegekommen.»[18]

Während wirtschaftlich starke nationale Verbände wie etwa jene aus Frankreich, England oder Deutschland weniger auf die im Gießkannenprinzip ausgeschütteten FIFA-Erträge angewiesen sind,[19] die sich noch gegen Ende des 20. Jahrhunderts auf nur einige Hunderte Millionen US-Dollar beliefen,[20] stellt sich die Lage für Verbände aus ärmeren Weltgegenden anders dar.[21] Funktionäre, die für ihre Verbände möglichst großzügige Unterstützung einwerben,[22] aber auch solche, die für sich persönlich Vorteile aus dem Geschäft mit dem internationalen Fußball ziehen wollen, sind unter Verdacht geraten, korrumpierbar zu sein.[23] Eines der schillerndsten Beispiele ist Jack Warner aus Trinidad und Tobago, der seine Stellung als hoher FIFA-Funktionär genutzt haben soll, um sich im Zusammenhang mit der Vergabe der WM an Russland (2018) und Katar (2022) auf unlautere Weise zu bereichern.[24] Er wurde dafür als FIFA-Funktionär suspendiert[25] und trat von seinen Ämtern zurück.[26] Aber auch die Umstände der Vergabe der Fußballweltmeisterschaft an Deutschland im Jahr 2006 bedürfen der juristischen Aufklärung.[27] Da der Korruptionsverdacht heute zum ständigen Begleiter der FIFA und ihrer Repräsentanten zu werden droht,[28] liegt die Notwendigkeit auf der Hand, geeignete Maßnahmen zur Verbesserung der Compliance, der Erhöhung der Transparenz ihrer Geschäftsaktivitäten und einer objektiven Kontrolle der Finanzströme zu ergreifen. Der Nachweis, dass die neuen Strukturen der FIFA, die in den Statuten von 2019 festgelegt wurden, dafür ausreichen, ist noch zu erbringen.

24. Nachspielzeit

Berufung in die Nationalmannschaft

Pelé und Maradona waren gerade mal 16, Wayne Rooney 17, ich selbst 20, während Miro Klose es immerhin auf stattliche 22 Jahre brachte, als er sein Debüt im Nationaltrikot gab. Wir hatten das Glück, einen guten Weg in den Vereinen, in denen wir spielten, und in unseren Nationalmannschaften gehen zu können. So kam nie einer auf die Idee zu fragen, ob der Zeitpunkt unseres Ein-

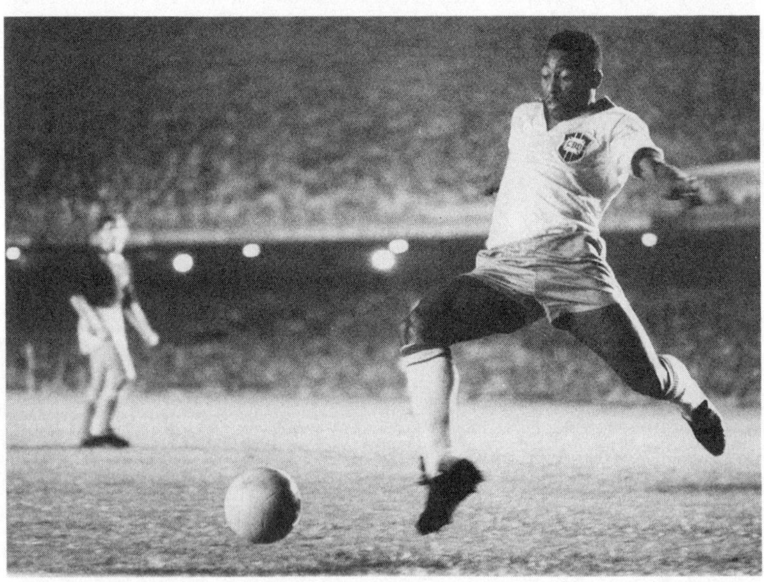

Abb. 15 a: Edson Arantes do Nascimento – besser bekannt als Pelé – im Alter von etwa 20 Jahren im Trikot der brasilianischen Nationalmannschaft (die Aufnahme ist nicht genau datiert, dürfte aber um das Jahr 1958 entstanden sein).

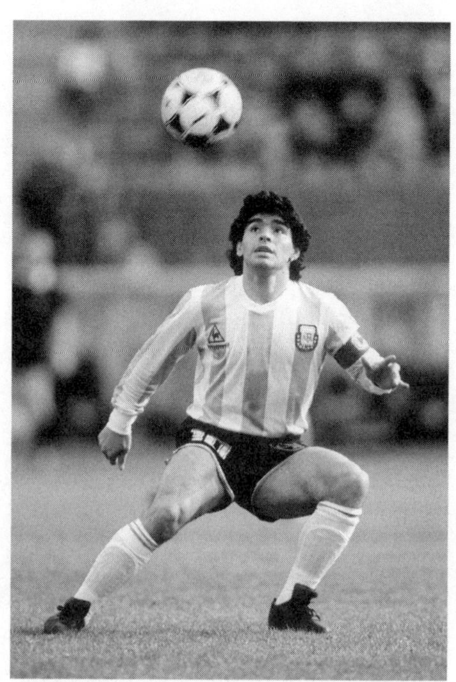

Abb. 15 b: Diego Armando Maradona im Alter von 27 Jahren im Spiel Argentinien gegen die UdSSR am 31. März 1988 (2:4).

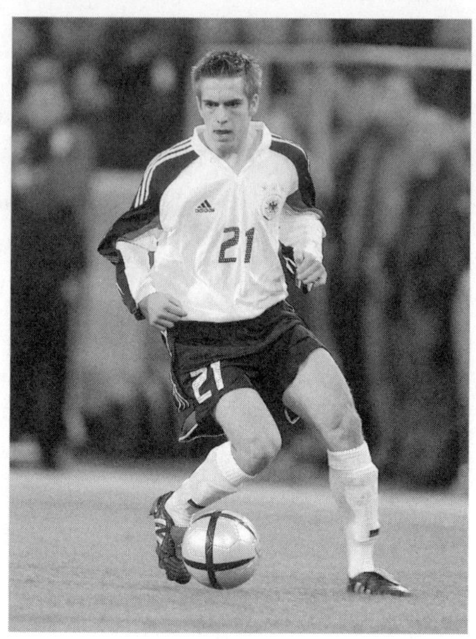

Abb. 15 c: Philipp Lahm im Alter von 20 Jahren beim Freundschaftsspiel gegen Belgien am 31. März 2004 (3:0).

stiegs zu früh oder zu spät lag. Diese Überlegung scheint zunächst einmal nicht ganz abwegig, spielt aber in der Realität keine große Rolle.

Wer mit Talent gesegnet ist, sein fußballerisches Können auf nationaler Ebene im Verein bewiesen und dort dem physischen und psychischen Druck als Spitzenathlet im Leistungssport standgehalten hat, muss auch keine Sorgen haben, ob für ihn die Berufung in die Nationalmannschaft zu früh kommt. Sicher geht die Nationalmannschaft nochmals mit ein paar besonderen Anforderungen einher, aber wenn Trainer hier wie dort Vertrauen zu jemandem haben, dass er seine Leistung bringen wird, muss sich der Betreffende keine Sorgen machen, wenn der Nationaltrainer anruft.

Schwierig könnte es werden, wenn ein Spieler auf einer Position eingesetzt wird, auf der er nicht seine volle Leistungsstärke abrufen kann. Aber ansonsten ist er entweder für die Aufgabe reif oder eben nicht – und wenn nicht, dann wird er es wahrscheinlich auch nicht zu einem späteren Zeitpunkt werden. Ein Spitzenspieler wird erkannt, weil er seine Position im Spiel besser beherrscht als andere und eine Mannschaft prägt – er bringt einen Stil mit und ist aus dem Team nicht wegzudenken. Weshalb also sollte sich der Spieler Gedanken machen, ob er das in einer anderen Mannschaft – und sei es die Nationalmannschaft – auf derselben Position nicht wieder abrufen kann? Er fragt sich nicht, ob er die Position einnehmen kann, sondern wie und wo er sie mit seiner ganzen Qualität ausfüllt.

Solch ein Spieler ist genau dann gut genug, wenn der Trainer ihm seine Rolle zutraut; und ein guter Trainer wird ihn ja nicht wegen seiner Schwächen, sondern entsprechend seinen Stärken einsetzen, so dass er Sicherheit entwickelt und immer besser wird. Manchmal sieht man allerdings hochtalentierte Spieler, die allemal das Zeug hätten, sich im Verein und auch in der Nationalmannschaft durchzusetzen, doch ihre Karrieresteuerung verläuft unglücklich. Es sind mitunter Spielertypen, für deren Spielanlage die eigentliche Position vielleicht noch gar nicht kreiert wurde, so dass sie eine Mannschaft nicht weiterbringen können. Dann werden sie als Hochtalentierte weiter- und weiterverkauft, ohne sich irgendwo dauerhaft eine Stellung erarbeiten zu können. Das zeigt, wie wichtig es ist, dass ein Club, der einen Spieler kauft, und sein künftiger Trainer wirklich eine Idee haben, was sie eigentlich mit diesem Spieler erreichen wollen – wo dessen Platz in ihrem System ist, auf dem man das Beste von dem neuen Mann erwarten darf. Wenn man das nicht weiß, wird dessen Leistungsvermögen immer weniger und weniger. Ein Trauerspiel! Wenn jemand hingegen seinen Platz gefunden hat, dann braucht auch ein junger Spieler eigentlich nur noch die Kompetenz, sich ohne große Probleme auf neue Spieler einstellen zu können. Aber die muss er als Profi ohnehin mitbringen, im Verein wie in der Nationalmannschaft, und spätestens dort wird er sie rasch erwerben.

Natürlich ist es eine große Sache für einen jungen Spieler, wenn 40 000 Menschen in einem Stadion stehen und die Nationalhymne singen. Ein erfahrener Spieler hingegen wird nicht nur den Reiz, sondern auch den Konflikt mit anderen Interessen wahrnehmen, der sich im Falle einer Berufung in die Nationalmannschaft einstellt. Für ihn geht es immer auch um die Frage, wie er professionell mit seinen Ressourcen umgeht. Für jemanden, der zwischen zehn und zwanzig Millionen im Jahr verdient, ist jedenfalls Geld nicht mehr das entscheidende Thema, weshalb er in der Nationalmannschaft aufläuft – auch wenn dort für einen Titel vielleicht nochmals eine Prämie in Höhe von einer Million wartet.

Ein Top-Event wie die Fußballweltmeisterschaft bietet die Möglichkeit, herausragende Qualität unter Beweis zu stellen. Diese Situationen sind selten und kostbar in den wenigen Jahren, in denen ein Fußballer auf der vollen Höhe seiner Möglichkeiten in einen sportlichen Wettkampf gehen kann. Seine Zeit ist begrenzt – vielleicht auf zehn oder zwölf Jahre, wenn alles gut geht. Danach wird er von der internationalen Bühne abtreten müssen. Eine andere Generation und andere Spieler werden seinen Platz einnehmen. Doch jeder, der sich auf diesem Niveau mit den Besten seines Sports misst, weiß, dass ein Athlet, der auf dieser größten Bühne Erfolg hat, die der Weltfußball bieten kann, sein Prestige und seine globale Sichtbarkeit steigern wird. Es sind Titel – nationale, aber eben vor allem internationale –, die die Währung bilden, in der die Welt den Wert von Athleten misst. Starke Nationalmannschaften wie etwa Deutschlands, Englands, Frankreichs, Spaniens, Italiens, Brasiliens oder Argentiniens bieten Spielern die Möglichkeit, eine Weltmeisterschaft zu gewinnen, wenn sie mit vollem Einsatz diese Chance nutzen. Danach ist es vorbei – und wenn man beispielsweise später einmal ein Buch über die eindrucksvolle Karriere eines Ausnahmespielers wie Lionel Messi lesen wird, so wird man feststellen, dass selbst solch ein Topathlet diesen einzigartigen, im Fußballsport geradezu mythischen Pokal nie hat in die Höhe stemmen dürfen.

Umso mehr empfinden jene, die das Glück hatten, sich diese Chance zu erarbeiten und sie zu nutzen, ein wunderbar erhabenes Gefühl. Es geht einher mit der Mystifizierung einer jeden Weltmeistermannschaft durch die Öffentlichkeit. Für die Sportler, die dieses Teamerlebnis erfahren durften, verbinden sich damit in der Erinnerung stets auch persönliche Freundschaften und starke Bindungen, die sie mit jenen Mitspielern eingegangen sind, mit denen sie ihr Arbeitsleben verbracht haben.

Das Fest erleben – Topclubs und Nationalmannschaften auf internationalem Parkett

Vor einigen Jahren wurde diskutiert, ob sich Nationalmannschaften nur noch eine Weile der Gunst des Publikums erfreuen würden, weil die Clubs immer besser, ihre Wettkämpfe international immer attraktiver und ihre Vermarktung immer erfolgreicher würden. Auch wenn jetzt die Club-WM tatsächlich kommt, so zeigt sich doch, dass die Frage nach der vermeintlichen Konkurrenz von Vereins- und Länderturnieren falsch gestellt war.

Ein Verein wie Bayern München spielt zwar immer noch mit einheimischen Clubs um die nationale Meisterschaft. Aber er ist längst zu einer der globalen Marken geworden – ebenso wie etwa Real Madrid, Liverpool, Paris, Barcelona oder Juventus Turin. Die damit verbundenen finanziellen Möglichkeiten, die mit der weltweiten Vermarktung der Übertragungsrechte einhergehen, verschaffen ihm auch im sportlichen Vergleich in der Bundesliga eine andere Ausgangsposition, weil praktisch kaum einer der anderen Vereine in der nationalen Konkurrenz die Chance hat, an die Töpfe heranzukommen, aus denen diese Einnahmen fließen. So bleiben Wahrnehmung und Wirkung eines Vereins wie etwa Werder Bremen auf seine Heimatregion beschränkt, während Bayern München auf allen Kontinenten wahrgenommen wird und damit sein viel höheres Budget weltweit erwirtschaften kann.

Dass es sich so verhält, hängt damit zusammen, dass eine globale Marke wie Bayern München aufgrund überragender sportlicher Leistungen seiner Spieler globales Interesse erzeugt, das diesem Club zu einer weltweiten Identifikation seiner Anhänger verhilft. Dass sich Menschen rund um den Globus mit dieser Mannschaft, dem ganzen Verein, seiner Tradition und seinem Werdegang identifizieren, spiegelt sich im Kleinen auch im eigenen Stadion. Lebten in München 2019 rund 1 500 000 Menschen, so kamen sie aus insgesamt 190 Nationen; davon waren 1 100 000 Deutsche, aber auch von diesen hatten etwa 258 000 einen Migrationshintergrund. Das heißt für München, dass hier mittelbar oder unmittelbar insgesamt rund 45 Prozent aller Menschen einen Migrationshintergrund haben.[1] Gerade weil Bayern ein global attraktiver Club geworden ist, hat sich im Zuge dieser Entwicklung auch die Fanszene im Stadion verändert. Dorthin kommen längst nicht mehr nur Menschen aus der Stadt – welchen kulturellen Hintergrund ihre Einwohner auch immer haben mögen – oder aus der Region. Sie kommen aus ganz Deutschland, den Nachbarländern, aber auch, wenn sich die Gelegenheit bietet, aus der ganzen Welt. Ein Bayernspiel ist einfach ein Ereignis, ein Event, an dem man teilhaben möchte; und die Fans, die sich das nicht entgehen lassen wollen, identifizieren sich dann nicht nur mit dem Club und seiner Geschichte, sondern in gewisser Weise auch mit seiner Stadt. Das alles ist ihnen möglich, ohne ihre individuelle Identität oder ihre kulturelle Eigenart aufzugeben.

Bleibt der Nutznießer dieser gobalen Entwicklung hierzulande der FCB – und im Ausland eben irgendeine andere der internationalen Topmarken des Vereinsfußballs –, so ist das Faninteresse bei den Nationalmannschaften anders gelagert, und es kann auch eine ganz andere, viel weiter reichende Bedeutung bekommen. Nimmt man etwa eine Europameisterschaft, so identifiziert sich der bei Weitem größte Teil der Fans mit dem Team aus dem eigenen Land, das sie von der Qualifikation an und durch die ganze Endrunde unterstützen. Es ist ein Länderturnier, zu dem alle Fans zusammenkommen und über das Gleiche sprechen – das eigene Team, aber auch jene, die man neu kennenlernt. Man lernt Menschen aus anderen Ländern kennen, für die alle der Fußball die gemeinsame Brücke bildet, die sie einander näherbringt, weil dieser Sport eben für alle zugänglich ist und Begeisterung ermöglicht.

Eine ganz wichtige Erfahrung dieser internationalen Turniere aber ist, dass alle, die diese Freude am Fußball teilen, ebenso wie ihre Teams sich auf das Spielfeld und die dort geltenden Regeln verständigt haben. Sie haben alle einen gemeinsamen Rechtsraum für ihren Wettkampf. So gibt es trotz aller Unterschiedlichkeit zwischen den Menschen, die sich für den Fußball begeistern, eine überwölbende Gemeinsamkeit, die auch in der Konkurrenz das Zusammenspiel ermöglicht. Man akzeptiert den anderen in seiner Besonderheit und seinem Anderssein, weil er sich auf die Gemeinsamkeit einlässt, die erst das Spiel zulässt. Auf dieser Grundlage kann man den Austausch pflegen, mit ganz unterschiedlichen Menschen, ohne die eigene Identität aufgeben zu müssen – im Gegenteil, dass man anders ist, macht einen interessant, und diese Voraussetzung ist für den Austausch sogar förderlich. Dass es Nationen mit ihren Grenzen gibt, ist die Voraussetzung dafür, dass es überhaupt das Format eines internationalen Fußballturniers gibt; aber die Menschen unterschiedlicher Nationalitäten treffen sich in diesem Rahmen und erkennen, dass sie bei allen individuellen Unterschieden in diesem gemeinsamen Rechtsraum gleich sind und dass der Austausch untereinander funktioniert, wenn man diese Regeln anerkennt. Das ist eine ganz besondere Art der Integration, die der Fußball ermöglicht und leistet. Dieser einzigartige Sport bringt Menschen aus ganz verschiedenen Kulturen einander näher, ohne dass sie Sorge haben müssten, dafür ihre Gewohnheiten oder ihre Identität aufgeben zu müssen. Letztlich spielt die Nationalität keine Rolle mehr. Alle sind gleich, die zusammenkommen, und der gemeinsame Rechtsraum des Fußballfelds hebt die Bedeutung der Nationalitäten auf. Die Gleichheit der Menschen auf diesem grünen Rasenrechteck überwindet den Gedanken und die Gefahren des Nationalstaats, der sich im 18. und 19. Jahrhundert entwickelt und im 20. Jahrhundert seine schlimmsten Auswüchse hervorgebracht hat. Was die Menschen früher als Ordnungsrahmen gebraucht haben und dessen strikte Grenzen immer wieder Anlass für Feindseligkeiten und Kriege wurden, löst sich auf, weil sich das Menschsein verändert, wenn man beim

Fußballsport im internationalen Rahmen in Austausch kommt und die Gleichheit aller feststellt, die durch diesen Sport miteinander verbunden sind. Man feiert miteinander das Fest des Fußballs mit seinen eigenen Bräuchen und seinen Liedern, aber in dem Frieden, den die gemeinsam anerkannten Spielregeln ermöglichen. Diese Regeln anzuerkennen, bildet die gemeinsame Grundlage für die freie Beziehung zum andern. Durch die Bindung an die Regeln garantiert dieser Sport jedem, der mitmachen und sich dafür begeistern will, Teilhabe; und jedem, der sich auf dieser Grundlage darauf einlässt, bietet er die Überwindung von nationaler Enge.

Erleben also Millionen Menschen im Vereinsfußball dank seiner globalen Strahlkraft die Gleichheit der gemeinsamen Interessen und die Integration von Menschen mit ganz unterschiedlichem kulturellem Hintergrund, so erleben Milliarden im internationalen Fußballsport auf Länderebene, dass Frieden im fairen Wettkampf möglich ist, wenn man gemeinsam den Rechtsraum anerkennt, in dem der Sport betrieben wird; auf diese Weise kann sogar das Konzept der Nation seinen Schrecken verlieren und überwunden werden.

Diese beiden Gedanken zeigen, dass auch die beiden Formate – Club-WM und Fußballweltmeisterschaft – nicht gegeneinander aufgewogen werden können oder einander ablösen werden. Beide sind gleichermaßen wertvoll. Mir scheint, dass für uns Europäer der Gedanke einer bewusst weiterentwickelten Vereinigung durch den Fußball nicht nur wünschenswert, sondern auch notwendig ist – gerade wenn wir unsere lieb gewordenen kulturellen Eigenheiten bewahren wollen: Wenn wir uns unsere Identität der Regionen erhalten möchten, wird es nötig sein, immer mehr von der europäischen Kleinstaaterei Abschied zu nehmen. Wenn wir aufhören, unsere europäischen Strukturen weiterzuentwickeln, in denen wir wirksam unsere Interessen bündeln können, wird uns die globale Digitalisierung überholen. Sie wird uns alle Möglichkeiten aus der Hand nehmen, selbstbestimmt unsere Entwicklungen zu steuern – im Sport, nicht zuletzt auch im Fußball, aber auch auf allen anderen gesellschaftlichen Feldern. Mit ihren atemberaubenden Möglichkeiten, alles an jedem Ort und zu jeder Zeit weltweit medial zu vermarkten und zu Geld zu machen, werden Plattformen wie Google, Microsoft, Amazon und Facebook den europäischen Gedanken unterhöhlen und nach und nach durch ihre globalen Marktinteressen ersetzen. Den Rechtsraum Fußball werden sie nach ihren wirtschaftlichen Interessen ausgestalten – einfach weil sie die wirtschaftliche Macht dazu haben. Dabei wird der Sport selbst und alles, was Ihnen und mir daran sonst noch wichtig ist, an Bedeutung verlieren – die Verbundenheit mit bestimmten Spielstätten, Vereinen, Traditionen. Fußball wird dann nicht länger Teil des sozialen Lebens sein, der Identität stiftet, die Basis für echte, analoge Freundschaften bildet, Kindern einen Rahmen bietet, in dem sie sich entwickeln können, und wo Menschen sich engagieren und Verantwortung für die Gemeinschaft übernehmen. Das alles wird belanglos, weil es für die digitale Vermarktung keine Rolle spielt und folglich finanziell immer stärker ausgetrocknet wird. Kein Kontinent verfügt über die gemeinsamen politischen, sozialen und kulturellen Strukturen wie Europa, die aus dem Überdruss an Krieg, Gewalt und Diskriminierung erwachsen und auf den unbedingten Erhalt des Friedens zwischen den europäischen Ländern ausgerichtet sind. Ebenso wenig bietet irgendein anderer Fußballverband der Welt gegenwärtig die Möglichkeiten wie die UEFA, weil hier kontinuierlich auf höchstem Niveau der Fußball weiterentwickelt wird und dafür die besten Voraussetzungen in den nationalen Verbänden bestehen. Wir sollten alles daransetzen, diese Strukturen – im Rahmen der EU und der UEFA – zu erhalten und gegen einen globalen digitalen Raubtierkapitalismus zu verteidigen, der das eine wie das andere gefährdet.

25. Abpfiff

Aufhören - aber richtig

Es ist – wie so vieles im Leben eines Fußballers – nicht zuletzt vom Glück abhängig, wann man seine Karriere beenden darf bzw. wann man sie beenden muss. Der sowjetische Torhüter Lew Jaschin war Jahrgang 1929. Er spielte seit den 50er Jahren bis 1970 bei Dynamo Moskau auf international relevantem Niveau und saß im selben Jahr sogar noch auf der Ersatzbank der sowjetischen Auswahl bei der WM in Mexiko; ein Jahr später erhielt er sein Abschiedsspiel. Das war für die damaligen Verhältnisse ganz und gar ungewöhnlich und wäre für einen Feldspieler fast undenkbar gewesen. In den letzten Jahrzehnten waren es dann nicht mehr nur Torhüter wie etwa Uli Stein (42) oder Jens Lehmann (40), die sich als Aktive mitunter lange haben halten können – denkt man beispielsweise an meinen langjährigen Mannschaftskameraden Claudio Pizarro, der in der Saison 2018/19 im Alter von 39 Jahren noch zu Werder Bremen wechselte, oder an Klaus Fichtel, der noch mit 43 Jahren für Schalke angetreten ist.

Bis weit in die 80er Jahre hinein war es nicht selbstverständlich, wenn ein Spieler wesentlich älter war als 30 und noch in gutem körperlichem Zustand auf dem Feld stand. Die Trainingsbedingungen waren damals deutlich schlechter als heute. Oft übte man auf Hartplätzen, und wo Rasenplätze zur Verfügung standen, hatten diese längst nicht alle eine Rasenheizung, so dass die Verletzungsgefahr im Winter weit größer war als in meiner aktiven Zeit. Hinzu kam, dass einige Trainingsmethoden uns heute ziemlich derb vorkommen: Manche Trainer ließen ihre Spieler andere, die vielleicht 80 Kilo wogen, die Treppen rauf- und runterschleppen und nannten das dann Krafttraining. Die medizinische Betreuung für die Behandlung gesundheitlicher Schäden, die unter diesen Verhältnissen auftraten, war noch nicht annähernd auf dem heutigen Niveau. Fachärzte für Sportmedizin standen selten zur Verfügung, und statt hochspezialisierter Physiotherapeuten gab es Masseure von sehr unterschiedlicher fachlicher Qualität. Es ist nur wenig übertrieben, wenn man die Spieler von damals unter dem Stichwort «Schmerzmittelgeneration» zusammenfasst. Wer zum Masseur musste, wurde schnell als krank angesehen und spielte dann nicht – diese Einstellung begünstigte, dass Raubbau am eigenen Körper und der eigenen Gesundheit betrieben wurde, um dieser Situation zu entgehen. Weil darüber hinaus die Fußballwelt damals einer Art Jugendlichkeitswahn huldigte und Erfahrung nicht so hoch im Kurs stand wie heute, war das Ergebnis, dass Spieler, die deutlich älter waren als 30, seltener zum Einsatz kamen.

Andere Umstände waren hingegen interessanterweise kein Hindernis, um zum Einsatz zu kommen: Legendär ist die Geschichte, die Trainer Max Merkel, der immerhin mit dem 1. FC Nürnberg und mit 1860 München Deutscher Meister wurde – von seinen anderen Erfolgen ganz abgesehen –, aus seiner aktiven Zeit erzählte. Er habe mal die Alkoholiker in seinem Team gegen die Antialkoholiker spielen lassen; als die Alkoholiker 7:1 gewannen, habe er sie beschieden: «Sauft's weiter.» Sollte die Geschichte nicht wahr sein, so ist sie doch gut erfunden und passte in diese Phase der Fußballentwicklung.

Verglichen damit, haben sich die Rahmenbedingungen des Bundesligabetriebs für die Aktiven bis heute deutlich verbessert oder, sagen wir, professionalisiert. Das bedeutet aber auch, dass jemand, der noch jenseits der 30 im Profigeschäft aktiv bleiben will, sich ganz genau über die eigene Leistungsfähigkeit im Klaren sein muss; und er muss sich selbst gegenüber ehrlich sein, weshalb er weiterspielen will. Ich spreche nicht über die Ausflüge älterer Fußballspieler aus europäischen Ligen etwa in die US-amerikanische *Major League Soccer* oder nach Saudi-Arabien und Katar bzw. nach China. Dort kann man zum Abschluss der eigenen Karriere noch einmal so viel Geld verdienen wie ein absoluter Spitzenverdiener in Europa. Das mag im Hinblick auf die eigene Lebensplanung und beispielsweise mit Blick auf die finanziellen Perspektiven der eigenen Familie durchaus sinnvoll sein. Doch bei allem Respekt vor der Entwicklung dieser Ligen und ihrem inzwischen gewachsenen Ansehen gilt nach wie vor, dass ein Bundesligaspieler in diesen Ländern nicht mehr das sportliche Niveau halten muss und auch nicht mehr halten kann, ohne das es hierzulande nicht geht.

Immerhin: Schon allein die Tatsache, dass ältere Spieler sich *überhaupt* diesen Ausklang ihrer aktiven Zeit gönnen können, hängt eben maßgeblich damit zusammen, dass sie körperlich noch ziemlich fit sind. Sie haben also unmittelbar von den im Laufe der letzten zwanzig Jahre stark verbesserten Trainingsbedingungen und von der sehr guten medizinischen Betreuung profitiert, die in den europäischen Topligen Einzug gehalten haben.

In den Spielklassen darunter sieht es allerdings anders aus: Nicht alle Fußballer haben die Aussicht, sich zum Karriereende im Ausland finanziell zu sanieren. Nicht wenige *müssen* in Deutschland in der 2. und 3. Liga weiterspielen, weil sich ihre finanziellen Perspektiven nach ihrer aktiven Zeit verschlechtern würden. Sie können mithin nicht einfach *selbstbestimmt* aufhören – auch wenn es vielleicht geraten wäre. So strecken sie ihre Karriere, so lange es nur geht. Wenn die Verträge dieser Spieler schließlich auslaufen und endgültig nicht mehr verlängert werden, weil sie die erforderlichen Leistungen einfach nicht mehr bringen, haben sie ein Problem. Die meisten haben in jungen Jahren gelernt, dass ihnen auch unterhalb der 1. Liga verhältnismäßig viel Geld zur Verfügung steht; und sie haben sich an den damit meist verbundenen Lebensstil gewöhnt. Es ist schwer, sich dann nach dem Ende der Karriere einzuschränken, wenn die Einkünfte versiegen oder deutlich weniger werden und klar ist, dass die Rücklagen nicht bis zum Lebensende reichen werden, falls man so weiter wirtschaftet wie bisher.

Es gibt Studien darüber, wie viele mit diesem Hintergrund in eine Schuldenfalle laufen und schließlich unterhalb der Armutsgrenze landen. Lediglich 3 Prozent der von der *Vereinigung der Vertragsspieler* befragten Profis gaben an, dass sie ihren Lebensstandard auch nach dem Ende ihrer aktiven Karriere werden beibehalten können.[1] Florian Gothe, VdV-Präsident und ehemals Spieler beim VfL Bochum, hat sich dazu geäußert: «Für diese gilt nämlich: Existenzangst und leere Taschen statt Ruhm und dicke Autos.»[2] Ein seriöses Umfeld eines Spielers wird daher immer darauf hinwirken, dass der Betreffende sich stets über seine aktuelle Situation und seine Perspektiven auch nach dem Ende der aktiven Zeit bewusst ist, dies gilt insbesondere für seine wirtschaftlichen Verhältnisse.

Wann und wie bereitet man sich auf den Ausstieg vor?

Es mag übertrieben klingen, aber im Grunde genommen ist es nur eine kleine Zuspitzung: Der gute Ausstieg aus dem Profifußball beginnt mit dem Einstieg. Ein verantwortungsvolles Umfeld wird, wie schon erwähnt, von Anfang an eine Exitstrategie für seine Klienten mitplanen. Aber auch die ausbildenden Leistungszentren sollten in dieser Hinsicht ihre Verantwortung wahrnehmen: Ein Jugendlicher in solch einer Einrichtung wäre überfordert, diese Aspekte allein in den Blick nehmen zu müssen. Ein Nachwuchsspieler muss in Akademien und Leistungszentren für einige Jahre alles dafür einsetzen, wenn er sich die Chance erarbeiten will, ein Spitzenspieler zu werden. Seine Situation kommt dem Übergang in ein Paralleluniversum gleich. Also müssen diejenigen, die in *beiden* Welten unterwegs sind und größere Lebensabschnitte überblicken, ihm ermöglichen, eine selbstkritische Distanz zu sich, seinem Tun und seiner Zukunft zu entwickeln. Florian Gothe kann hierzulande nicht den ernsthaften Willen erkennen, die Spieler «vor Gefahren zu schützen und sie frühzeitig auf die nachfußballerische Laufbahn vorzubereiten».[3]

Für mich war diese Distanz – und ist es bis auf den heutigen Tag – ein wichtiges Mittel, meine eigene Karriere zu entwickeln, zu beherrschen, sie abzuwickeln und nach der aktiven Zeit neu aufzusetzen. Die innere Distanz ermöglicht es mir, selbstbestimmt meinen Weg zu gehen. Auch wenn man ungefragt keine «guten Ratschläge» geben sollte, so würde ich doch *jedem* Spieler in *jeder* Entwicklungsphase empfehlen, sich nie vom eigenen Beruf und von der eigenen Berufung bis zur Distanzlosigkeit überwältigen zu lassen. Wer die Distanz wahrt, wird in der Lage sein, für sich Verantwortung zu übernehmen. Die innere Distanz ist umso wichtiger in einer Zeit, in der ein Heranwachsender über Jahre hinweg stets das macht, was andere von ihm verlangen: die Betreuer im Leistungszentrum, die Trainer, sein Umfeld. Die jungen Leute geben faktisch in den Leistungszentren ihre Jugend auf, um an die Spitze zu gelangen – und wer diesen Willen nicht aufbringt, diese Fokussierung nicht schafft, wird es sehr schwer haben, ganz nach oben zu kommen. Aber man droht einer Fata Morgana hinterherzulaufen, wenn man glaubt, diese Welt sei bereits *die ganze Welt* – wer dieser Verführung erliegt, wird es bis zum Ausstieg aus seinem Sport und erst recht danach schwer haben, sich in der anderen Welt zurechtzufinden; diese aber wird eines Tages seinen Alltag bestimmen. Dann wird die einstige Lebensführung, die über vielleicht zwanzig Jahre in unglaublicher Intensität das eigene Dasein bestimmt hat, wegbrechen; wer nie die innere Distanz zum Profigeschäft eingeübt hat, taumelt dann womöglich kopfüber in eine Krise.

Das beratende Umfeld eines Spielers sollte um diese Mechanismen wissen. Es muss den Echoraum für den Nachwuchs bilden: Welche schulischen Möglichkeiten hat er neben der sportlichen Ausbildung? Ist seine sportliche Entwicklung so hoffnungsträchtig, dass man tatsächlich drei, vier Jahre lang alles auf eine Karte setzen darf mit der Perspektive, Toptoptop-Niveau zu erreichen? Ob ja, ob nein – darüber muss der Klient kontinuierlich aufgeklärt werden; und wenn im Alter von vielleicht 23 Jahren klar ist, dass es nicht reichen wird, um auf Dauer erstklassig zu sein, wird ein qualifiziertes Umfeld empfehlen, die Reißleine zu ziehen und sich anderweitig weiterzubilden. Zwischen U15 und dem Alter von 23 liegen die Schwellenjahre eines Nachwuchsfußballers, die über seinen beruflichen Werdegang entscheiden. Vergessen wir nicht, dass rund 95 Prozent des Nachwuchses selbst eines Leistungszentrums nie Spitzenniveau erreichen, auf dem sie sich sportlich behaupten und die Chance bekommen werden, sich finanziell nachhaltig abzusichern.

Die Zahl an jungen Leuten, die in die Fußballwelt streben, ist riesig. Entsprechend groß ist die Konkurrenz in allen Ausbildungsphasen, und bereits viele Sechsjährige träumen sich in eine Welt, in der sie als Messi oder Ronaldo unterwegs sind. Träumen ist erlaubt, aber gerade deshalb braucht es Menschen, die den Träumern den Spiegel der Realität vorhalten: Wer bist du, was kannst du, was hast du erreicht, wo liegen deine Defizite, woran musst du weiterarbeiten – aber auch: Warum wirst du dein Karriereziel, ein Topspieler zu werden, nie erreichen, welche Alternativen gibt es für dich? Willst du später, wie so viele Schicksalsgenossen, die unterhalb der Bundesliga aufgehört haben, von der Hand in den Mund leben?[4]

Profisport auf Spitzenniveau ist einfach *tough*; und es ist eine wichtige Aufgabe auch für Leistungszentren und die dort tätigen Ausbilder, ihren Schülern Distanz und Exitstrategien zu vermitteln. Dafür braucht es Leitlinien – und es braucht diese Leitlinien umso mehr, als andere Korrektive aus einer «normalen» Umwelt eines Heranwachsenden fehlen: In jedem Jahr verschwindet ein Teil der Altersgenossen, mit denen man zwischenzeitlich zusammen war, in jedem Jahr kommen neue Trainer und Ausbilder, in jedem Jahr wechseln die Ansprechpartner, deren maßgebliche Aufgabe die fußballerische Verbesserung der Nachwuchsspieler ist. Wenn die jungen Leute also im guten Sinne *geführt* werden sollen, dann sollte es auch in Leistungszentren darum gehen, dass ihre Ausbildung breit genug ist, um alternative Lebenswege – jenseits des Fußballplatzes – ins Auge fassen zu können; und es sollte auch ein Ziel sein, den Nachwuchs zu ermutigen, Alternativen für sich als realistische Möglichkeiten zu erwägen. Schulischer Lernstoff und der Erwerb sozialer Fähigkeiten sind für einen Nachwuchsspieler ebenso wichtig wie das richtige Verhalten beim Pressing. Um es noch einmal klar zu sagen: Wer es nicht bis 23 in den Erstliga-Spitzensport geschafft hat, hat als Profifußballer eine wirtschaftlich schwierige langfristige Perspektive. Wer sich dennoch darauf einlässt, muss sich im Klaren darüber sein, dass er sich neben dem Fußballspiel eine zukunftsträchtige Perspektive erarbeiten muss.

Der Ausstieg

Wer bis Anfang oder Mitte dreißig auf höchstem Niveau gespielt hat, wird vielleicht die eine oder andere kleine Delle im körperlichen Leistungsvermögen spüren. Aber die muss gar nicht maßgeblich sein für einen Ausstieg. Der Kopf sagt einem: Es reicht! Bevor es die anderen merken, merkt man es selbst am eigenen Spiel, dass es nicht mehr ganz so exzellent ist, wie es schon mal war. Mit 34, 35 kann ein Spitzenspieler natürlich noch seiner Mannschaft etwas geben, aber er wird spüren, dass er seinen Leistungshöhepunkt überschritten hat. Dann ist es Zeit zu gehen, bevor es auch den anderen auffällt.

Womit dieses Nachlassen zusammenhängt? Bei Spielern, die viel erreicht haben, wird es nicht zuletzt damit zusammenhängen, dass sie sich nicht mehr auf demselben Niveau motivieren können. Vielleicht hat sich auch das Umfeld in der eigenen Mannschaft verändert – Mitspieler und Weggefährten sind zu anderen Clubs gewechselt, um dort ihre Karriere ausklingen zu lassen. Neue Spieler sind gekommen, die einer anderen Generation angehören und ein anderes Gruppenverhalten entwickeln, so dass man für dieses Team vielleicht lieber nicht mehr den Vorturner machen möchte. Aber vielleicht haben sich für den gealterten Spieler auch einfach andere Themen, andere Lebensaspekte in den Vordergrund geschoben, so dass die Fokussierung auf den Fußball nicht mehr vollständig gelingt. Ausnahmen bestätigen die Regel – jemand wie Franck Ribéry ist ein so hundertprozentiger Vollblutfußballer, dass er wahrscheinlich auch noch mit 50 dieselbe innere Glut auf den Platz bringen wird wie mit 20.

Für mich darf ich sagen, dass ich es genossen habe, mich selbstbestimmt mit 34 Jahren vom aktiven Sport zurückzuziehen. Und ehrlich gesagt reizen mich auch sogenannte Prominentenspiele nicht; ich staune manchmal, mit welcher Verbissenheit bei solchen Anlässen die eigene und die Gesundheit anderer riskiert wird. Ich bin froh und dankbar, mit heilen Knochen ausgestiegen zu sein. Für mich ist der Gedanke, selbst noch einmal Leistungssport zu betreiben, abgehakt.

Aber das heißt natürlich nicht, dass man jede sportliche Betätigung einstellt. Das wäre mit Sicherheit ungesund, und man hätte in kürzester Zeit physische, vielleicht auch seelische Probleme: Wer den Sport auf so hohem Niveau betrieben hat, braucht die Bewegung, braucht eine körperliche Herausforderung, vielleicht sogar noch die Wettkampfsituation – aber eben nicht mehr den harten Wettkampf, wie man ihn über Jahrzehnte betrieben hat. Da gibt es andere Sportarten, die einem in meinem Alter eher entgegenkommen; dazu gehören Tennis, Radfahren und

Golfen. Diese Art von Sport hilft auch, den verringerten Kalorienbedarf auszugleichen. Wobei es früher immer lustig war zu sehen, wenn die größten Renner auf dem Platz im Hotel stets den Lift in den ersten Stock genommen haben, wo ihr Zimmer lag. Eigentlich war es nie wichtig, wie viel man in der aktiven Zeit zu sich genommen hatte und ob man mal ein bisschen mehr relaxte; dick wurde davon keiner, weil ohnehin alle Kalorien sehr schnell aufgebraucht wurden. Da haben auch eine Pizza und ein Weißbier der eigenen Leistungsfähigkeit nicht geschadet. Heute kennen die Spieler ohnehin jedes ordentliche Lokal in ihrer Stadt, so dass sie sich sowieso nicht mehr schlecht ernähren, auch wenn sie mal um die Häuser ziehen.

Was tun?

Wie also kann man das Leben nach der Karriere als aktiver Sportler gestalten? Was ergibt Sinn? Dieses Problem stellt sich allen Arbeitnehmern – aber in der Regel eben ein paar Jahrzehnte später als einem Berufsfußballer. Auf jeden Fall muss man eine Einstellung dazu finden und die neue Situation einüben. Ein Profi, der sich immer nur als Profi definiert hat, tut sich mit dieser Situation oft schwer. Die bereits erwähnte VdV-Studie hat ergeben, dass sich nur jeder dritte aktive Spieler mit seiner nachfußballerischen Zukunftsplanung beschäftigt.[5]

Nicht nur der Trainingsalltag ist weg, nicht nur die dauernde Leistungsanforderung hat aufgehört. Manch einer vermisst bereits etwas, wenn er nicht mehr so häufig interviewt wird wie gewohnt. Man war – zumindest vielleicht in der eigenen Wahrnehmung – fast so etwas wie ein Held, und dann interessieren sich die Medien auf einmal nicht mehr für einen! Möglicherweise hat dieses Bedürfnis nach dem öffentlichen Auftritt die Entwicklung begünstigt, dass heute regelmäßig ehemalige Spieler als Co-Kommentatoren bzw. als Experten eingeladen werden. Immerhin können sie dort über Themen sprechen, mit denen sie sich täglich auseinandersetzen mussten, seit sie in der U16 fünfmal in der Woche trainiert haben. Dabei erwartet man, dass sie aufgrund ihrer Erfahrung interessante und konkrete Informationen an die Zuschauer weitergeben – vielleicht sogar Insiderwissen.

Man darf aber nicht vergessen, dass jene, die ganz dem Fußball verbunden sind und im Geschäft bleiben wollen, natürlich ihre eigene Agenda haben, wenn sie im Fernsehen auftreten und zu einem Spiel befragt werden. Jemand in dieser Situation *kann* nach Beendigung der aktiven Laufbahn nicht einfach die Schwächen eines Clubs oder dessen Management so kritisieren, wie es vielleicht angemessen wäre. Möglicherweise spricht er nämlich über seinen künftigen Arbeitgeber – einen Verein, wo er eventuell als Trainer oder Funktionär einmal arbeiten möchte. Immerhin geben über 45 Prozent aller Profis an, sie würden gern als Trainer arbeiten, und fast 30 Prozent, dass sie sich einen Job als Sportdirektor vorstellen können.[6] Da ist es nicht überraschend, wenn ein (Ex-)Profi im Fernsehen in seinen Ausführungen gern verbindlich bleibt. Die Unabhängigkeit eines Ex-Profis, den man im Fernsehen als Fachmann zu Wort kommen lässt, ist also relativ. Auch für sie ist es «wie im richtigen Leben»: Es geht nicht um den nächsten, sondern immer um den übernächsten Job! Die Frage, die ihn beschäftigt, lautet nicht zuletzt, wo und bei wem gelingt der Einstieg in ein neues Berufsfeld. Diese Frage läuft im Hintergrund stets mit, wenn jemand im Studio sitzt und sich ins Gespräch bringen kann. Man kann im Gespräch Kompetenz erkennen lassen, zeigt sich diplomatisch und empfiehlt sich so für eine Managementaufgabe. Man sollte daher nicht jedes Wort auf die Goldwaage legen, das in dieser Situation von einem Ex-Profi vor laufender Kamera gesprochen wird.

Ein Mann wie Lothar Matthäus hingegen, der einerseits viel vom Fußball versteht und andererseits begriffen hat, dass sich in

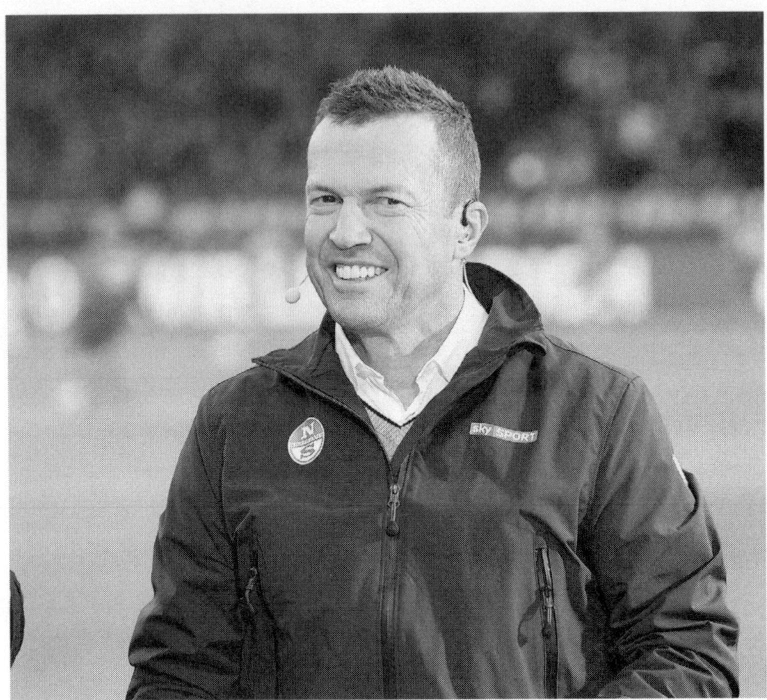

Abb. 16: Lothar Matthäus als Experte für Sky Sport am 5. Oktober 2019 beim Spiel des FC Schalke 04 gegen den 1. FC Köln.

Deutschland die Neigung in Grenzen hält, ihn in einem Spitzenverein zu engagieren, spricht Klartext. Das macht seine Stellungnahmen interessant. Er ist ein Fußballfachmann, der seine ehrliche Sicht auf die Dinge preisgibt – und er ist enorm ehrgeizig. Abgesehen davon hört man ihm stets an, wie wichtig ihm dieser Sport ist, wie sehr er sich damit identifiziert; das verleiht seinen Ausführungen Glaubwürdigkeit.

Ein anderer, der niemandem mehr etwas beweisen muss, ist Günter Netzer, der mit großem Sachverstand klar und verständlich Spiele analysiert. Seine Souveränität auf diesem Feld ist in den Jahren eigener Spielerfahrung auf höchstem spielerischem Niveau, bei großen Erfolgen, aber auch in der Praxis im Management des

HSV entstanden. Ihn zusammen mit Gerhard Delling zu erleben, war ebenso unterhaltsam wie lohnend. Informativ empfinde ich auch die Stellungnahmen von Jürgen Klopp; da kann jemand wirklich Fußball erklären.

Die Rolle eines Co-Kommentators, der gerade sein Trikot gegen den Business-Anzug getauscht hat, ist also geprägt von einer Situation des Übergangs von einer Arbeitswelt in eine andere. Im Grunde genommen befinden sich Ex-Spieler in einer Bewerbungssituation, und ihre Ausführungen sind «Blindbewerbungen an unbekannt». Ich denke, die Fernsehsender wissen das auch.

Spezialist im Studio zu sein, ist sicher weniger anspruchsvoll als die Position eines Trainers. Dieses Amt anzustreben, scheint nach der Profilaufbahn auf der Hand zu liegen. Aber es ist eine Herausforderung, die Lizenz zu erwerben; auch die Größe der Verantwortung lässt vielleicht den einen oder anderen zurückschrecken – ganz abgesehen davon, wie anstrengend es ist, diesen Beruf über Jahrzehnte auszuüben. Das gilt umso mehr, je geringer die Aussichten sind, mit dem Verein, den man übernehmen soll, einmal auf hohem Niveau mitspielen zu können. Jeder weiß, wie hoch der Erwartungsdruck, der Erfolgsdruck ist und wie groß die Gefahr zu scheitern. Das muss man schon mögen, um daraus eine Lebensperspektive zu entwickeln.

Trotzdem ist es selten, dass sich ein Ex-Profi beruflich komplett außerhalb des Fußballsports orientiert. Gute Beispiele dafür bieten Jupp Kapellmann, der lange beim FC Bayern München spielte, sogar im Kader der 74er-Weltmeistermannschaft war, dann aber seinen Weg als Mediziner genommen hat und heute Facharzt für Orthopädie ist, oder Udo Horsmann, ein gelernter Schreiner, der heute Möbeldesigner ist.

Eine wirklich entwickelte Ausstiegsstrategie hat, wie gesagt, heute kaum ein Profi. Umso erstaunlicher ist es, wie weit verbreitet in unserer Berufsgruppe die Überzeugung ist, dass hinterher schon alles gut gehen wird: «Die Fehleinschätzung des aktiven

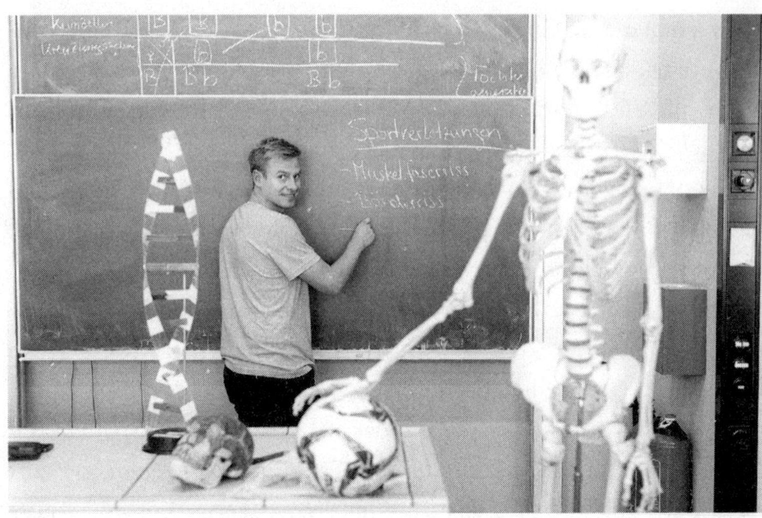

Abb. 17: Tobias Rau spielte für mehrere Bundesligavereine – unter anderem von 2003 bis 2005 für den FC Bayern München; dort wurde er Deutscher Meister, gewann den DFB-Pokal und den Liga-Pokal. Seine aktive Karriere beendete er 2009, studierte auf Lehramt und unterrichtet heute Biologie und Sport an einer Gesamtschule.

Spielers lautet meistens: Mein jetziger Status wird mir helfen, im Nachgang Fuß zu fassen (…) Für den Ex-Spieler reicht der Name also bei weitem nicht aus; vielleicht für eine Praktikumsstelle, aber nicht als Qualifikation.»[7] Man muss kein Einser-Abitur haben wie Joshua Kimmich, um zu begreifen, dass es sinnvoll ist, sich beizeiten mit dieser Frage auseinanderzusetzen. Ein Studium *neben* der aktiven Laufbahn ist heute im Profifußball allerdings keine realistische Perspektive, weil dafür die erforderlichen, sicher einzuplanenden Zeitfenster fehlen. Wenn ein Trainer wie Pep Guardiola abends anruft und durchgibt, um wie viel Uhr ein Spieler anderntags an der Säbener Straße zu erscheinen hat, ist das Zeitmanagement schnell dahin; jedenfalls lässt es sich nur schwer mit den Notwendigkeiten eines Studiums in Einklang bringen. Man darf auch bezweifeln, dass es Vereinen so ganz recht ist, wenn ihre Profis sich in ihrer Freizeit ernsthaft mit anderen Themen als dem

Fußball auseinandersetzen. Im Fokus aller Interessen des Aktiven soll die nächste sportliche Herausforderung stehen.

Soziales Engagement

All diesen Schwierigkeiten zum Trotz muss jeder Fußballprofi für sich eine Antwort auf die Frage finden, was er aus sich und seiner Zeit in den Jahren von, sagen wir, 35 bis 75 macht. Ohne neue, selbstbestimmte Lebensperspektive wird das ein Weg in ein Schwarzes Loch. Einige von uns haben etwas verwirklicht, was sie seit Langem beschäftigt hat: Uns hat der Fußball viel gegeben, nicht zuletzt erhebliche finanzielle Freiheiten und Möglichkeiten. Daraus hat sich auch das Gefühl entwickelt, dass man – jenseits der Leistung, die man im Verein oder in der Nationalmannschaft erbracht hat – davon etwas der Gemeinschaft zurückgeben sollte, die einen bis dahin getragen hat.

Man kann den Sport und Sporteinrichtungen fördern[8] oder sich auch andere Förderungsziele wählen. Mit einem Einsatz im Wert von rund 28 Millionen Euro engagierte sich der deutsche Profifußball in der Saison 2015/16 für die Gesellschaft und warb im Zuge dessen beispielsweise für ein friedliches Miteinander der Kulturen.[9] Auch einige Spieler wie beispielsweise Gerald Asamoah, Toni Kroos, Per Mertesacker, Thomas Müller, Lukas Podolski und noch manch andere haben im Laufe der Jahre selbst Stiftungen gegründet.[10] Im Fokus der Förderbemühungen stehen Bildungschancen, Persönlichkeitsentwicklung/Wertevermittlung, berufliche Perspektiven, Integration von sozial Benachteiligten, interkultureller Austausch, Gewaltpräventions- und Antidiskriminierungsengagement, Integration von Menschen mit Migrationshintergrund, regelmäßige Bewegung, Vermittlung sprachlicher Kompetenz und bessere Lebensbedingungen in Dritte-Welt-Ländern.[11] Natürlich machen das auch ausländische Spieler wie beispielsweise mein ehemaliger Mannschaftskamerad Mario Mandžukić oder Neven Subotić, der ehemalige BVB-Profi.[12]

Wer eine solche Stiftung führt, hält sich selbst zu einer Auseinandersetzung mit dem an, was sich jenseits der Welt des Profidaseins abspielt: die Lebensrealität von Millionen Landsleuten nicht aus den Augen zu verlieren, um von den Menschen in jenen Regionen dieser Welt, die weit weniger privilegiert sind als wir in unserem Land, gar nicht zu reden. So ein Engagement mit einem sozialen Projekt ist kein Allheilmittel, aber es hilft, die eigene Persönlichkeit zu erden. Natürlich kann man es sich leicht machen und diese Aktivitäten als Bestandteil der Markenpflege eines Fußballers abtun, zu der nun einmal heutzutage auch die sogenannte *Corporate Social Responsibility* gehört[13] – das bewusste (und öffentlich auch erwartete) Wahrnehmen sozialer Verantwortung. Mit diesem Generalverdacht muss man leben und darf ihn auch nicht zu wichtig nehmen. Das Gleiche gilt für den Vorwurf, man würde mit sozialem Engagement ja sowieso nichts bewirken, nichts Nachhaltiges erreichen, sondern letztlich nur sich selbst beweihräuchern. Dieser Unsinn kommt oft von Leuten, die selbst freiwillig nichts zur Gemeinschaft beitragen, aber andere für das, was sie tun, verächtlich machen. Diese Einstellung zu sozialem Engagement ist ein Zug unserer Zeit, in der der Einzelne sich und seine Interessen zum Maßstab macht, aber am Mitmenschen mehr und mehr das Interesse verliert – hier und in der Welt. Man sollte nicht viel auf diese Kritiker geben, sondern seinen eigenen Weg gehen.

Für mich persönlich waren es, wie bereits erwähnt, die Erfahrungen im Vorfeld des Confed Cup in Südafrika, die mich die Notwendigkeit haben erkennen lassen, aus einer privilegierten Stellung heraus andere an dem teilhaben zu lassen, was mich selbst stark gemacht hat: das familiäre Umfeld, die Liebe, die ich dort erfahren habe, die Zuneigung und die früh zugestandene Selbstverantwortung, die Möglichkeit einer sozialen Persönlichkeitsentwicklung, Schulbildung – die in globaler Perspektive eben nur scheinbar eine Selbstverständlichkeit ist –, ferner regelmäßige und gesunde Ernährung, die Freude an Bewegung und, nicht zuletzt, die Befähigung, nach Regeln und den Prinzipien der Fairness zu leben. Natürlich ist es schön, wenn eine Stiftung die eigene Popularität oder Beliebtheit steigert. Aber vor allem verleihen diese Aktivitäten dem eigenen Leben ein Ziel in der Orientierung auf den Mitmenschen und geben damit den eigenen Laufwegen auch jenseits des Fußballplatzes einen guten Sinn.

Das Abschiedsspiel

Damit sind wir tatsächlich am Ende einer Profikarriere – sozusagen am Ende des Spiels – angekommen. Manch einer wünscht sich in dieser Situation noch einmal die ganz große Bühne. Noch einmal soll sich der Vorhang heben, ehe man endgültig abtritt. Zu diesem Zweck haben ein paar renommierte Profis im Laufe der letzten Jahre ein Abschiedsspiel erhalten. Ich gönne es ihnen von ganzem Herzen!

Vor ein paar Jahrzehnten trat nach dem Abpfiff des letzten Spiels für einen Aktiven die Mannschaft am Mittelkreis an, der Stadionsprecher fand ein paar freundliche Worte und der Vereinsvorsitzende vielleicht ein paar noch herzlichere. Dann gab es einen Blumenstrauß, ein Abschiedsgeschenk, ein paar Tränchen der Rührung – und gut war's. Heute neigt man dazu, diesen Übergangsritus etwas mehr im Hollywood-Stil zu gestalten. Große Oper vor vollem Haus. Wenn das Spiel übertragen wird, gibt es noch einen schönen Umsatz, an dem auch der Spieler beteiligt wird, der seine aktive Laufbahn beendet. Vielleicht hatte der Betreffende ja auch einen Manager, der daran gedacht hat, das Abschiedsspiel in den letzten Vertrag aufnehmen zu lassen.

Es gibt nicht viele Spieler, für die diese Form des Abschieds passt. Aber wenn die Zugehörigkeit zu einem Verein besonders lange gewährt und zu einer besonders intensiven Form der Identifikation geführt hat, mag das für den Betreffenden stimmig sein. Immerhin ist es ja unter den Bedingungen des heutigen Profidaseins alles andere als selbstverständlich, dass man sich über viele Jahre bis zum Ende der aktiven Zeit bei einem bestimmten Club halten kann. In dieser Hinsicht ist unser Hochleistungssport ganz und gar unromantisch – und das ist auch völlig in Ordnung, weil wir eben Profis sind. Jürgen Klopp hat das auf den Punkt gebracht, als er sagte: «Ich habe noch nie einen Spieler behalten, nur weil ich ihn besonders mochte.»[14] Wenn also ganz spezielle Bindungen von Spieler und Verein vorliegen, kann in solch einem Fall der Abschied auch mal *con amore* gefeiert werden. Doch letztlich beantwortet sich die Frage, wie man seinen Abgang gestaltet oder gestalten lassen möchte, stets nach dem Temperament des Einzelnen. Ein Finale also mit Pauken und Trompeten? Wer's mag, für den ist's das Höchste.

26. Nachschuss: Reden wir noch einmal über Werte

Weshalb wir im Fußball Werte brauchen? Die Frage ist falsch gestellt, weil der Fußball ohne Werte gar nicht funktionieren kann: Der Fußball basiert auf dem Respekt vor dem eigenen Körper, vor dem Mitspieler, vor dem Gegner, vor dem Schiedsrichter, vor dem Zuschauer. Dieser Respekt kann bis zu einem gewissen Grad durch die Regeln festgeschrieben sein, die auf dem Platz gelten. Wer die Regeln respektiert und versteht, dass sie es sind, die den Fußball erst ermöglichen, wird daraus auch für sein Leben in der Gemeinschaft, in der Gesellschaft jenseits des Spielfelds Nutzen ziehen. Ebenso wie Regeln, die ich achte, mich und mein Verhalten auf dem Platz als Spieler beeinflussen, vielleicht sogar formen, so formen sie auch den Sportler als Bürger in seinem alltäglichen Verhalten in der Gesellschaft. Das ist etwas ungemein Wichtiges, was der Fußball Kindern, Jugendlichen und Erwachsenen vermitteln kann, je mehr sie sich darauf einlassen.

Doch auch über den Respekt hinaus ermöglicht Fußball jedem Einzelnen, für seine Entwicklung wertvolle Erfahrungen zu machen. Dazu gehört die Teilhabe an einem Erlebnis, das man nie für sich allein machen könnte – das Erlebnis der Gemeinschaft, die auf ein gemeinsames Ziel hinarbeitet, das größer ist als man selbst. Jeder Dorfverein kann diese Erfahrung vermitteln. Und je mehr man sich dort engagiert und einbringt, umso intensiver wird dieses Erlebnis sein. An jedem Wochenende zeigen Fußballmannschaften auf der ganzen Welt ihren Zuschauern, was es heißt, eine Gemeinschaft zu sein. Aber natürlich vertieft sich dieses Erlebnis umso mehr, je stärker der Einzelne selbst Verantwortung für diese Gemeinschaft übernimmt – sei es als Sportler, sei es als Trainer oder in einer anderen Funktion im Verein, sei es als Schiedsrichter, sei es als Fan. Die dauernde, unausgesprochene Aufforderung, die vom Fußball ausgeht, lautet: Mach es selbst! Versuch es selbst! Entwickle dich in der Gemeinschaft – körperlich, aber auch im übertragenen Sinne gewissermaßen als sozialer Mitspieler, indem du Verantwortung übernimmst, weil du dich um Kinder und Jugendliche kümmerst, weil du als Zeugwart tätig wirst oder in welcher Funktion auch immer die Vereinsarbeit zu deiner Sache machst. Wer mit anderen ein Ziel erreicht, mit anderen gewinnt, erlebt ein Glücksgefühl, dessen Intensität durch die Gemeinschaft wächst – als ob es sich durch die Zahl derer, mit denen man es teilt, vervielfachen würde. Es ist eine tatsächliche, erlebte Teilhabe, die zur Zufriedenheit wird. Für dieses Erlebnis kommt es nicht darauf an, ob ich in einem Topkader spiele oder in einer Mannschaft von Hobbykickern oder eine andere Aufgabe erfülle, die dazu beiträgt, dieses Ziel zu erreichen.

Das bedeutet aber auch, dass ich an der richtigen Stelle dieses Erlebnis suchen muss. Wenn ein kleiner Verein dieses Erlebnis, das viel mit Familie zu tun hat, dem Einzelnen, der sich einbringt, ganz unmittelbar vermitteln kann, ist ein Spitzenverein wie beispielsweise der FCB dafür weniger geeignet. Als Außenstehender bei einem Topclub ein Familienerlebnis zu finden, wird schwierig – Mannschaften auf diesem Niveau organisieren Woche für Woche Events; aber sie organisieren nicht vorrangig Nähe für den Einzelnen. Wer darüber nachdenkt, dem wird rasch aufgehen, dass solch ein Anspruch unrealistisch wäre. Profisport ist Profisport, dessen Rahmenbedingungen nur sehr begrenzt Nähe und soziale Einbindung in die Gemeinschaft leisten können. Doch was er leisten kann, ist, abgesehen von einem tollen Sporterlebnis, immer der Appell an wirklich jeden, selbst aktiv zu werden, Sport zu treiben, Freude an der Bewegung zu haben, seinen Körper zu spüren, sich dafür einzusetzen, gesund zu bleiben.

Teilhabe in der Gemeinschaft und Bewegung bedeuten eine neue Qualität; sie machen denjenigen, der Sport betreibt, resilient. Sie stärken einen Menschen, besser mit den Herausforderungen seines Lebens zurechtzukommen, auf welchen Feldern sie einem auch begegnen mögen – im Privaten, im Berufsleben oder eben im Hinblick auf die eigene Gesundheit. Das ist ein hoher Wert, um den sich jeder Mensch im eigenen Interesse bemühen sollte. Um diesen Wert zu schaffen – das liegt auf der Hand –, brauche ich keinen Topclub aus dem Kreis der globalen Marken. Vielmehr kann ich dieses Erlebnis und diesen Effekt mindestens genauso gut erreichen, wenn ich mich in meinem Heimatverein, dem FT Gern, engagiere. Indem ich mit anderen die Erfahrung mache, mich im Sport zu engagieren, erlebe ich einen Ausgleich, den ich bald als großes Glück begreife – ein Glück, das sich mit dem Impuls verbindet, es mit anderen zu teilen.

Auch wer in einem Proficlub aktiv ist, spürt dieses Glück. In den vorangegangenen Kapiteln habe ich ausgeführt, dass fußballerisches Talent ebenso eine Gnade ist wie beispielsweise musisches Talent und dass große Anstrengung, Disziplin und Ausdauer dazugehören, sich dieser Gnade würdig zu erweisen und sie für einen sehr begrenzten Zeitraum des eigenen Lebens zu seinem Beruf zu machen. Natürlich freut sich ein Profi, dem dies gelingt, über die damit verbundenen Privilegien, und er ist sich dieses Glücks bewusst. Einige Profis ziehen daraus für sich ganz privat den Schluss, sich sozial zu engagieren – etwa durch die Gründung einer Stiftung. In der Corona-Krise haben einige Spitzenspieler Menschen, die von den Folgen der Pandemie hart getroffen waren, finanziell unterstützt. Auch das war schön und erfreulich, sogar wünschenswert. Aber dieses individuelle Handeln ist nicht mit einer *Verpflichtung* des Profis zu verwechseln, etwas von seinem Einkommen der Gesellschaft zukommen zu lassen. Verpflichtend hingegen für alle Beteiligten – Spieler, Vereine und Verbände – ist ein professioneller Umgang mit einer derartigen Ausnahmesituation. Das bedeutet, dass die Organisation des Spielbetriebs sichergestellt wird, und zwar in einer Weise, die die damit verbundenen Risiken auf ein so geringes Maß wie nur möglich reduziert. Diesem Anspruch wurde der deutsche Fußball – mit ganz wenigen Ausreißern – gerecht. Auch diese Professionalität ist ein Wert.

Was den finanziellen Ausgleich zwischen den Profiligen und dem Amateursport betrifft, so muss man auf Dialog setzen. Die Neigung der Proficlubs und insbesondere der Topvereine, die eigenen Privilegien und finanziellen Vorteile zu sichern und zu schützen, ist nicht zu bestreiten. Die Digitalisierung und die damit verbundene Verwertung der medialen Rechte hat in dieser Hinsicht eine ganz neue Situation geschaffen, die bereits vorhandene Unterschiede noch einmal hat markant hervortreten lassen. Diese Unterschiede lassen sich nicht einebnen. Aber es sollte geduldig und konsequent darüber verhandelt werden, ob es wirklich reicht, wenn vom Ligabetrieb jährlich nur drei Prozent der Ticket- und TV-Rechte-Einnahmen in den Amateurbereich weitergegeben werden, wobei das Gesamtvolumen mit 26 Millionen Euro gedeckelt ist, während allein die TV-Einnahmen inzwischen etwa 1,3 Milliarden Euro betragen. Es gibt, wie an anderer Stelle in diesem Buch deutlich wurde, gerade in den Amateurligen zahllose Menschen, die in vorbildlicher Weise ehrenamtlich arbeiten und vor denen wir alle, die wir vom Fußball leben, gar nicht genug Achtung haben können. Sie sind aktiv in einem der 25 000 Vereine, die im DFB organisiert sind, und engagieren sich für sieben Millionen Mitglieder, die in diesem Verband organisiert und in rund 145 000 Mannschaften gemeldet sind. Sie fördern Jugendliche und bieten ihnen Orientierung, sie leisten Integrationsarbeit, sie wirken rassistischen Tendenzen entgegen, und sie bilden mit ihrer Vereinsarbeit gerade in schwächeren Regionen den Kitt, der die Gesellschaft zusammenhält. Sie sind wichtige Wertevermittler und verkörpern die Basis unseres Sports. Diese Menschen und ihre Bemühungen immer wieder im Austausch mit den Vertretern des Profisports ins Bewusstsein zu heben und darum zu werben, sie und ihre Arbeit auch finanziell angemessen zu unterstützen, ist und bleibt ein berechtigtes und wichtiges Anliegen.[1]

Danksagung

Dass meine Laufbahn seit den Tagen als Jugendspieler beim FT Gern bis zu den Erfolgen mit dem FC Bayern München einen so erfreulichen Verlauf genommen hat, wäre nicht vorstellbar ohne meine Familie und insbesondere nicht ohne meine Eltern Daniela und Roland Lahm. Sie haben mir – auch sportlich – den Weg ins Leben gewiesen; mein Vater war mein erster Trainer, und meine Mutter leitete damals wie auch noch heute die Jugendabteilung der Freien Turnerschaft Gern. War also der FT Gern die erste Institution, die mich geprägt hat, so waren es, als ich sechs Jahre später zu den Junioren des FC Bayern München wechselte, Männer wie Kurt Niedermayer und Björn Andersson, denen ich dort in der Jugendarbeit begegnet bin und die ich bis heute als Wegbegleiter und Gesprächspartner ebenso schätze wie beispielsweise den ehemaligen Kriminalbeamten und Fußballtrainer Manfred Rauscher. Sie alle sind Persönlichkeiten, die niemandem mehr etwas beweisen mussten, so dass sie mir durch ihre Lebenserfahrung und Professionalität ebenso uneigennützig wie zuverlässig Unterstützung zuteilwerden lassen konnten.

Besonders verbunden fühle ich mich seit meinen Anfängen auf dem Weg in die Profikarriere Roman Grill, meinem Vertrauten in allen sportlichen und unternehmerischen Belangen. Ich würde jedem jungen Sportler einen solchen Berater wie ihn wünschen. Er hat den Mut, seine Klienten zu fordern und zu führen, indem er ihnen ihre Möglichkeiten und Stärken vor Augen stellt, sie aber auch immer wieder mit der Notwendigkeit konfrontiert, über ihre

Entwicklung zu reflektieren und an der Bewältigung der sich daraus ergebenden Herausforderungen zu arbeiten.

Ein weiteres Feld unserer Zusammenarbeit bietet die Philipp Lahm-Stiftung – meine Stiftung für Sport und Bildung, in deren Zentrum Kinder in Deutschland und Südafrika stehen. Was diese Institution ausmacht, ist die innere Verpflichtung zur Nachhaltigkeit aller damit verbundenen Projekte und die Orientierung an meinen Werthaltungen. Dafür verbürgt sich bis heute das Kuratoriumsmitglied Frau Professor Dr. Patricia East. Doch auch die Gespräche mit Margarete und Klaus Doppler, mit denen ich das Bewusstsein für die Notwendigkeit teile, Kindern auf ihrem Weg ins Leben zu helfen, bieten mir immer wieder dankbar aufgenommene Anregungen für meine Stiftungsarbeit.

Dieser für mein Denken und meine Arbeit wichtige Kreis wuchs in den letzten Jahren um den ehemaligen Sportdirektor des Deutschen Handballbundes Wolfgang Sommerfeld und den Mediziner und Mentaltrainer Dr. Manfred Wagner, deren Engagement zur Förderung geistiger und körperlicher Beweglichkeit im Dienste der Gesundheitsvorsorge sich mit meinen Überzeugungen trifft. Der Austausch mit diesen Fachleuten hat mir zu einem besseren Verständnis medizinischer und psychologischer Aspekte des Sports verholfen. Dies gilt, soweit es Fragen eines erfolgreichen und menschlich einwandfreien Führungsverhaltens betrifft, auch für Gespräche mit dem Sozialpsychologen Professor Dr. Dieter Frey vom *Center for Leadership and People Management* an der Ludwig-Maximilians-Universität München. Ein vertieftes Verständnis der Bedeutung von Medien für den Fußball heute konnte ich wiederum durch die Diskussion dieser Fragen mit Christian Seiler und Gerhard Pfeil gewinnen.

Den Resonanzraum für alle Überlegungen, die mich im Hinblick auf Sport, Stiftung und Unternehmertum beschäftigen, bildet die Agentur *acta7*. Hier finde ich seit über 15 Jahren immer wieder die nötige Ruhe, kompetenten Rat und emotionale Unterstützung, um all den Fragen nachzugehen, die sich aus den genannten Arbeitsbereichen ergeben. Dafür danke ich nicht zuletzt Patrizia Calabrese, Sebastian Echle und Edgar Kohler.

Dass all diese Impulse in das vorliegende Buch einfließen konnten, haben schließlich Ruth Lintemeier aus der Philipp Lahm Holding sowie im Verlag C.H.Beck Dr. Stefanie Hölscher und Dr. Stefan von der Lahr ermöglicht, in dessen Händen die redaktionelle Betreuung des Textes lag.

Schließlich danke ich meiner Frau Claudia und meinen Kindern Julian und Lenia, die in der Zeit, da dieses Buch entstand, immer wieder zumindest meine gedankliche Abwesenheit ertragen haben.

München, im Herbst 2020 — Philipp Lahm

25. November 2020

Heute ist Diego Armando Maradona Franco (30. 10. 1960–25. 11. 2020) im Alter von nur 60 Jahren ganz plötzlich verstorben. Der Himmel wollte nicht länger auf «die Hand Gottes» verzichten, aber die Welt wird niemals die Fußballwunder von «D10S» vergessen.

Philipp Lahm

Anmerkungen

Auflaufen zur ersten Halbzeit

1 Deutscher Fußball-Bund; DFB Mitgliederstatistik: https://www.dfb.de/verbandsstruktur/mitglieder/
2 Siehe zu dem Rahmenthema auch das Interview, das Jörg Marwedel mit Sandra Schwedler geführt hat: «*Dafür fallen mir 20 Frauen ein*», in: Süddeutsche Zeitung, 11./12. 1. 2019: https://www.sueddeutsche.de/sport/sandra-schwedler-fc-st-pauli-interview-frauenquote-1.4752074
3 Siehe dazu Carsten Scheele «*Wir dürfen die Kinder nicht in die Sackgasse laufen lassen*», Süddeutsche Zeitung, 10. 1. 2020: https://www.sueddeutsche.de/sport/gewalt-jugendfussball-burgdorf-c-jugend-1.4750579
4 Deutscher Fußball-Bund, DFB-Information, U16–U19-SPIELER/IN: «*Jungen und Mädchen so lange wie möglich zusammen*»: https://www.dfb.de/spieler/u-16-bis-u-19-spielerin/artikel/maedchen-und-jungen-so-lange-wie-moeglich-zusammen-253/
5 Siehe die Homepage des FC St. Pauli v. 1910 e.V.: *www.fcstpauli.com*. Hier: https://www.fcstpauli.com/news/aufsichtsratsvorsitzende-sandra-schwedler-zur-umstrukturierung/

Gedenkminute

1 *Funeral Blues*, W. H. Auden (1936), deutsche Übersetzung aus dem Englischen von Christa Schuenke, mit freundlicher Genehmigung.
2 Siehe dazu u. a. den Bericht in der *Rhein-Zeitung*, 20. 7. 14: https://rp-online.de/sport/fussball/tod-von-andreas-biermann-erschuettert-den-deutschen-fussball_aid-20293815
3 Siehe Jensen, S. N.; Ivarsson, A.; Fallby, J.; Dankers, S.; Elbe, A. M., *Depression in Danish and Swedish elite football players and its relation to perfectionism and anxiety*, in: Psychology of Sport and Exercise, Volume 36, May 2018, 147–155, https://www.sciencedirect.com/science/article/pii/S1469029217304004
4 Siehe Pete Smith, *Ängste und Depressionen. Üble Begleiter im Profifußball*, in: ÄrzteZeitung, 4. 7. 2018, https://www.aerztezeitung.de/Panorama/Ueble-Begleiter-im-Profifussball-225248.html

Vgl. auch Simon Volpers, *«Ich liebe Fußball, aber ich hasse das Gefühl». Wie Depressionen eine Fußballkarriere zerstörten*, in: 11 FREUNDE. Magazin für Fußballkultur, 24. 3. 2018: https://www.11freunde.de/artikel/wie-depressionen-eine-fussball-karriere-zerstoerten

5 Siehe: https://robert-enke-stiftung.de/; aus der Satzung: «Die Krankheit ‹Depression› wurde durch seinen (Robert Enkes – Ergänzung d. Verf.) tragischen Tod in das Blickfeld der Öffentlichkeit gerückt. Der Fußball fühlt sich durch seine gesellschaftliche Verantwortung verpflichtet, in Kooperation mit dem Bundesministerium für Gesundheit zur Aufklärung, Erforschung und Behandlung dieser Krankheit beizutragen. Zu diesem Zweck gründen der Deutsche Fußball-Bund e.V., der Ligaverband e.V. und die Hannover 96 GmbH & Co. KG die Robert-Enke-Stiftung.»

6 Holger Gertz, *«Der Fußball ist so, und die werden sich nie mit Wattebällchen beschmeißen»*, in: Süddeutsche Zeitung, 5. 11. 2019: https://www.sueddeutsche.de/sport/zehn-jahre-nach-dem-tod-von-robert-enke-der-fussball-ist-so-und-die-werden-sich-nie-mit-wattebaellchen-beschmeissen-1.4668957

7 Bericht und Fotos durch: red/sid/dpa, *BVB gegen RB Leipzig. Schmähplakate von unglaublicher Bösartigkeit*, in: Stuttgarter Zeitung, 5. 2. 2017: https://www.stuttgarter-zeitung.de/inhalt.bvb-gegen-rb-leipzig-schmaehplakate-von-unglaublicher-boesartigkeit.d67b4ba8–5b02–474c-94b2–38f2ee627110.html
Siehe auch: *Skandal-Plakat gegen Rangnick,* in: www.sport1.de; Fußball, Bundesliga, 5. 2. 2017: https://www.sport1.de/fussball/bundesliga/2017/02/haeng-dich-auf-bvb-fans-richten-banner-gegen-ralf-rangnick

8 Armin Lehmann, *Das Outing des Ex-Nationalspielers Thomas Hitzlsperger: «Homosexualität wird im Fußball schlicht ignoriert»*, in: Der Tagesspiegel, 9. 1. 2014: https://www.tagesspiegel.de/sport/das-outing-des-ex-nationalspielers-thomas-hitzlsperger-homosexualitaet-wird-im-fussball-schlicht-ignoriert/9306176.html

9 Ich entnehme diese Angabe dem Artikel von Charlotte Haunhorst, *So queer ist Deutschland wirklich*, in: *jetzt*, Süddeutsche Zeitung, 19. 10. 2016: https://www.jetzt.de/lgbt/dalia-studie-zu-lgbt-anteil-in-der-bevoelkerung

Anstoß

1 Siehe dazu den Bericht von Professor Detlef Kuhlmann vom 29. 8. 2018, veröffentlicht durch den Deutschen Olympischen Sportbund (DOSB): *Sportunterricht kann lebensgefährlich sein*: https://www.dosb.de/sonderseiten/news/news-detail/news/sportunterricht-kann-lebensgefaehrlich-sein/

2 Vgl. dazu das Gespräch des Wissenschaftlers Kuno Hottenrott mit Nicole Dittmer über die Studie der Weltgesundheitsorganisation (WHO)

Kinder bewegen sich zu wenig, Deutschlandfunk Kultur, 22.11.2019: https://www.deutschlandfunkkultur.de/who-studie-kinder-bewegen-sich-zu-wenig.2165.de.html?dram:article_id=464128

Spielaufbau – erste Phase

1 Vgl. dazu Anne Armbrecht, *Niemand nennt es Geschäft,* in: CORRECTIV Recherchen für die Gesellschaft, 30. 1. 2018: https://correctiv.org/aktuelles/2018/01/30/niemand-nennt-es-geschaeft
2 Ebda.; siehe auch: https://www.dfb.de/sportl-strukturen/talentfoerderung/leistungszentren/
3 Siehe Hans-Martin Barthol, *Berufssportler/Profisportler – Zum Siegen verdammt,* Berufsreport, 15. 8. 2019: https://www.berufsreport.com/berufssportler-profisportler-zum-siegen-verdammt/

Eckball

1 Originalzitat von Toni Polster, *«Entweder Oasch oder Held». Interview mit dem Kölner Profi Toni Polster über die österreichische Nationalmannschaft, teutonische Tugenden und die ewige Rivalität mit dem Nachbarn,* im Gespräch mit dem Spiegel, 1. 12. 1997: https://www.spiegel.de/spiegel/print/d-8841543.html

Spielaufbau – zweite Phase

1 Zitat des Geschäftsführers der Vereinigung der Vertragsfußballer Ulf Baranowsky in: Frank Hellmann, *Verblöden und Verarmen,* Frankfurter Rundschau (zuletzt aktualisiert 5. 1. 2019): https://www.fr.de/sport/fussball/verbloeden-verarmen-10987247.html
2 Ebda.
3 Vgl.: Stefan Reinartz in: Frank Hellmann, *Verblöden und Verarmen,* a. a. O.

Konter

1 Lucas Wiegelmann, *30 Jahre, keine Freundin, 70-Millionen-Dollar-Hände,* Welt, 14. 6. 2012: https://www.welt.de/kultur/musik/article106492945/30-Jahre-keine-Freundin-70-Millionen-Dollar-Haende.html
Frederik Hanssen, *Wunderkind Lang Lang. Der Elfenbeinharte,* Der Tagesspiegel, 14. 6. 2012: https://www.tagesspiegel.de/gesellschaft/panorama/wunderkind-lang-lang-der-elfenbeinharte/6745884.html

Schiedsrichterball

1 Deutscher Fußballbund, News, *99,51 Prozent der Spiele im Amateurfußball verlaufen störungsfrei*, auf der DFB-Website: https://www.dfb.de/news/detail/9951-prozent-der-spiele-im-amateurfussball-verlaufen-stoerungsfrei-192009/

2 Vgl. auch den Bericht in der Frankfurter Allgemeinen Sonntagszeitung vom 24. 11. 2019, S. 13.

3 Vgl. Stefan Janssen, *Schiedsrichter-Gehalt: So viel verdienen die Unparteiischen*, in: 90min. Partner von *ran*, vom 5. 2. 2019: https://www.90min.de/posts/6289165-schiedsrichter-gehalt-so-viel-verdienen-die-unparteiischen

4 Siehe dazu den Bericht von Johannes Nedo, *Streik der Schiedsrichter: Berliner Fußball-Verband sagt fast 1500 Spiele am Wochenende ab*, Der Tagesspiegel, 25. 10. 2019: https://www.tagesspiegel.de/sport/streik-der-schiedsrichter-berliner-fussball-verband-sagt-fast-1500-spiele-am-wochenende-ab/25154654.html

5 Vgl. das Interview von Fußballschiedsrichter Luca Jürgensen im Gespräch mit Ralf Wiegand, *«Ich finde, dass es eine gewisse Verantwortung gibt»*, Süddeutsche Zeitung, 15. 1. 2019: https://www.sueddeutsche.de/sport/schiedsrichter-gewalt-interview-juergensen-1.4683913?reduced=true

6 Ein trauriges Gegenbeispiel ereignete sich in einem Kreisligaspiel am 27. Oktober 2019 zwischen den FSV Münster (Kreis Darmstadt-Dieburg) und dem TV Semd, als ein 28 Jahre alter Spieler der Münsteraner den 22 Jahre alten Schiedsrichter bewusstlos schlug, so dass dieser mit einem Rettungshubschrauber ins Krankenhaus geflogen werden musste. Siehe dazu beispielsweise: *Fußballspieler schlägt Schiedsrichter bewusstlos*, Süddeutsche Zeitung, 27. 10. 2019: https://www.sueddeutsche.de/panorama/kriminalitaet-muenster-fussballspieler-schlaegt-schiedsrichter-bewusstlos-dpa.urn-newsml-dpa-com-20090101–191027-99-474496

7 Siehe dazu beispielsweise Johannes Aumüller, *Freispruch für den Videobeweis*, Süddeutsche Zeitung, 5. 12. 2019: https://www.sueddeutsche.de/sport/dfb-sportgericht-freispruch-fuer-den-videobeweis-1.4711291

8 Vgl. Javier Cáceres, *Geraubte Fußballseele*, Süddeutsche Zeitung, 5. 12. 2019

Stadionzeitung als Halbzeitlektüre

1 Nils Havemann, *Samstags um halb 4. Die Geschichte der Fußballbundesliga*, München 2013, S. 18

2 Ebda.

3 Siehe dazu beispielsweise die Ausführungen von Christian Wolter über den Arbeitersport auf der website ARBEITER-FUSSBALL, *Kurze Geschichte des Arbeitersports*: https://www.arbeiterfussball.de/historisches/

4 Diese Zahlen entnehme ich dem Eintrag *Fußball* in der Brockhaus Enzyklopädie, Sechster Band, [17]1968, S. 698.

5 DFB-Archiv, *1974: Historische Niederlage gegen die DDR*: https://www.dfb.de/news/detail/1974-historische-niederlage-gegen-die-ddr-184627/full/1/

6 Die Prozentzahl entnehme ich dem Artikel von Hans-Dieter Fischer, *Der Fußball fegt die Straßen leer*, Hörzu, Nr. 27, 1974, S. 101, gesammelt auf der Website zuschauerpost.de von Axel Schneider: http://www.zuschauerpost.de/zupo/docs70/1974wm.htm

7 Siehe dazu Felix Lill, *Eine Liga voller Werksclubs*, Zeit online, 9. 4. 2016, https://www.zeit.de/sport/2016-04/suedkorea-fussball-k-league

8 Vgl. dazu Ali Farhat, *Alleingelassen in Europa: Das Geschäft mit Afrikas Nachwuchsfußballern*, Deutsche Welle, DW, 3. 4. 2018 (mit weiteren interessanten Literaturhinweisen): https://www.dw.com/de/alleingelassen-in-europa-das-geschäft-mit-afrikas-nachwuchsfußballern/a-43189837

9 Siehe die Angaben auf weltfussball.de: https://www.weltfussball.de/zuschauer/concacaf-champions-league-2019/1/ Diese Zahlen betreffen die Spiele von CF Monterrey, UANL Tigres und Atlanta United FC.

10 Major League Soccer, 1. Spieltag 2020:
https://www.kicker.de/4625127/spielinfo/nashville-sc-2/atlanta-united-fc
Nashville SC:Atlanta United FC 1:2/Nissan Stadium: 59 069 Zuschauer
Major League Soccer, 2. Spieltag 2020:
https://www.kicker.de/4625139/spielinfo/atlanta-united-fc/fc-cincinnati
Atlanta United FC:FC Cincinnati 2:1/Mercedes-Benz Stadium 69 301 Zuschauer
Siehe auch die Zuschauerzahlen im Überblick über die gesamte Major League Soccer zum 2. Spieltag 2020:
https://www.kicker.de/mls/zuschauer/2020/2

11 Siehe die Angaben auf transfermarkt.de: https://www.transfermarkt.de/major-league-soccer/besucherzahlen/wettbewerb/MLS1/plus/1?saison_id=2018

12 Diese Angabe entnehme ich der Website der US Diplomatic Mission to Germany: «Heute gibt es in den Vereinigten Staaten jedoch, laut Zahlen der FIFA, mehr offizielle Fußballspieler als in jedem anderen Land der Welt – nahezu 18 Millionen.» https://usa.usembassy.de/sport-fussball.htm

13 Ebda.

14 Diese Angabe für das Jahr 2018 entstammt einer Gallup-Umfrage, referiert von Philipp Ostsieker, *«Soccer»: Der drittbeliebteste Sport in den USA?*, in: BASIC thinking, vom 10. 1. 2018 (mit weiteren Vergleichszahlen): https://www.basicthinking.de/blog/2018/01/10/soccer-drittbeliebtester-sport-usa/; siehe auch LAOLA 1 AT: https://www.laola1.at/de/red/sportmix/football/sonstiges/news/usa–popularitaet-von-fussball-auf-einem-allzeithoch/

15 Antje Karbe, Hochschulkommunikation Eberhard Karls Universität Tübingen, *Europäischer Spitzenfußball in USA immer beliebter*, Informations-

dienst Wissenschaft (idw), 17. 1. 2017: https://idw-online.de/de/news 666395

16 Ebda.

17 Vgl.: *Warum ist Fußball in den USA nicht besonders beliebt? 7 Gründe*, veröffentlicht am 2. 8. 2020 von *MAX*, auf der Website: fussball-deals.de: https://fussball-deals.de/blog/warum-ist-fussball-in-den-usa-nicht-besonders-beliebt/

Coachingzone 2

1 Geschäftsführer der Vereinigung der Vertragsfußballer Ulf Baranowsky in: Frank Hellmann, *Verblöden und Verarmen*, Frankfurter Rundschau, https://www.fr.de/sport/fussball/verbloeden-verarmen-10987247.html (zuletzt aktualisiert 5. 1. 2019)

2 Vgl. zum Thema «Klopp und Emotionen» beispielsweise die Stellungnahme des Liverpooler Stürmers Sadio Mané in: Marcus Erberich, *Jürgen Klopp und der FC Liverpool. Nur noch einen Wunsch offen*, Frankfurter Allgemeine Zeitung, 26. 12. 2019: https://www.faz.net/aktuell/sport/fussball/klopp-und-fc-liverpool-fehlt-nur-noch-der-meistertitel-16548055.html

Foul und Verletzung

1 Vgl. zur Belastung von Fußballprofis den Bericht *«Verrückt»*, Süddeutsche Zeitung, 1. 8. 2019: https://www.sueddeutsche.de/sport/belastung-von-fussball-profis-verrueckt-1.4549028

2 Vgl. Werner Bartens, *Zu viel, zu früh, zu oft*, Süddeutsche Zeitung, 23. 10. 2019, S. 14

Rote Karte

1 Siehe Liane Watzel, Mitteldeutscher Rundfunk (mdr), Wissen, Die großen Fragen unserer Zeit, 7. 10. 2019: *Erklärung Universität Jena. Jenaer Forscher: Menschenrassen gibt es nicht*, https://www.mdr.de/wissen/bildung/menschenrassen-gibt-es-nicht-100.html

2 Jenaer Erklärung: *Das Konzept der Rasse ist das Ergebnis von Rassismus und nicht dessen Voraussetzung.* Der Download der Jenaer Erklärung ist zu finden über: https://www.uni-jena.de/190910_JenaerErklaerung «Anlässlich der 112. Jahrestagung der Deutschen Zoologischen Gesellschaft in Jena hat das Institut für Zoologie und Evolutionsforschung der Friedrich-Schiller-Universität Jena eine öffentliche Abendveranstaltung zum Thema ‹Jena, Haeckel und die Frage nach den Menschenrassen: wie Rassismus

Rassen macht› ausgerichtet. (...) Der Vorstand der Deutschen Zoologischen Gesellschaft und der Präsident der Friedrich-Schiller-Universität unterstützen die Autoren in dem Bestreben, mit dieser Erklärung gegen scheinbar wissenschaftliche Rechtfertigungen für Rassismus vorzugehen.» Prof. Dr. Dr. h. c. Martin S. Fischer, Institut für Zoologie und Evolutionsforschung, Friedrich-Schiller-Universität Jena; apl. Prof. Dr. Uwe Hoßfeld, Institut für Zoologie und Evolutionsforschung, AG Biologiedidaktik, Friedrich-Schiller-Universität Jena; Prof. Dr. Johannes Krause, Direktor am Max-Planck-Institut für Menschheitsgeschichte, Friedrich-Schiller-Universität Jena; Prof. Dr. Stefan Richter, Allgemeine und Spezielle Zoologie, Institut für Biowissenschaften, Universität Rostock. Einer der Kernsätze der Jenaer Erklärung lautet: *«Es gibt im menschlichen Genom unter den 3,2 Milliarden Basenpaaren keinen einzigen fixierten Unterschied, der zum Beispiel Afrikaner von Nicht-Afrikanern trennt. Es gibt – um es explizit zu sagen – somit nicht nur kein einziges Gen, welches ‹rassische› Unterschiede begründet, sondern noch nicht mal ein einziges Basenpaar.»*

3 Siehe dazu beispielsweise die Informationen der Bundeszentrale für politische Bildung, 2015, Dossier Rechtsextremismus: Der Soziologe Dr. Zülfukar Çetin erklärt in einem Video *Rassismus: Was ist Rassismus, seit wann gibt es den «Rasse»-Begriff und wie hat er sich im Laufe der Jahrhunderte verändert?* Zu finden unter: https://www.bpb.de/mediathek/217599/rassismus

4 Deutscher Fußballbund (DFB), *Tor. Integration A–Z*, siehe den Artikel *Rassismus*, S. 118–121, hier S. 120: https://www.dfb.de/fileadmin/_dfbdam/13449-DFB_Buch_Integration_A-Z-2.pdf

5 Vgl. zu diesem Thema auch das Interview von Peter Lohmeyer mit Sebastian Fischer: *Es war nur eine halbe Entschuldigung*, Süddeutsche Zeitung, 26. 10. 2019: https://www.sueddeutsche.de/sport/peter-lohmeyer-schalke-austritt-toennies-1.4656207?reduced=true

6 Siehe die Grundgesetzartikel 1 bis 4; *Grundgesetz für die Bundesrepublik Deutschland*: https://www.gesetze-im-internet.de/gg/BJNR000010949.html

Publikumsgespräche

1 Nils Havemann, *Samstags um halb 4. Die Geschichte der Fußballbundesliga*, München 2013, S. 33–43

2 Ebda., S. 66

3 Ebda., S. 67 f.

4 Siehe zur Geschichte der DFL: Deutsche Fußball Liga, *Erfolgsstory mit Anlauf: Die Historie der* DFL: https://www.dfl.de/de/ueber-uns/die-geschichte-der-dfl/

5 Ebda.

6 Siehe dazu die Handreichung des DFB: *Deutsche Fußball Liga / Ligaverband*: https://www.dfb.de/bundesliga/ligainfos/dflligaverband/

7 Vgl. dazu Julian Koch, *Drittligisten kassieren ab 2018/19 mehr Geld*, www.liga3-online.de, 7.5.2018: https://www.liga3-online.de/drittligisten-kassieren-ab-der-kommenden-saison-mehr-geld/
Vgl. zum *aktuellen* Stand der Diskussion die Beiträge von Johannes Aumüller, *Kampf um die Fernsehgelder*, Süddeutsche Zeitung, 11.11.2020: https://www.sueddeutsche.de/sport/bundesliga-klubs-treffen-frankfurt-1.5110889!amp und Philipp Selldorf, *Unter den Klubs herrscht gespannter Betriebsfrieden*, Süddeutsche Zeitung, 13.11.2020: https://www.sueddeutsche.de/sport/fussball-treffen-frankfurt-1.5113177

8 Kicker, Fußball, 2. Bundesliga, *TV-Gelder im Unterhaus: 186 Millionen für 18 Klubs*: https://www.kicker.de/700101/slideshow

9 Siehe dazu FIFA.com: *Geschichte der FIFA-Gründung*: https://de.fifa.com/news/geschichte-der-fifa-grundung-522260

10 Zu den frühen FIFA-Statuten: ebda.

11 Dietrich Schulze-Marmeling, *Die Geschichte der Fußballweltmeisterschaft*, Bundeszentale für politische Bildung, 4.5.2006, S. 2: https://www.bpb.de/apuz/29763/die-geschichte-der-fifafussballweltmeisterschaft

12 Ebda., S. 3–5

13 Vgl. FIFA Statuten, Ausgabe Juni 2019: https://resources.fifa.com/image/upload/fifa-statutes-5-august-2019-en.pdf?cloudid=upjo9uvafywdznh4wu73

14 Siehe Christiane Eisenberg, *Der Weltfußballverband FIFA im 20. Jahrhundert. Metamorphosen eines «Prinzipienreiters»*, Vierteljahrshefte für Zeitgeschichte 54, 2006, Heft 2, 209–230, S. 228 – https://www.ifz-muenchen.de/heftarchiv/2006_2_2_eisenberg.pdf

15 Nils Wiemann, Eberhard Pyritz, *Infoblatt Weltfußballverband FIFA. Geschichte, Struktur, Organisation und Aufgaben*. Quelle: Geographie Infothek, Verlag: Klett, Leipzig, 2015/2016: https://www.klett.de/alias/1018804
Zum Thema Sponsoring siehe auch beispielsweise: Philipp Vetter, *Adidas hält trotz der Platini-Festnahme zu FIFA und UEFA*, WeLT, 19.6.2019: https://www.welt.de/wirtschaft/article195523629/Sponsoring-Adidas-haelt-trotz-der-Platini-Festnahme-zu-Fifa-und-Uefa.html sowie: FIFA.com / Was wir tun, *Coca Cola*: https://de.fifa.com/what-we-do/marketing/sponsorship/partners/coca-cola

16 FIFA, Finanzbericht 2018: https://resources.fifa.com/image/upload/fifa-finanzbericht-2018.pdf?cloudid=njb2t3t0dw5qqywam0ij

17 Ebda.

18 Ebda.

19 Christiane Eisenberg, *Der Weltfußballverband FIFA im 20. Jahrhundert. Metamorphosen eines «Prinzipienreiters»*, a. a. O., S. 226

20 Ebda.

21 Vgl. Stefan Kühl, *Das System FIFA. Die Korruption ist rund*, Le Monde diplomatique, 13.8.2015: «Die Fifa muss also nicht Geld von ihren Mitgliedsverbänden einnehmen, um zu existieren, sie kann vielmehr Geld an

ihre Mitgliedsorganisationen verteilen. Die UNESCO, die OECD oder die NATO müssen bei ihren Mitgliedstaaten betteln gehen, wenn sie ihr Budget erhöhen wollen. Darauf ist die FIFA nicht angewiesen, im Gegenteil: Sie macht sich als Geldverteilungsmaschine für ihre Mitgliedsorganisationen unentbehrlich.
Dies erklärt, warum die Fußballverbände von Kleinststaaten eine Mitgliedschaft in der FIFA anstreben. Sie verschaffen sich damit Zugang zu dem Geldsegen, den die FIFA ihren Mitgliedern zukommen lässt. Eine jährliche Ausschüttung von einer Million Schweizer Franken mag für einen Verband wie den Deutschen Fußball-Bund oder die Real Federación Española de Fútbol zweitrangig sein, aber für Fußballverbände von Kleinststaaten – wie die St. Kitts and Nevis Football Association oder die Football Federation of Belize – stellt sie die zentrale Einnahmequelle dar.» https://monde-diplomatique.de/artikel/!5220994

22 Vgl. Stefan Kühl, *FIFA. Die gescheiterte Legalisierung der Korruption*, Working Paper 4/2015, S. 6: «Bewerber für die Austragung einer Weltmeisterschaft mögen nationalen Fußballverbänden Gelder für Entwicklungshilfeprojekte, die Unterstützung für größere Infrastrukturvorhaben oder eine engere Kooperation bei Veranstaltungen in Aussicht stellen, sie lassen sich immer als eine Unterstützungsmaßnahme darstellen, die man den ärmeren Sportpartnern sowieso in Aussicht gestellt hätte. Wenn die britische Nationalmannschaft im Umfeld einer Bewerbung für die Weltmeisterschaft den nationalen Verbänden von Fußballzwergen Länderspiele in Aussicht stellt, mag dies anrüchig sein, Korruption in einem strafrechtlichen Sinne ist es nicht.» https://www.uni-bielefeld.de/soz/personen/kuehl/pdf/Kuehl-Stefan-Working-Paper-4_2015-Fifa-Korruption-22-06-15-koor-23-06-15-CV-17.09.15.pdf

23 Jürgen Kalwa, *Das System Jack Warner*, Neue Zürcher Zeitung, 9.6.2015: https://www.nzz.ch/sport/fifa-korruptionsskandal/das-system-jack-warner-1.18558760 Jens Weinreich, *Schwarz auf Weiß*, Spiegel, 7.4.2020: https://www.spiegel.de/sport/fussball/fifa-wm-2010-2018-und-2022-laut-us-justiz-gekauft-a-0f9ade23-7c45-4301-8491-f5109289b47a

24 Ders., *Eine Million vom Freund des Emirs*, Spiegel, 18.3.2014: https://www.spiegel.de/sport/fussball/korruptionsverdacht-bei-der-fifa-vergabe-wm-2022-katar-jack-warner-a-959404.html; ders., *Schwarz auf Weiß*, Spiegel, 7.4.2020: https://www.spiegel.de/sport/fussball/fifa-wm-2010-2018-und-2022-laut-us-justiz-gekauft-a-0f9ade23-7c45-4301-8491-f5109289b47a

25 Spiegel, 29.9.2015: *Fifa sperrt Ex-Vizepräsident Warner lebenslang*: https://www.spiegel.de/sport/fussball/fifa-jack-warner-lebenslang-von-ethik-kommission-gesperrt-a-1055266.html

26 Spiegel 28.5.15: *Ex-FIFA-Vize Warner stellt sich der Polizei*: https://www.spiegel.de/sport/fussball/fifa-skandal-jack-warner-stellt-sich-der-polizei-in-trinidad-a-1035896.html

27 Oliver Fritsch, *DFB und WM 2006. Das Sommermärchen muss vor Gericht*,

Zeit online, 9. 3. 2020, https://www.zeit.de/sport/2020-03/sommermaerchen-wm-2006-dfb-prozess-bellinzona-korruption

28 Johannes Aumüller und Thomas Kister, *Korruptionsverdacht als ständiger Begleiter*, Süddeutsche Zeitung, 7. 6. 2019, https://www.sueddeutsche. de/sport/fifa-ahmad-ahmad-korruption-puma-adidas-1.4479797-0; Lars Wallrodt, *Die FIFA steckt in einer lebensbedrohlichen Zwickmühle*, Welt, 16. 11. 2017, https://www.welt.de/sport/article170668072/Die-Fifa-steckt-in-einer-lebensbedrohlichen-Zwickmuehle.html; Tim Röhn, *Die FIFA war jahrzehntelang ein rechtsfreier Raum*, Welt, 11. 10. 2015, https://www.welt.de/sport/fussball/article147444319/Die-Fifa-war-jahrzehntelang-ein-rechtsfreier-Raum.html

Nachspielzeit

1 Bundeszentrale für politische Bildung: *Zahlen und Fakten. Die soziale Situation in Deutschland*, 19. 9. 2019: In Deutschland hatten 2018 insgesamt 25,5 Prozent der Bevölkerung einen Migrationshintergrund (rund 20,8 Mio. Menschen): https://www.bpb.de/nachschlagen/zahlen-und-fakten/soziale-situation-in-deutschland/61646/migrationshintergrund-ide.statista.com 2020: In Bayern hatten 2019 insgesamt 13,6 Prozent der Bevölkerung einen Migrationshintergrund (rund 1,8 Mio Menschen): https://de.statista.com/statistik/daten/studie/254959/umfrage/auslaender-anteil-in-bayern/

Abpfiff

1 Siehe Mitteilung der Vereinigung der Vertragsfußballspieler für das Jahr 2018: *VDV-Bildungstendenzstudie offenbart Handlungsbedarf*: https://www.spielergewerkschaft.de/de/VDV/Aktuelles/Detail/872/VDV-Bildungstendenzstudie%20offenbart%20Handlungsbedar.htm

2 Florian Gothe in: Frank Hellmann, *Verblöden und Verarmen*, a. a. O.

3 Ders., ebda.

4 Ders., ebda.

5 Siehe Mitteilung der Vereinigung der Vertragsfußballspieler für das Jahr 2018: *VDV-Bildungstendenzstudie offenbart Handlungsbedarf*, a. a. O.

6 Ebda.

7 Prof. Dr. Dirk Mazurkiewicz, Institut für Sportmanagement und Sportmedizin der Hochschule Koblenz, Leiter der VdV-Bildungstendenzstudie, im Interview mit WIR PROFIS *«Die Träume sind größer als der Realismus»*, https://www.spielergewerkschaft.de/de/VDV/Aktuelles/Detail/872/VDV-Bildungstendenzstudie%20offenbart%20Handlungsbedar.htm

8 Vgl. Juliane Metzner (Projektleitung), StiftungsReport *«Stark im Geben: Stiftungen im Sport»*, Newsletter für Engagement und Partizipation in

Deutschland 13/15, Bundesverband Deutscher Stiftungen (Hrsg.), Berlin 2015: https://docplayer.org/27184290-Report-stark-im-geben-stiftungen-im-sport-wie-stiftungen-sport-als-medium-nutzen-wie-stiftungen-den-sport-foerdern-wie-der-sport-stiftet.html

9 Ausführlich zu diesem Thema: Bundesliga Stiftung (Hrsg.), *Zweite Studie zum freiwilligen gesellschaftlichen Engagement des Profifußballs, Saison 2015/16*. Die Studie wurde von dem Forschungs- und Beratungsunternehmen Nielsen Sports durchgeführt. Die Autoren der Texte sind Dr. Fabian Hedderich und Manfred Krümmel (beide Nielsen Sports). Die Gastbeiträge stammen von Aydan Özoğuz, Felix Oldenburg und Prof. Dr. René Schmidpeter; Stand: 5.4.2017 (bundesliga-stiftung.de): https://www.dfl-stiftung.de/wp-content/uploads/2017/07/zweite_studie_zum_freiwilligen_gesellschaftlichen_engagement_des_profifussballs_-_saison_201516.pdf

10 Vgl. Lisa Hegemann, *Spieler und Stiftungen. Das Spiel mit der Wohltat*, Handelsblatt, 29.11.2019: https://www.handelsblatt.com/sport/fussball/spieler-und-stiftungen-das-spiel-mit-der-wohltat/9245930-all.html

11 Bundesliga Stiftung, *Zweite Studie zum freiwilligen gesellschaftlichen Engagement des Profifußballs, Saison 2015/16*, Spielerstiftungen, a.a.O., S. 53.

12 Vgl. Petar Rosandić, *Millionen Euro Hilfe. Die Fußballspieler mit dem größten humanitären Engagement*, in: KOSMO, 30.11.2017: https://www.kosmo.at/die-fussballspieler-mit-dem-groessten-humanitaeren-engagement/

13 Ronny Blaschke, *Fußball und Soziales. Gegen das Unbehagen*, Frankfurter Allgemeine Zeitung, 27.10.2016: https://www.faz.net/aktuell/sport/fussball/fussball-im-spagat-zwischen-hilfsbereitschaft-und-heuchelei-14491980.html

14 Marcus Erberich, *Jürgen Klopp und FC Liverpool. Nur noch ein Wunsch offen*, Frankfurter Allgemeine Zeitung, 26.12.2019: https://www.faz.net/aktuell/sport/fussball/klopp-und-fc-liverpool-fehlt-nur-noch-der-meistertitel-16548055.html

Nachschuss: Reden wir noch einmal über Werte

1 Vgl. Johannes Aumüller, *Der DFB kürt den Bundesfußballpräsidenten*, Süddeutsche Zeitung, 27.9.2019: https://www.sueddeutsche.de/sport/dfb-keller-praesident-wahl-1.4617842

Personenregister

Kursive Seitenzahlen verweisen auf Bildunterschriften.

Geographisches Register

Kursive Seitenzahlen verweisen auf Bildunterschriften.

Vereinsregister

Kursive Seitenzahlen verweisen auf Bildunterschriften.

Bildnachweis

Abb. 1: The Asahi Shimbun via Getty | *Abb. 2:* WEREK/Süddeutsche Zeitung Photo | *Abb. 3:* ullstein bild/Pressefoto Ulmer | *Abb. 4:* Stuart Franklin/Bongarts/Getty Images | *Abb. 5:* Foto: Philipp Lahm, © privat | *Abb. 6:* imago images/Moritz Müller | *Abb. 7:* ullstein bild | *Abb. 8:* Philipp Lahm-Stiftung | *Abb. 9:* Horstmüller/Süddeutsche Zeitung Photo | *Abb. 10:* imago images/Poolfoto | *Abb. 11:* imago images/Sportimage | *Abb. 12:* imago images/Sven Simon | *Abb. 13 a:* imago images/Bernd Müller | *Abb. 13 b:* imago images/Schwörer Pressefoto | *Abb. 14:* imago/kolbert-press | *Abb. 15 a:* Pictorial Parade/Archive Photos/Getty Images | *Abb. 15 b:* INTERFOTO/Mary Evans/Allstar Picture Library Sportsphoto Ltd./Stewart Kendall | *Abb. 15 c:* ullstein bild/Team 2 Sportphoto | *Abb. 16:* ullstein bild/Horstmüller/DSSD | *Abb. 17:* © dpa/Foto: Friso Gentsch | Schemata auf S. 58 © Peter Palm, Berlin